読書効果の科学

読書の〝穏やかな〟力を活かす3原則

猪原敬介
Inohara Keisuke

京都大学学術出版会

目　次

はじめに
——読書は社会にとって必要か？

本書のコンセプト——読書消滅の危機と生き残り策

近年，読書にはこれまで期待されてきた以上の効果・役割があることが科学的研究により明らかとなってきた。読書が言葉の力を伸ばすという期待通りのものから，人格に影響するという面白いもの，そして寿命を延ばすという驚きのものまで，1970年代から粛々と積み上げられた研究知見の蓄積が，ここ10年で加速し，ついに花開いた感がある。「こんな効果がある」という実証面だけでなく，「なぜそうした効果が起こるのか」という理論的検討も丁寧に行われているし，「それは本当に読書によって起こった変化なのか？」や「読書は時にマイナスの効果を持つこともある」というような「読書への疑い」も謙虚に確かめている。このあたりで，国内外の研究者たちが丹念に調べた成果を知ってもらいたい……いや，後述する理由から，知ってもらわないと困る。そう考えて本書を執筆した。

本書の副題の「読書の“穏やかな”力」という部分を妙に思った読者もいるかもしれない。筆者の知るところでは，読書効果の科学的知見に正面から取り組んだ書籍は，唯一，スティーブン・クラッシェンの名著“The Power of Reading: Insights from the Research (Second edition)”[1]があるのみである。初版が1993年に出版され，改訂版が2004年に出版されているが，邦訳されているのは初版のみで，1996 年に『読書はパワー』（スティーブン・クラッシェン（著），長倉美恵子・黒澤浩・塚原博（訳），金の星社）[2] というタイトルで出版されている。上記の部分は原著タイトルの “The power of reading” を素朴に訳したものに，「穏やかな」という文言をプラスしたものである。「穏やかな」をつけた理由については，後ほど提示する「読書効果をうまく利用するための 3 原則」の第 1 原則に由来するが，それが本当に意味するところを説明するためには，本書全体を読んでもらう必要がある。今のところは，本書全体の雰囲気を表す言葉として受け取ってもらえれば幸いである。

● 本書は「小学校の先生」と「保護者の方」に向けて書いた

本書の内容を，誰に知ってもらいたいのか。もちろん，できる限り多くの人に読まれることを筆者は熱望している。日ごろから読書を習慣としている老若男女の方々には，本書の語る読書効果が自分の身に実際に起きているかを振り返り，出来ることならば効果を実感して読書のモチベーションを新たにしてほしい。読書をしていないけれど興味のある人には，読書を始める――あるいは，「やっぱりいいや」とすっぱり諦める――きっかけにしてほしい。人に読書を勧めたい人（出版社の方を含む）には，読書の素晴らしさを伝える一つの切り口にしてほしいし，筆者自身も教育心理学と認知科学を専門とする研究者であることから，関連領域の研究者の役にも立ちたい。

しかし，本書が最も念頭に置いたのは「小学校の先生」である。正確に言えば，保育・教育関係者全体ということになるのだが，小学校の先生に伝われば，保幼小接続の観点から保育士・幼稚園教諭の保育・教育内容は影響を受けるであろうし，小学生である児童本人にももちろん影響して，小学校以降の中学・高校にもその影響は持ち越されると考えた。筆者個人の思いとしても，巷間流布される以上の忙しさの中，筆者らの研究へ毎年ご協力いただいている小学校の先生方へのフィードバックという側面もある。

さらには，小さい子どもを育てる「保護者」の方にも読んでもらいたい。現在，筆者には（とびきりに！）可愛い一人娘がいる。本書が出版される頃には2歳になっているだろう。悪戦苦闘の楽しい育児の傍らで本書は書かれたわけだが，娘とのやりとりと学術的な知見が交差して，同じように育児に励む保護者の方に伝えたいことがプカプカと浮かんできた。残念ながら「読み聞かせ」の効果については本書の主題ではなく，また別の機会にまとめられたらと考えているが，子どもが「一人読み」する頃までに，時間を見つけて本書を読んでもらえたら，筆者としてはこの上ない喜びである。あまり学術書に馴染みのない方にでも読んでいただけるように，なるべく分かりやすく書いたつもりである。

本書の提案は「『三方よし』によって，読書の教育における生き残りを模索すること」である

では，本書の内容を通して，どんなメッセージを伝えたいのか。本書は読書効果の本ではあるが，「読書は有益だからもっと児童に本を読ませましょう！」という従来のPRを繰り返すつもりはない。教師と保護者は，そんなことは分かっていて，読書教育に熱心であったり，不熱心な自分にモヤモヤとした気持ちを抱いたりしているのだ。

本書は，「読書には知られている以上の効果があるが，万能でもなければ即効性があるわけでもない。万人が読書習慣を持てるわけではないことも分かったし，大人も児童も肩の力を抜いて，本を読んだり読まなかったりしよう。でも，時にはどっぷりと読書にハマって，驚くような効果を挙げる児童もいる。期待しすぎずに，楽しみに待っていよう」という，どっちつかずの振り子のような考え方を提示したい。しかしこの考え方が，児童の個性を尊重しつつ，教師 / 保護者の肩から「児童に本を読ませなければ」という重荷を降ろし，社会（教育政策）は技術革新の中でも読書を残す意義を見出す，という「三方よし」を実現させるために必要であるというのが筆者の考えである（**図 0-1**）。ここでは分かりやすく「児童」「教師 / 保護者」と書いたが，読者の方々それぞれの環境に合わせて，図0-1にあるように，「児童」は「読書をする本人」，「教師 / 保護者」は「読書をしなければ

児童
（読書をする本人）

- 読書が合う児童は読書効果の恩恵を大きく受ける
- 読書は万人向けでも万能でもない。読書以外のメディアが合う児童は，読書を強制されずに自分に合うメディアを見つける機会にする

教師/保護者
（読書への妄信）

- 読書が好きにならないのは環境（教師/保護者）が悪いわけではない
- 読書以外が合う児童には，読書効果に相当するものを他から得られるようにするほうが好ましい

社会
（教育政策）

- 読書が万人向けではないことを認めつつ，その意義も認める
- 技術の発展を受け入れつつ，積極的な選択として，読書を教育の中に残す

三方よしが実現できなければ，読書は技術革新の中で，
教育（学びの手段）から消えてしまうだろう

図 0-1　本書が提案する児童・教師 / 保護者・社会の「三方よし」の構造

ならないという（自分自身や周囲の）思い込み（読書への妄信）」と読みかえてもらいたい。

最後の「社会（教育政策）は技術革新の中でも読書を残す意義を見出す」という部分には，補足が必要だろう。簡単に言えば，「読書の効果云々を述べているが，そもそも読書そのものが教育から消えていくのではないのか」という予想と焦りがある，ということである。冒頭で述べた「知ってもらわないと困る」の所以である。

このことについて述べる前に，本書における「読書」の定義と，読書が置かれている現状についての筆者の認識を述べたい。

本書における「読書」とは，「文字中心の媒体を通して，物語や，ある程度の分量を持つ整理された情報を取り込むプロセス」という意味合いで用いている。曖昧で恐縮だが，読書の定義に紙面を割くのが本書の意図ではないし，共同研究者や学生との議論から，そもそも誰もが納得する定義は困難という感覚を筆者は

持っている。本書で引用する多数の論文でも，厳密な定義は行われていない。筆者が読むところ，それらの論文が暗黙に想定していると考える定義が上記のようなものである。

この定義で表現したい重要な点は，「読書は紙媒体でも良いし，電子媒体でも良い。ただし，映画でもなければYouTube（Google社）を代表とする動画でもない。対面・オンラインを問わず，授業や講義でもないし，メタバースやVRを通した発話中心の情報伝達も読書ではない。Audible（Amazon社）を代表とするオーディオブックも違うし，本の形をしていても主に写真やイラストを鑑賞することが目的のものであれば，それは読書とはみなさない」ということである1)。

「読書とはみなさない」という表現を「格下とみなす」という意味で受け取らないでほしい。むしろ逆なのである。ここで読書とみなしていない対象は，現在猛烈なスピードで進む技術革新にうまく適合していくと思われるものたちである。一方で，読書はどうか。『読書と日本人』（岩波書店）[3] に描かれているように，書物が貴重で限られた人々のみの営みであったとは言え，現在の形の読書が成立したのは平安時代。そこから日本では，立身出世の手段としての読書が奨励された明治時代，人格を磨き人生の意味を見つける教養主義的読書が全盛となった戦前・戦後，出版点数が爆発的に増えて「読書の黄金時代」となった2000年台初頭まで，時代の流れに乗って読書は拡大してきた。

しかし明らかに，現在の読書は縮小傾向にある。「出版不況」という商業ベースでの指標でも明らかであるが，それよりも本質的に「物語や，ある程度の分量を持つ整理された情報を取り込む」という目的達成のための手段として，読書の「文字中心の媒体を通して」という部分が重荷になっているのである。文字以外でも，物語や情報を取り込む方法は現代にはいくらでもある。実際，子育ての中で絵本を使うことは億劫に感じるが，YouTubeでアニメを流すのは楽に感じる，という

1）絵本とマンガが読書に含まれるかは調査や研究の目的による。読書に焦点を当てた調査では読書のジャンル・媒体の１つとして読書に含まれることが多く，読書を多くの活動の１つとして測定するに留まる調査では読書から除外される傾向がある。

保護者の方はいくらでもいるだろう。その気持ちはよく分かる。子どもの注意を惹くのに，絵本では保護者が苦労をしなくてはならないが，動画ではアニメーションと音声が瞬時に子どもを惹きつけてくれる。しかも，絵本は一度読んでも数十秒しか子どもは静かになってくれず，何度もせがまれては繰り返し読み続けなくてはならないが，動画では保護者が離れても子どもは10分ほども黙っていてくれるのである。

こうした重荷を抱えた上でも，読書に意義は残るのか。これを問わなくてはならない。本書はこの問いに対し，主に読書効果についての科学的知見という観点から答える。すなわち，「**読書には言葉・人格・精神的健康・身体的健康・学力・仕事（収入）という6つの効果**がある。これら「読書効果」が上記の読書以外の方法によって得られるかどうかは検証の途上であるが，理論的に考えれば，少なくともいくつかの効果は読書特有のものである。例えば，上記では絵本の読み聞かせを例に挙げたが，本を読むことは実際「しんどい」。文字を読むのは集中力が要るし，言葉だけから物語の登場人物の表情・動き・心情を想像したり，説明文章の複雑な内容を思い浮かべて理解するのも「疲れる」。しかしながら，こうした「しんどい」「疲れる」が言わばトレーニングとなって，読書効果が生じている可能性が高い。そうであれば，読書の重荷こそが読書の意義となるのかもしれない。

本書では6つの読書効果の詳細を解説した上で，**読書効果が実生活において効率的に発揮されるための3つの原則**を提示する。詳しくは後述するが，要するに，読書の「しんどい」というコスト（費用）と得られるもの（効果）のバランスが取れるような読書の運用[2]をするための3か条である。

これら3原則によって，児童にとっても，教師／保護者にとっても，そして社会にとっても，読書がコスト・パフォーマンスに優れた活動として生き残れる状態――すなわち，上述の「三方よし」を実現できるのではないか。これが本書の提案である。逆に言えば，「三方よし」が実現できずに，児童の多くが読書を嫌が

2）読書の目的としては，家庭教育としての読書，学校教育としての読書，自己研鑽としての読書，の3つを想定している。

り，教師/保護者も負担の大きい読書指導に意義を見出さず，社会も読書をただ惰性で残っているだけの因習にすぎないとみなせば，あっという間に読書は教育から消え失せるであろう。読書には社会で生き残ることのできる意義があるにもかかわらず，さらにはその意義を示す研究知見は豊富にあるにもかかわらず，それらが知られず，読書が教育から消えてしまったとしたら，それは社会にとって大きな損失だ。それに比べれば些細なものではあるが，読書を研究してきた我々教育心理学者の存在意義も問われてしまう（要するに，悔しい）。本書を執筆した理由はこのようなものである。

とはいえ筆者は「読書という文化は不滅であるべき」と主張するわけではない。そんなことをしなくても，クラシックな趣味として「紙の本を読む」という習慣は細々とは生き続けるであろう。そうではなくて，「教育や自己成長の手段として，読書には他に替えられない意義があるのであれば，意義に応じた規模で残すべきだ。もしも意義がないというのなら，技術革新の嵐の中でスパッと散ってしまえ」と思っている[3)]。

本書の構成と6つの読書効果，そして読書効果をうまく利用するための3原則

本書は大きく3部に分かれる。第I部は第1章と第2章で構成されており，本書を読むための基礎知識をまとめた。第1章は「本書を理解するために必須」の知識であり，相関係数・メタ分析・横断調査と縦断調査の違い，などについてである。これらの内容に不慣れな読者にはぜひ読むことを勧める。また，読書と語彙力の関係を例に上記のことを説明するので，第3章（言葉）を少し先取りした内容にもなっている。第2章は「押さえておいたほうが本書を理解しやすくなる」知識であり，読書活動がどれくらい行われているのかという統計データについて述

3） ちなみに筆者は読書が好きだ。概ね毎日，クラシックな趣味としての読書をしている。

べる。

第II部は第3章〜第6章で構成されており，主に心理学・社会学・医学分野の研究結果に基づいた様々な読書効果について述べている。本書では読書効果を6つとしているが，これは章立てとは対応していない。6つの読書効果は，正確には3つの直接効果と，3つの間接効果で構成される。

6つの効果と本書の章立ての対応関係

【直接効果】① 言葉　→　第3章（言葉）

② 人格　→　第4章（人格）

③ 精神的健康（知能の維持を含む）　→　第5章（心身の健康）

【間接効果】① 学力　→　第6章（学力と収入）

② 仕事（収入）　→　第6章（学力と収入）

③ 身体的健康（長寿効果を含む）　→　第5章（心身の健康）

実のところ，読書効果の全貌は未だ不明である。「直接効果」と銘打っている言葉，人格，精神的健康というのも「比較的研究知見の数が多く，理論的に説明もつく」というのを理由に列挙したにすぎない。この他にもおそらく直接効果はあるだろう。「間接効果」としているものに至っては「上記の3つの効果が組み合わさった結果生じる副次的な効果」という意味であるので，無数に存在することは想像に難くない。本書ではその中から，研究数が多く保護者・学生から関心が高いであろう「学力」，研究数は多くないが，比較的若い年齢層の社会人に興味を持ってもらえる「仕事（収入）」，そして中高年の関心が高いであろう「身体的健康（長寿効果を含む）」を取り上げた。間接効果については，間接的であるがゆえに効果が強いとは言えず，「短期的に成果を求めず，気長にやろう」というメッセージになっていることは先にお伝えしておく。これら3つの間接効果については，世間からの関心が高いが故に「短期での劇的な効果」を謳う書籍も少なくなく，それらの書籍とのバランスを取る意味でも，こうしたメッセージは価値があるだろう。

第Ⅲ部は第7章と第8章で構成されており，本書で特に伝えたいメッセージの骨子となるパートである。

第7章では，主に行動遺伝学の知見によって，第Ⅱ部の研究知見を捉え直す。行動遺伝学は，筆者を含めた教育心理学者が飛びつきがちな「読書が○○を伸ばした」という因果関係に，双生児研究による強力な証拠で「待った」をかける。その上で読書がどのような作用で個人に影響し得るかについて，より現実的な解釈を提示してくれる。行動遺伝学的知見から目を背けずに受容する先に，これからの読書研究・読書指導実践が生き残る道があると筆者は考える。

第8章で提示する「読書効果をうまく利用するための3原則」は，第Ⅱ部で紹介する数多くの研究知見と第7章の行動遺伝学的知見の整合性を取ろうと心を砕く中で着想を得たものである。第8章では，そこまでに取り上げた研究知見を3原則の観点からまとめ直すが，第1章～第7章の途中でもしばしば3原則には言及しているため，ここで先に提示しておく。

読書効果をうまく利用するための3原則

【原則1】平均的には効果は穏やか。気長に気楽に。

【原則2】『読みすぎ』は弊害を生む。目安は1日30分～1時間。

【原則3】個人差は大きい。読書そのものが合わない人もいる。

見てのとおり，まったくもって目新しいものではなく，むしろ，ひどく抑制的な内容になっている。しかし，繰り返しになるが，読書活動に対してこの3原則を堅持する態度を貫くことが「三方よし」を実現し，読書が社会で生き残る良策なのではないかと筆者は考えている。また，先に述べておくが，読書効果はうま

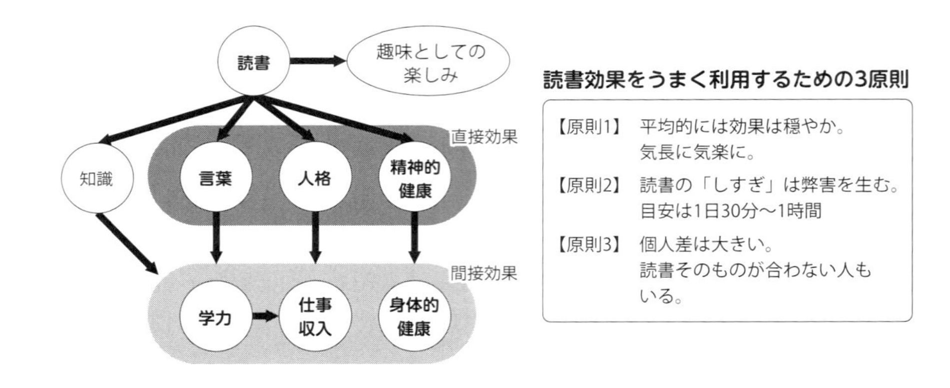

図 0-2 読書効果と読書効果をうまく利用するための 3 原則

く運用をすればプラス効果（読み手に良い効果）であるが，下手に運用すれば効果が得られないどころか，マイナス効果（読み手に害を及ぼす）にさえなり得る。そこで簡潔な上記の 3 原則を提示し，そこから大きく逸脱しなければ，基本的にはプラスの読書効果を享受できるだろう，というのが筆者の考えである。

最後に，読書効果と 3 原則をまとめたものが**図 0-2** である。本書では取り扱わないが，読書の本来の目的である「趣味としての楽しみ」「知識を得ること」も図には含んでいる。

本書は，基本的には前から通して読んでもらうことを想定して書いているが，要点だけ掴みたいという読者は，第Ⅰ部を飛ばし，第Ⅱ部をパラパラと眺めつつ，第Ⅲ部は時間をかけて読む，という読み方も良いだろう。それもまた，肩ひじ張らずに読書と向き合うのに必要な姿勢のようにも思える。本書が何らかの形で読者の方々の役に立てば幸いである。

第 I 部

読書の力を正しく知るために

第1章 読書研究を見る目を養う

本章では，本書を読むための前提知識を確認しておく。1.1 節では本書全体で用いることになるいくつかの専門用語について，読書と語彙の関係について扱った研究を例に説明する。続く 1.2 節では，読書にまつわる類似した概念を整理し，どういった方法でそれらの概念を測定し得るのかについて述べる。

なお，「読書が語彙に及ぼす効果」は筆者の研究テーマそのものであるので，国内の研究知見を紹介する際に，筆者らの研究を多く紹介することになる。自身の研究を紹介することは，どうしても客観性を欠くことになるが，ご容赦いただきたい。

1.1 専門用語について——相関係数・メタ分析・横断/縦断調査

● 読書と語彙には「正の相関関係」がある

2015 年に報告した筆者らの論文[4]の研究を例に，説明をスタートさせよう。筆者らの研究グループでは，小学校 3 校の 1 年生から 6 年生児童 992 名にご協力いただき，読書と言語力（語彙力・文章理解力）の関係についての調査を行った。結

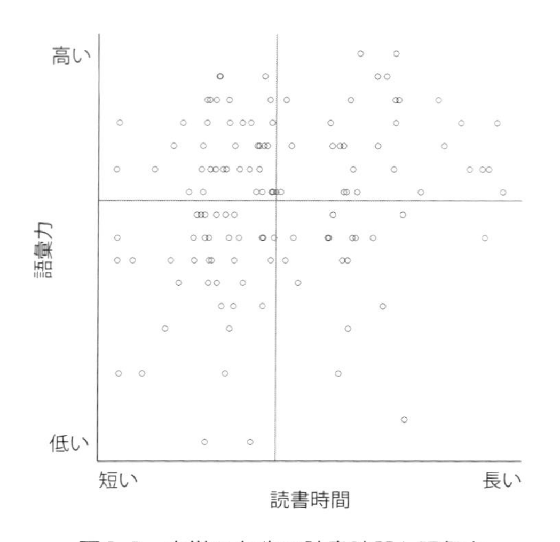

図 1-1　小学 5 年生の読書時間と語彙力

猪原らの調査[4] における小学 5 年生の読書時間と語彙力の散布図1) を示した。相関係数は $r = 0.23$ である。

果として，読書時間（質問紙で測定）が長い児童ほど，語彙力テスト（同義語を選択肢から選ぶ多肢選択式）の成績が高かった。

要するに「読書を長くする児童ほど，語彙力が高かった」ということである。この結果は，図にするとこういうことだ（**図 1-1**）。これは散布図と呼ばれるデータ表現法で，調査データの中の 5 年生のデータ（134 名）に限定して表示してある。1 つのポイント（○印）が 1 人の参加者を表し，横軸が読書時間を，縦軸が語彙力を表している。読書時間と語彙力のそれぞれの平均値から灰色の点線を伸ばしてあり，グラフ全体を 4 分割している。このうち，例えば，右上の領域にあるポイントは，読書時間が長くて語彙力が高い児童を表しており，まさに「読書を長くする児童ほど，語彙力が高かった」というデータに合致するものだ。

一方で，左下の領域のポイントは何を表しているだろうか。これは読書時間が短く語彙力の低い児童だ。実は，これも「読書を長くする児童ほど，語彙力が高かった」というデータに合致するものだ。「読書を長くする児童ほど，語彙力が高かった」ということは，裏を返せば「読書を短くする児童ほど，語彙力が低かっ

1）横軸の読書時間は，実際には「0 ～ 30 分」「30 分～ 1 時間」「1 ～ 2 時間」「2 時間以上」の 4 択で選ばせたものであり，図 1-1 のような連続量としては分布していない。ここでは説明のために各選択肢の回答からランダムに値をばらつかせたものを散布図として示した。図 1-2 と図 1-3 についても，ポイント同士の位置をずらせてポイントの大小を把握するために，同様の処理を行った。

た」ということだからだ。

「読書を長くする児童ほど，語彙力が高かった」ということは，右上と左下に位置する参加者が，左上や右下に位置する参加者よりも多かったということだ。右上と左上に位置する参加者が多いと，散布図全体は右肩上がりの分布になる。

こうした状態のことを，読書時間と語彙力には「正の相関関係」がある，と表現する。ちなみに，左上や右下に位置する参加者が多く，右肩下がりの分布になると，「負の相関関係」がある，と表現する。

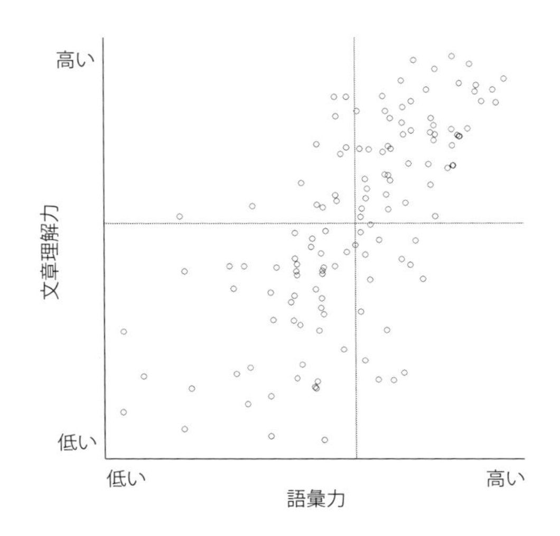

図 1-2　小学5年生の語彙力と文章理解力

猪原らの調査[4]における小学5年生の語彙力と文章理解力の散布図を示した。相関係数は $r = 0.69$ である。

次に見てほしいのは，同じ5年生のデータのうちの語彙力と文章理解力の散布図である（**図 1-2**）。

図 1-1 も図 1-2 もどちらも右肩上がりの「正の相関関係」がある散布図だが，分布の様子が異なることが分かるだろう。図 1-1 では，散布図が全体的にぼんやりとして密度が低く，左上や右下にもポイントが多くある。一方，図 1-2 では，散布図が詰まっていて密度が高く，左上や右下にポイントが少ない。

図 1-1 と図 1-2 では，直感的に図 1-2 のほうが「強い」正の相関関係を持つように見えるはずだ。このことを具体的に説明すると，例えば，図 1-1 において，読書時間が「短い」児童は多数いるが，それらの児童間で語彙力にかなりのばらつきがある。この状態では，ある児童の読書時間からその児童の語彙力を十分な精度で予測することは難しい。「読書をする子ほど語彙力が高いものですよ」と，自信満々には言えないのだ。このように，読書時間や語彙力といった「変数」の片方が分かっても，もう片方の変数をあいまいにしか予測できない関係のことを

「弱い」相関関係と呼ぶ。

一方，語彙力と文章理解力の関係である図1-2ではどうだろうか。語彙力が最も「低い」児童3名を見てみると，いずれも平均値よりもかなり低い文章理解力を持っている。同様に，語彙力が最も「高い」児童3名を見てみると，文章理解力がかなり高いことが分かる。この状態なら，「語彙力が高い子ほど文章理解力が高いものですよ！」と自信満々に言える……もっとも，ほとんど常識化している語彙力と文章理解力の関係を居丈高に言ってみても，反応は芳しくないだろうが。このように，一方の変数（例えば，語彙力）が分かれば，もう一方の変数（例えば，文章理解力）の値がはっきり予測できるような関係を「強い」相関関係と呼ぶ。

● 相関係数とその具体例

このように，変数間の関係には正と負の相関関係があり，相関関係には強弱があることを説明してきた。

最後に，正負・強弱の相関関係を1つの数値として表現する「**相関係数**」について紹介する。相関係数は，数値の正負がそのまま相関関係の正負と対応しており，数値の絶対値が相関関係の強弱と対応する数値である。最小値が -1 で，最大値が1である。値が0のときには「相関関係がまったくない（無相関）」を示す。なお，相関係数[2] は一般的に r で表される。つまり先ほどの最小値，最大値の話を簡潔に表現すれば，$-1 \leqq r \leqq 1$ ということになる。

本書ではこれ以降，相関係数が多く登場する。また，相関係数に近い解釈ができる数値——と言えば統計家には怒られるだろうが——として，標準化パス係数というものも出てくる。相関係数の値で，相関関係の強さがだいたい見当がつくようになってもらいたい。そこで多めに例を挙げておく。

2）ここでの相関係数はピアソンの積率相関係数のことを指す。相関係数としては，このほかにもスピアマンの順位相関係数がよく使われ，慣例的に用いられる変数名も r とは異なるものを使うが，ここでは説明を省略する。

まず小学校5年生の読書時間と語彙力の図1-1であるが，相関係数は $r = 0.23$ である。$r = 0.23$ というと，東京都に設置された屋内自動販売機[3)] において，日照時間とスポーツ飲料等の販売数の相関が $r = 0.23$ である[5]。あるいは，同じく屋内自動販売機での平均湿度と炭酸飲料の販売数の相関が $r = 0.25$ である。……確かに「日照時間」も「平均湿度」も，スポーツ飲料や炭酸飲料の販売数と関係はありそうではあるが，決定的な関連はなさそうである。これが $r = 0.23$ 前後の関係の強さである。一方，同じデータにおいて，「平均気温」と屋内・屋外での炭酸飲料販売数との相関はそれぞれ $r = 0.84$ と $r = 0.89$ であった。確かに，暑いかどうかは炭酸飲料の販売数に決定的に関連していそうである。

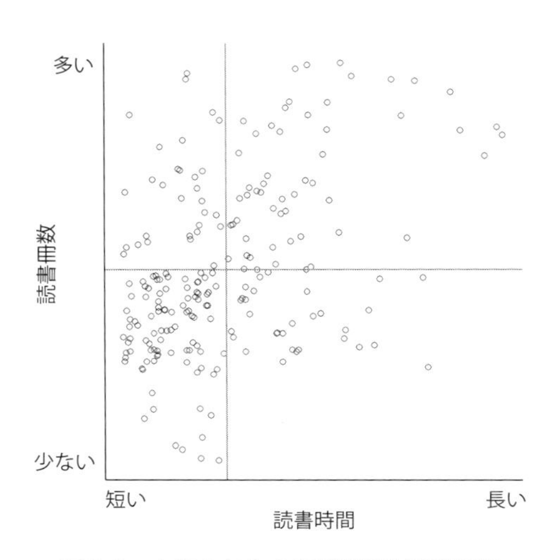

図1-3　小学3年生の読書時間と読書冊数

猪原らの調査[4] における小学3年生の読書時間と読書冊数の散布図を示した。相関係数は $r = 0.46$ である。

次にこれよりは強い相関の例として，同じ研究の小学校3年生（234名）の読書時間と「読書冊数」の関係を挙げよう。相関係数は $r = 0.46$ で，**図1-3** がその散布図である。読書時間も読書冊数もどちらも「読書」を測定しているので，相関係数はかなり1に近くなる……はずだが，意外にも相関係数は $r = 0.46$ 程度であった。これは本のページ数や絵の多さなどで，同じ読書時間でも読める冊数に違いが出てくるということでもあるし，小学生3年生が質問紙に回答する際に自分の読書活動を正確に思い出す記憶力に限界があるということでもある[4)]。

3）調査期間は2015年7月1日から2016年9月30日であった。

4）ちなみに，小学校5年生の読書時間と読書冊数の相関係数は $r = 0.59$ であった。

相関係数が $r = 0.46$ というと，成人男性の身長と体重の相関係数が $r = 0.47$ 程度[6] である。筋肉量や脂肪量によっても体重は変化するため，身長だけが体重の決定要因ではない。しかしやせ型高身長の人の体重が思いのほか重くて驚いた経験はないだろうか。このように，身長だけが体重を決めるわけではないが，それなりに強力な関係となっている場合に得られる相関係数が $r = 0.47$ であり，読書時間と読書冊数の $r = 0.46$ もそれに近い数値である。

最後に，すでに説明した，同じく小学校 5 年生の語彙力と文章理解力の図 1-2 であるが，相関係数は $r = 0.69$ である。心理学の分野においては珍しいほどの強い相関関係であり，語彙力がいかに文章理解力と密接な関係にあるかが分かる。先ほどの成人男性の身長と体重の相関係数を上回る強さだと思ってもらっても良いし，第 7 章で紹介する行動遺伝学の知見を引っ張ってくれば，一卵性双生児間の知能指数の相関係数が $r = 0.72$ である[7]。さらに例を挙げると，この水準になると，同じ検査を 2 回繰り返して測定した結果同士の相関係数[5] に近くなる。例えば，性格質問紙である TIPI-J（日本語版 Ten Item Personality Inventory）[8] においては，同じ性格質問紙を 2 週間間隔で 2 回回答した際の得点間の相関が $r = 0.86$（外向性），$r = 0.79$（協調性），$r = 0.64$（勤勉性），$r = 0.73$（神経症傾向），$r = 0.84$（開放性）であることを報告している。なお，読書と性格との関係については第 4 章で述べる。

相関係数が 0.9 ～ 1.0 となると，例えば，年齢と生まれた年の相関関係（この場合は負の相関になる）がそれくらいになる。年齢が増えるにつれて生まれた年も古くなる，といった「当たり前だろう」というような関係が，相関係数が 0.9 ～ 1.0 というものなのである。

なお，ついでに説明してしまうが，「統計学的に有意であった」という文言が本書に登場することがある。相関関係の例でいえば，偶然に図 1-1 のような散布図が得られることは常にあり得る。あり得るが，理論的に考えて，その確率が著しく低いとき（慣例的に，5% 以下）には，偶然ではなく実際に相関関係があるから図

5） これを再検査信頼性と呼ぶ。

1-1 のような分布が得られたのであり，相関係数の値である $r = 0.23$ は意味のある値であると考えよう，ということである。もし「こんなに小さい相関係数の値に意味があるのだろうか」と疑問に感じたときには，統計学的に有意かどうかを一つの基準にすると良い。

効果の大きさについて

相関係数の大小について，気候条件と自動販売機の売り上げや，身長と体重の関係などを例に説明してきた。もっと単純に「これくらいの相関係数だったら弱い，これくらいだったら強い，とはっきり言ってくれ！」と思われたかもしれない。

実際，そのようなニーズに答える慣例的な「目安」がある。一般に Cohen の基準[9] と呼ばれるもので，そこでは相関関係の強弱は「相関係数 r の絶対値が 0.10 が小，0.30 が中，0.50 が大」とされている。ただし，これは本当に大雑把な目安であって，研究領域や文脈によって変わってくる。近年，こうした目安の見直しが進んでいて，本書で紹介する研究領域では，「0.10 が小，0.20 が中，0.30 が大」が新たな目安として提案されている[10,11]。

こうした目安は役には立つが，その相関係数が得られた研究についてきちんと理解しなければ，正しい解釈をすることはできない。例えば，先ほど「同じ性格質問紙を 2 週間間隔で 2 回回答した際の得点間の相関」が 0.64 〜 0.86 であることを述べた。では，もしも 1 回目の回答と 2 回目の回答の間隔が「1 時間」や「10 年」であったとしたら，相関係数の大きさの解釈はどうなるだろうか。「たった 1 時間後でこんなに食い違ってしまうなら，この性格質問紙は当てにならないな」「10 年後なのにこんなに強い関係があるなんて，性格というのは安定しているのだな」というように解釈が変わるはずである。そして，後ほど紹介する「縦断調査（追跡調査）」においては，研究間で調査時点間の間隔が異なっているのが普通である。

そこで本書では，まずは研究内容を説明し，相関係数が利用可能な場合[6)]には相関係数の値も併せて紹介することで,「効果があったか，なかったか」という二分法的な結論だけでなく,「効果の大きさはどれほどであったのか」というより詳細な情報も伝える。効果の大きさは，最終的に本書が伝えたい「読書効果の3原則」のうちの1つ「平均的には効果は穏やか。気長に気楽に」（原則1）にもつながる，大切な情報である。

● 強い証拠がほしいなら「メタ分析」を見よ

さて，ここまで相関係数の説明をしつつ，読書と語彙についての筆者らのデータを紹介したが,「100名や200名の児童数のデータで，日本児童全体に通用するデータと言えるのか。小学校も3校のみを対象としているし……」と思った読者の方はいないだろうか。するどい。その通りである。

この疑問は，データの「一般性」への疑問である。例えば，本書の読者として小学校の先生を想定してみよう。この教師は，本書を読み，勤務校での教育実践に活かしたいと考えている。勤務校では言葉の力が十分でないと思われる児童も多く，学校図書館の利用も活発とは言えないからだ。しかし，本書で紹介するデータがごく少数の児童を対象とした研究だけであったり，非常にハイレベルな私立小学校のみを対象としたものだけであったりしたらどうだろうか。これらのデータが日本の小学校全体に通じるデータなのだとは思えず，「自分の小学校の参考にしよう！」という気持ちがかなり薄らいでしまうのではないだろうか。

この意味で，参考にすべきは一般性の高いデータである。できるかぎりサンプルサイズ（調査に参加する児童数）が大きな調査のほうが良いし，児童全体を代表

---

6) 現代の心理学研究においては,「読書時間」と「語彙力」の相関係数，というような2つのデータ間の相関係数のみから研究の結論を導くことはほとんどなく，より複雑な統計手法を利用する場合が多い。相関係数はそれらの複雑な統計手法の基盤となる値であるため，多くの場合には相関係数も報告されているが，報告されていない場合もある。

するようなサンプル7)のほうが良い。とはいえ，個別の研究でこれらの条件を十分に満たした調査を行うことは，現実的には難しい。

この問題を解決する強力な手段が「**メタ分析**（meta-analysis）」である。メタ分析とは「複数の研究から得られた定量的な結果を要約する手法」[12]のことである。複数の研究を統合するので，個別の研究よりもサンプルサイズが圧倒的に多くなり，属性も様々なものを分析に含めることができる8)ので，得られる結論の一般性が高くなるのである。

つまり，自らの実践活動の参考にするためのファーストチョイス（第一選択）となるべき研究知見が，メタ分析に基づいた知見なのである。実際，医療実践・研究では1993年にコクランコラボレーション（https://www.cochrane.org/），教育実践・研究を含む社会科学分野では2000年にキャンベルコラボレーション（https://www.campbellcollaboration.org/）といった国際非営利団体が設立され，それぞれの実践と研究のためにメタ分析の知見を整理・普及を行っている。また，メタ分析論文をさらにメタ分析する「スーパーシンセシス」という手法も登場し，広範な教育手法の効果についてのスーパーシンセシスをまとめたジョン・ハッティの書籍[13]が世界的ベストセラーとなった。原著は2009年出版で，邦訳も『教育の効果：メタ分析による学力に影響を与える要因の効果の可視化』（図書文化）として2018年に出版されている[13]。世界的にも，また国内においても少しずつ，メタ分析の研究知見を参照しようという機運が高まっているということである。

世界全体で発表される研究論文の数は，20世紀の半ばまでは年に数百件であったが，21世紀に入ってからは100万件をはるかに超え，さらに増え続けている[12]。このような研究報告が激増する現代では，「とりあえずこの文献を読めば，信頼できる研究知見を得られる」というメタ分析の論文は非常に有用である。さらには，

7）例えば，研究知見を一般化したい対象が日本児童全体なのであれば，日本全国の小学校からバランスよく集められた児童を対象として調査を行うことが望ましい。

8）例えば，対象小学校についての学力水準，学級数，1クラスあたりの人数，公立か私立か，都市か地方か，などの属性を含めることができる。

サンプルサイズが小さいためにエビデンスとしての強さに欠けやすい小規模研究も，将来的にメタ分析に利用されて強いエビデンスとなることが想定できるならば，一層のやりがいをもって行うことができる。これは個人レベルの研究者や教育実践家には心強いことである。

要するに，メタ分析は学術研究全体の整理と進歩に寄与できる可能性があるということである。ただ，何事にも長所と短所があるものである。メタ分析の短所については次々項で述べる。

● 読書と語彙力についてのメタ分析

ではここで，読書と語彙の関係についての外すことのできない文献である Mol らの 2011 年のメタ分析論文[14]を紹介しよう。2024 年 1 月時点で 1603 回の引用[9)]がある，この分野での重要論文である。

このメタ分析では，読書行動と「読み」と関連する様々な要素（語彙力，文章理解力，音韻処理，書字処理，単語再認処理，綴り，知能指数，学業達成など）との関係について検討している。ただし，ここでの「読書行動」は再認テスト法によって測定された「活字接触（print exposure）」を指す。この点については 1.3 節で詳しく説明する。また，ここでは読書行動と「語彙」の関係についての文献として紹介しているが，それ以外の要素との関係も検討されている。

さて，この研究では 99 の関連研究（合計参加者数は 7669 名）を特定し，メタ分析を行った。結果として，読書行動は上記に挙げたすべての読み関連要素と有意な正の相関があった。具体的には，

9)「引用」とは，他の学術論文等によって言及されることを指す。その論文の影響度を測る指標の一つとして，引用された回数がある。ここでは Google Scholar の「被引用回数」に基づいている。

語彙力：$r = 0.45$	単語再認処理：$r = 0.38$
文章理解力：$r = 0.36$	綴り：$r = 0.42$
音韻処理：$r = 0.22$	知能指数：$r = 0.15$
書字処理：$r = 0.33$	学業達成：$r = 0.30$

という相関係数であった。なお，学業成績のみは大学生・大学院生を対象とした研究のもので，他は小学１年生～高校３年生までを対象とした研究結果をすべてまとめたものである。

さらにこの分析では，読書行動と語彙力との相関が，発達の過程で強くなるかどうかを検討している。結果として，幼稚園以前では $r = 0.35$，小学１～４年生では $r = 0.36$，小学５年生～中学２年生では $r = 0.44$，中学３年 = 高校３年生では $r = 0.55$，大学生・大学院生では $r = 0.58$ というように，発達が進むほど相関が強くなるという結果であった（**図 1-4**）。これは第３章で説明する「読みのマタイ効果」と一致する結果であった。すなわち，読書をする者は語彙力がより高くなり，読書をしない者との差が発達の過程でどんどん広がっていく，という構造がどうやらあるのではないか，ということを指摘しているのである。

この点について，前著『読書と言語能力：言葉の「用法」がもたらす学習効果』（京都大学学術出版会）[15] では，より小さい年齢（平均 22 か月）についての読書（読み聞かせ）と語彙力との関係についてのメタ分析研究[16] と，参加者の平均年齢が 73 歳という高齢者集団における読書と語彙力との関係についての調査研究[17] を加えて，より広範にこの現象が見られることを図 1-4 のように示している。

Mol らのメタ分析の結論（[14] p.288）では，「社会には，活字に頻繁に触れることが学業の成功に長期的な影響を与えるという一般的な考えがあり，あたかも読書を実践することが読みに生じる諸問題の予防と治療のための妙薬であるかのようである。本研究のメタ分析の結果は，この考えを科学的に裏付けている。」と述べており，早期からの読書の導入を素朴に推奨している。

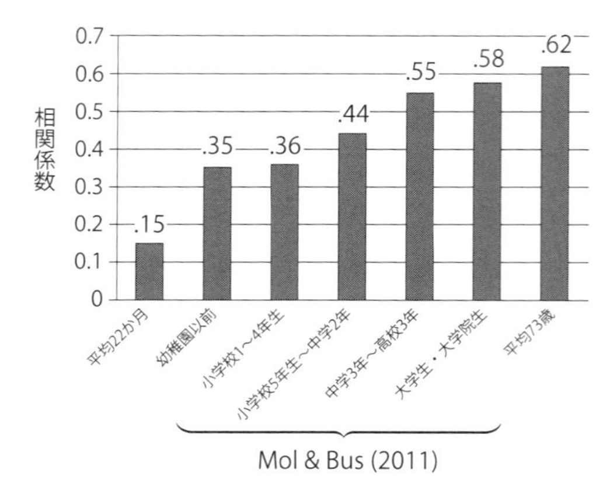

図 1-4　広い年代で確認されている読書行動と語彙力との正の相関

平均 22 か月の研究は Dunst らの 2012 年論文[16]，平均 73 歳の研究は Payne らの 2012 年論文[17] である。

出典：『読書と言語能力：言葉の「用法」がもたらす学習効果』（京都大学学術出版会）の図 1-2 を一部改変

こうした「読書のススメ」は，読書研究者や読書好きな教育者の耳には心地よく響くが，いくつかの観点から注意深く吟味しなくてはならない。とはいえ，ここでは**読書行動と語彙力の相関関係については，数多くの研究に基づくメタ分析によって，正の相関があることが分かっている**という点を押さえてもらえれば十分である。

メタ分析の知見を参照する際の注意点

完全無欠に思われるメタ分析だが，弱点もある。それは，圧倒的なサンプルサイズに裏打ちされた「説得力」と，あまりにも強い「要約力」の副作用として，単純化された結論を安易に受け入れてしまう危険性があることである。この点については，日本教育心理学会の機関誌で年 1 回発行される「教育心理学年報」にて，2021 年に山森らが行った「教育研究の知見の統計的統合は何をもたらすのか」[18] と題する誌上討論が参考になる（2024 年 2 月現在，web で公開されている）。詳しくは本文を参照されたいが，メタ分析の増加による教育への負の影響についての議論が興味深い。メタ分析による研究の要約化が，知見の「単純化」と読み手の「稚拙な利用」を助長し，元々あった現場教員の自律的な教育実践を制限する，というものである。

例えば，上述の2011年に報告されたMolらのメタ分析については，先ほど述べた通り，99もの研究が集められた。その結論として得られた「読書行動と語彙力には正の相関関係がある」は，個別の研究に比べれば，確かに信頼できる。しかし実は99研究のうちの大半が欧米とオーストラリアなどの英語圏の研究であり，それ以外ではわずかに中国の研究が1つあるのみである。日本の研究はゼロである。それにもかかわらず，このメタ分析の結果を無批判に日本児童にそのまま適用することは，まさに山森らの指摘する「単純化」と「稚拙な利用」に他ならない。

一方で，メタ分析の結果を「日本児童が入っていないので，まったく参考にならない」と考えることは，あまりにも保守的すぎる態度である。読書行動と語彙力に正の相関があることは，基本的には言語の違いには依存しない現象であるだろうし，教育制度や文化の違いによる影響はあると思われるが，メタ分析の結果を完全に否定するほどの影響は考えにくいからだ。さらには，上記のメタ分析の報告以降，すでに説明した筆者らの研究や第3章で紹介する日本人データなど，日本児童についての研究知見も複数報告されており，そこではメタ分析の結果と矛盾する結果は得られていない。

メタ分析の結果を踏まえつつ，対象となる現象の性質や，最新の日本児童の知見についても参照し，両者を踏まえて自らの実践を考えるのがバランスの良い考え方ではないだろうか。

日本のデータは少ないが参考になる

本書では上記の考え方を踏まえ，それぞれのトピックについて，まずはできるだけ一般性の高いデータで，かつ，なるべく新しい研究知見を提示している。一般性の高いデータとは，メタ分析があればメタ分析の論文，なければ，サンプルサイズのなるべく大きい個別研究の論文のことを指す。新しい研究知見を優先する理由は，先行研究の問題点を踏まえて，より説得力のある研究デザインや洗練された統計手法での分析を行っていることが期待できるためである。そして次に，見つけることのできた場合には，なるべく本書の想定読者である日本人のデータを提示していく。

読書行動と語彙力については，すでにメタ分析の結果を説明したので，日本人データについてもう少し見てみよう。**表 1-1** は，筆者が 2021 年論文でまとめた読書行動と語彙力の相関係数を小学校 1 年生から成人（20 代～ 60 代）の年代別に整理したものである[19]。

詳細な議論はこれも web で公開されている上記の 2021 年論文[19]に譲りたいが，ここでは 3 点を指摘する。1 点目は，表 1-1 をざっとみたときに，相関係数の値が正の値である場合がほとんどだということである。つまり，全体的に見て，読書行動と語彙力には正の相関がある，という結論は動きそうにないということである。2 点目は，相関係数の値にかなりのばらつきがあることである。表 1-1 でセルを灰色にしてあるものは，相関係数が 0.30 以上のものである。灰色セルの分布を見ていると学年（年代）によって相関係数の値が異なり，学年（年代）が大きいほうが相関係数が高いように見える。これは先ほどの Mol らのメタ分析の結果と一致している。

気づくことの 3 つ目は，今の説明ともかかわるが，読書行動の測定指標間で相関係数が異なるということである。読書時間や読書冊数では相関は低めに，タイトル再認テスト（Mol らのメタ分析でも採用していた「活字接触」指標）や，学校図書館における図書貸出数では高めに出るようだ。つまり，一口に「読書と語彙の関係の強さはどれくらいか」と言っても，その研究でどういった人を対象に，どのような方法で測定するかによって，得られる相関係数は変わってくるということである。読書行動の測定法については 1.3 節で詳しく述べる。

そこでこれらのデータを解釈する際には，ピンポイントで効果の大きさを見積るのではなく，範囲で読み取る姿勢が大切である。すなわち，「日本人の読書行動と語彙力の相関係数は，だいたい 0.10 ～ 0.50 くらい。強さとしては，読書をするだけですぐに語彙力の問題が解決するようなものではないけど，何らかの関係は確かにありそうだな。日本児童のデータはまだ少ないけれど，海外のメタ分析の結果でもそのくらいだったから，大きく外していることはないだろう」という具

表1-1　日本の研究において得られた読書行動と語彙力の相関係数

相関係数の値は，最初の０が省略されて表記されている（例えば，$r = 0.21 \rightarrow r = .21$）。
太字は相関係数が有意のもの，セルが灰色は相関係数が $r = 0.30$ 以上のものである。

研究	測定指標	小1	小2	小3	小4	小5	小6	中1	中2	中3	高1	高2	高3	大学生	20代	30代	40代	50代	60代
高橋・中村 (2009)	読書時間			.21															
猪原・上田・塩谷・小山内 (2015)	読書時間	.02		**.26**		**.20**													
	読書冊数	**.27**		**.25**		.05													
	タイトル再認テスト	**.48**		**.16**		**.54**													
	図書貸出数	**.35**		**.41**		.13													
上田・猪原・塩谷・小山内 (2017)	図書貸出数 (0～8類)			**.34**	.09														
	図書貸出数 (9類)			.08	−.04														
猪原 (2021)	読書時間			**.10**			**.19**			**.16**			**.10**						
猪原・松尾・古屋・沓澤 (2021，調査1)	読書時間										**.21**	**.29**	**.15**	**.36**	**.20**	**.49**	**.22**	**.25**	**.32**
	読書冊数										**.12**	**.28**	**.20**	**.35**	**.18**	**.39**	**.28**	**.25**	**.31**
	読書好意度										**.18**	**.24**	**.21**	**.35**	**.29**	**.43**	**.37**	**.32**	**.30**
猪原・松尾・古屋・沓澤 (2021，調査2)	読書冊数										**.23**	**.13**	**.20**	**.25**	**.28**	**.27**	**.20**	**.33**	**.33**
	読書好意度										**.26**	**.21**	**.17**	**.33**	**.38**	**.27**	**.26**	**.37**	**.38**

出典：猪原の 2021 年論文[19] を参考に筆者が作成

合である。最終的には，効果の大きさは読書をする個人であったり，教育実践を行う学校のクラスなどによって異なってくる。そのため，実用上は大まかな効果の目安が分かれば十分である。この考え方は,「個人差は大きい。読書そのものが合わない人もいる」（原則3）に当てはまる。

海外の知見だけでなく，日本国内のデータでも海外と同様の知見が得られていることは心強い。日本のデータは表1-1にまとめた程度の数しかないが，それでも日本人には特に参考になる貴重なデータである。

横断調査と縦断調査の違い

ここでもう少し,「効果の大きさについて」で述べたことの続きに当たる内容の話をさせてほしい。それは**研究デザイン**によって，相関係数の意味合いが根本的に変わってしまうということである。

研究デザインの大きな区分としては,「調査」「介入」「実験」などがある。介入と実験については研究知見も紹介しつつ第3章で述べるとして，ここでは「調査」の研究デザインとして「横断調査」と「縦断調査（追跡調査)」の区別について説明する。

ここまで単に「調査」と呼んできたものは，すべて前者の横断調査である。**横断調査**は, 1回の調査で関心のあるデータをすべて集める調査である。例えば, 小学校4年生に質問紙への回答（読書時間の測定など）と語彙力テストへの回答を求める，といった具合である。

一方，複数回の調査で同一人物の変化を見るのが**縦断調査**である。例えば，小学校4年生に質問紙調査と語彙力テストを実施した後，同じ児童が5年生になったときにも質問紙調査と語彙力テストを実施する。そして，4年生時点で多くの読書をしている児童が，4年生から5年生にかけて語彙力をより大きく伸ばしているか，ということを検討する。

横断調査は1回限りの調査なので，実施コストが小さい。そのため，世の中のほとんどの調査は横断調査である。縦断調査は調査を複数回繰り返すだけでなく，同一人物を「追跡」して行かなくてはならないので，実施コストが大きい。また，分析方法も横断調査に比べて複雑なものになってしまう。そのため，縦断調査は横断調査よりも数が少ない。

しかし，横断調査と縦断調査では，私たちが本当に知りたいことへの証拠の強さが異なる。勘の鋭い方，あるいは，心理学を含む社会科学の素養のある方は，これまでの本書の説明に対して，こう思われていたかもしれない。「1回の調査での相関係数は，しょせん『なんらかの関係があった』という意味でしかないでしょ。例えば，『読書が語彙力を伸ばす』のではなくて，『語彙力が読書行動を増やす』のかもしれない。語彙力が低いと読書が苦になって，語彙力が高いと読書が楽になるから，十分にあり得るじゃないか」と。

まったくもってその通りである。横断調査ではあくまで1時点測定しかしていないので，読書と語彙力に正の相関があったとして，「読書が語彙力を伸ばした」のか「語彙力が読書行動を増やした」のかという「**因果的影響の方向**」は分からないのである。ここに横断調査の限界がある。

この問題を解決するのが縦断調査である。例えば2時点の縦断調査を行ったとして，時間的に先行する1時点目が2時点目に影響することはあり得ても，時間的に後行する2時点目が1時点目に影響することはあり得ない。この時間差の性質を利用して，影響の方向を特定することができる。クロスラグ分析と呼ばれる分析法では，1時点目の「読書時間」が2時点目の「語彙力」にどう影響しているかと，1時点目の「語彙力」が2時点目の「読書時間」にどう影響しているかを分離して分析をすることができる。どちらか一方の影響だけ見られる場合もあれば，双方向の効果が見られることもある。

本書では，数多くの縦断調査研究を紹介している。これは，筆者が上記の理由から縦断調査をより重要視しているためであり，研究領域全体で縦断調査が多数派というわけではないので注意されたい。縦断調査，それもサンプルサイズが大きなものは，大変貴重な研究である。

ただし，縦断調査によって有意な結果が得られれば，それがすなわち「因果関係」を示すかと言えば，そんなことはない。例えば，読書と語彙力の間に因果関係を想定する必要はなく，両変数の背後に両者に影響する「第三変数」があるにすぎない，という「疑似相関」への対処などが必要である。例えば,「知的関心の高さ」は読書行動を増やし，色々な語彙への探求を促すことで語彙力も高めるかもしれない。だとすれば,「知的関心の高さ」は疑似相関を生み出す第三変数になり得るかもしれない。疑似相関への対処は横断調査にも縦断調査にも必要で，疑わしい第三変数を「共変量」として測定して統計学的に統制する（その変数の影響を除外する）という対処が必要になる。専門家がデザインした調査であれば, 共変量による対処は通常行われるが，どこまで徹底して共変量を測定するかは研究間で差がある。あくまでも筆者目線ではあるが，本書では研究デザインに問題があると考えた研究は紹介しないか,「この点で問題がある」というように一言添えている。

● 因果関係についての本書でのスタンスと表記法について

「因果関係の方向を含意した相関関係」のことを「予測関係」と呼ぶが, 縦断調査によって得られた予測関係，すなわち,「1 時点目の読書時間の個人差が，2 時点目の語彙力の個人差を有意に予測する」といった結果を指して，「読書→語彙」の影響・効果と述べることがある。「影響」や「効果」はどちらも因果関係を想定した用語であり，学術論文においては予測関係から安易に因果関係を導くことは慎むべきなのだが，因果関係を推測する文脈においては伝えやすさの面から上記の用語を使用する。

学術的探究の観点からも，教育実践の観点からも，真に知りたいのは「因果関係」である。因果関係というのは,「読書行動を増やすと，語彙力が高まる」というような，原因（読書行動を増やす）と結果（語彙力が高まる）が連動する関係のことである。単に連動関係を確かめたいだけであれば，実験群と統制群に無作為に参加者を割り当てて，実験群にのみ「読書」などの実験操作を加えるという「実験（無作為化比較試験）」を行えば良い。ただ，読書研究のように，原因となる「読書」というものが厳密に定義できず，個人によって大きく異なる領域では，実験での読書と実生活での読書にかなり大きな違いがあることもある（第3章参照）。したがって，実験をすれば本当に知りたい因果関係が分かるというものでもなく，実生活上の実験とも言える「介入研究」や，まさに実生活上での読書そのものを捉えようとする「調査研究」など，様々な研究デザインの研究を総動員して推測するのが「因果関係」なのだ，というのが本書の考えである。

そのため，上記で述べたように縦断調査の結果から「読書→語彙」といった矢印による省略表記を使用することがあるし，もちろん実験での結果や，介入研究での結果についても矢印を用いることがある。ただし，横断調査から得られた相関関係については矢印は用いず，「読書と語彙の相関関係」のように表現した。

1.2 「読書行動」の概念について
――量的側面と質的側面の考慮で研究の切り口は膨大になる

● 用語の整理

これから読書研究の知見を本格的に説明していくにあたっては，用語の整理が必要である。実は，読書研究における「読書」の概念的整理は，ごく最近までなされていなかった[20]。以下では，読書に関連する行動を表現する一番広い用語を「読書行動」として，読書行動の概念的整理を行う。

国際誌において Wimmer ら[21] と Locher ら[20] がどちらも 2023 年に読書行動についての概念的整理の必要性を訴える論文を発表している。国内においては筆者らが 2015 年[4] に，平山が 2017 年[22] に，関連した論文を発表している。以下は，Locher らの 2023 年論文を参考としつつ，筆者が提案する読書行動の概念的枠組みである。

まず，類似した用語をリストアップしよう。以下は，Locher らの論文に登場する読書と関連する用語に，筆者が考える本領域でよく使われる読書と関連する用語を加え，英語表記と併記したものである。次項で各用語の違いを説明する。

- 読書行動（reading behavior）
- 読書活動（reading activity）
- 読書時間（reading time/time spent reading）
- 読書冊数（number of books read）
- 読書頻度（reading frequency）
- 読書量（reading volume/amount of reading）
- 読書習慣（reading habit）
- 活字接触（print exposure）
- 蔵書数（number of books at home）

読書行動と読書活動

読書行動には量的側面と質的側面がある。特に概念上の混乱が生じているのは量的側面であり，上記に示した用語は量的な読書行動にかかわる用語である。そこで最初に量的側面について整理を行い，その次に質的な側面も統合した枠組みを提示する。

図1-5は，量的な読書行動の概念的な整理を図示したものである。

まず，最も大きな枠組みとして「読書行動」がある。そしてその中に，「読書活動」「読書関連活動」「累積的読書行動」がある。

「読書活動」とは，いわゆる読書そのもののことを指し，テキスト（活字）と人（読み手）が相互作用をすることで，なんらかの意味を構築することを指す[20]。

「読書行動」と「読書活動」という，意味が近くて，日本語では字面の似ている用語が用いられている。この両用語を区別して用いたのはLocherらに倣ったものではあるが，筆者の感覚としても両用語には日本語のニュアンスに違いがある。

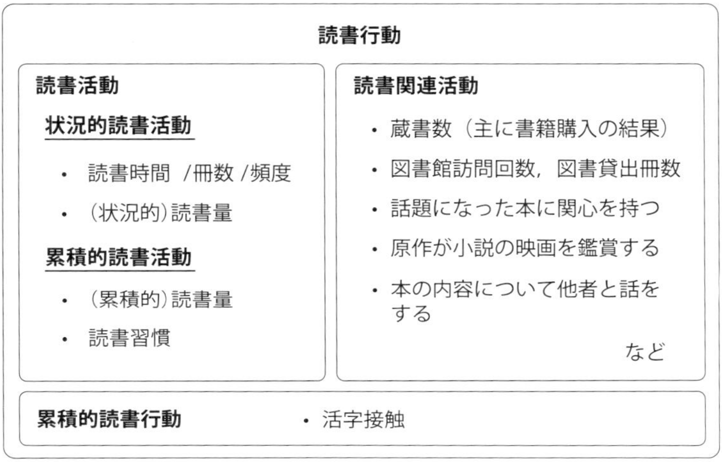

読書行動

読書活動

状況的読書活動

- 読書時間 /冊数 /頻度
- (状況的)読書量

累積的読書活動

- (累積的)読書量
- 読書習慣

読書関連活動

- 蔵書数（主に書籍購入の結果）
- 図書館訪問回数，図書貸出冊数
- 話題になった本に関心を持つ
- 原作が小説の映画を鑑賞する
- 本の内容について他者と話をする

など

累積的読書行動

- 活字接触

図1-5　読書行動の量的側面についての概念を整理したもの

「行動」は「彼の今後の行動が注目される」というように，「外部から観察可能で，短期的なものから長期的なものまで，その人の一挙手一投足の全体」を表現するのに対し，「活動」は「ボランティア活動に従事する」のように，「行動全体のうち，ある程度長期的で計画性があり，精神的にもある程度の集中を要し，主体的関与が必要なもの」を表現する。このニュアンスの違いは「読書行動が最も大きな枠組み」「読書活動が読書そのものを指す」という概念の違いに対応しており，用語の割り当てとしては悪くないのでは，と考えている。日本語の字面の紛らわしさはいかんともしがたいので，あまりにも紛らわしいときは下線を引くなどして違いを明確にしたい。

読書活動の中に「状況的読書活動」と「累積的読書活動」の2つがある。状況的な読書活動とは，ある時期や環境に限定された読書活動の傾向のことであり，累積的な読書活動とは，その調査時点までのすべての読書活動の総和のことである。

状況的読書活動の例としては，「小学5年生の夏休みにどれくらい読書活動をしたか」などがあり，この期間に1日あたりどれくらいの時間を読書活動に充てたかを「読書時間」，この期間に合計何冊読んだかを「読書冊数」，この期間中，週に何日くらい読書活動をしたかなどを「読書頻度」と呼ぶ。また，読書時間とも冊数とも頻度とも限定せずに，単に「この期間中の読書活動量の総和」という意味合いで「読書量」という用語が使われる場合もある。この用法で使われる場合には，累積的読書活動と区別をつけるために「(状況的）読書量」とした。

状況的な読書活動に関心が持たれるケースには2種類がある。1つは「小学5年生の夏休みに多く読書活動をすることが，小学6年生での全国学力調査（第6章参照）にどのような影響を及ぼすか」といった，特定の関心がある場合である。もう1つは，「本当は累積的読書活動に関心があるのだが，調査対象者が累積的読書活動量を正確に自己申告できるかは怪しい。そこで，比較的思い出しやすい状況的読書活動を尋ねて，累積的読書活動の代替指標とする」というケースである。

累積的読書活動を指す用語としては，その調査時点までのすべての読書活動の総和，という意味合いでの「(累積的）読書量」がある。そして，長期間安定した読書活動傾向，という意味合いで「読書習慣」が使われる。読書習慣が確立された読み手は，累積的な読書活動の量も増えるであろうから，読書習慣は累積的な読書活動を表す用語であると捉えることができる。

● 読書関連活動

読書関連活動とは，読書そのものではないが，読書とかかわる活動のことである。例えば，本を買うこと，図書館へ行くこと，図書館で本を借りること，話題になった本に関心を持つこと，原作が小説の映画を観ること，読んだ本について親や友人と話すこと，などが挙げられる。本を買ったり図書館で借りたりすれば，本を読む可能性は高まるが，本を読むことそのものとは異なるため，「読書活動」そのものとは区別されている。こうした読書関連活動の背後には「読書好意度（本を読むことが好きな程度)」や「知的な領域への関心」などの個人特性があると考えられる。

また,「蔵書数」もここに含めた。蔵書数は「家にある本の冊数」のことである。第６章で説明するように，教育社会学の領域では，蔵書数は社会経済的地位[10)]の代替指標としても用いられる。その文脈では，児童・生徒自身ではなく，保護者の本を購入するという活動を反映していることになる。

累積的読書行動

累積的読書行動（「活動」ではないので注意）とは，読書活動と読書関連活動の両活動の調査時点までの総和である。「活字接触」とは，読書活動を含めたあらゆる活字との接触量を示す概念である。読書活動をすれば活字接触の量は増えることになるが，読書活動以外の活動でも活字接触の量は増える。次節で説明するように，活字接触は「再認テスト法」と呼ばれる，著者名や本のタイトルの知識を問う方法で測定されるため,「読書活動以外の活動」の中でも特に読書関連活動の量が影響してくる。単純化すれば，活字接触量は読書活動と読書関連活動の量によって規定されていると考えることができる。

読書行動の量的・質的の両側面を捉えた統合的枠組み

次に，読書行動の質的側面について述べる。**図 1-6** は，図 1-5 に量的・質的の読書活動の次元を加えた全体像である。

質的側面にも様々な要素があり「テキスト要因」「読み手要因」「状況要因」の3つに分けることができる。

テキスト要因とは,「何を読むか」という違いである。テキスト要因として最初に思い浮かぶのが「ジャンル」の違いだろう。大きな分類として「フィクション/ノンフィクション」がある。これはあまり日本ではなじみのない分類であるが，大まかには「物語/物語以外」という区分に対応する。もちろんもっと細かな分

10) 収入，職業，教育などの観点から捉えた個人や家庭の状況のこと。

類が可能であり，フィクションであれば「文学」「推理小説」「ロマンス小説」などがあるし，ノンフィクションであればNDC（日本十進分類法）の「0類．総記」「1類．哲学」「2類．歴史」「3類．社会科学」「4類．自然科学」「5類．技術」「6類．産業」「7類．芸術」「8類．言語」などの分類もあり得る。特にフィクションとノンフィクションの違いについて多くの研究がなされており，言葉や人格へのプラスの効果においては，フィクションのほうがノンフィクションよりも影響が大きいという知見が報告されている（反対の結果を報告するものもある）。詳細は第3章と第4章を参照されたい。

次の「媒体」とは，「本」「新聞」「雑誌」「ソーシャルメディア」「マンガ」などの区分である。例えば，PISA2018年調査11) の日本の結果によると，本・新聞・マンガを「読む」生徒のほうが「読まない」生徒よりも有意に読解力スコアが高いが，雑誌には有意差がなかった[23]。このように，媒体によっても読書効果は異なるのである。

「デジタルか否か」は，主に紙に印刷されたものを読むのか，それともパソコン，タブレット，スマートフォンなどのディスプレイに表示されたものを読むか，ということである。直感的には，コンテンツが同一であるならば読書効果は同じであると思われるが，デジタルで読む場合には，後述する状況要因の「読み方」要素に変化が起こるため，この要素も近年重要視されるようになってきている。

読み手にとってその文章がどれくらい難しいかという「テキスト難易度」と，娯楽のためか学習のためかといった「テキストの目的」も，状況要因の読み方要素に影響する。

読み手要因とは，「どんな読み手が読むか」についての違いのことである。読み手の個人差と言っても良い。読み手要因の代表例には，まずは「学年（年齢）」や「性別」がある。発達上の特定時期の読書が，他の時期とは異なる効果を発揮する可能性は高い。例えば，ある学年での読書だけが，語彙学習に特に効果的である

11）OECD加盟37か国と非加盟42か国・地域が参加した15歳児を対象とした国際学習到達度調査のこと。

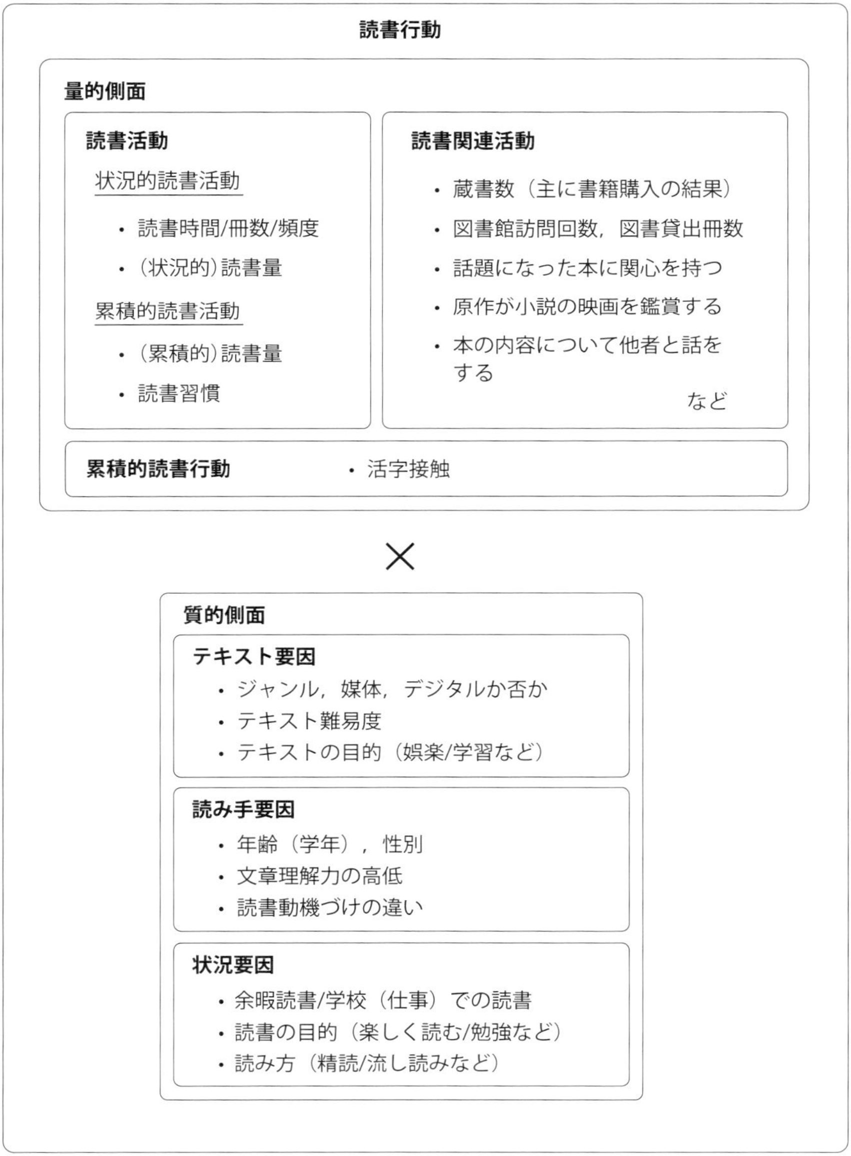

図 1-6　読書行動の質的・量的の両側面についての概念を整理したもの

といったものや，思春期だからこそ精神衛生に読書が大きく影響すると思われるものがある（第3章，第5章を参照)。

次に「文章理解力の高低」がある。同じテキストでも，文章理解力の高い読み手ならばさらっと読みこなせてしまうし，文章理解力の低い読み手ならば苦痛に満ちた読書になってしまう。それでいて，語彙学習などにおいては文章理解力の高い読み手のほうが文中に含まれる未知語の意味学習に優れるという知見がある。第3章を参照されたい。

「読書動機づけ」とは，要するに「どのような信念・態度・意欲によって読書に臨むか」[24] という個人差のことである。日本においては，秋田[25] が1990年代から研究論文を発表しており，小学3年生，小学5年生，中学2年生においては，読書の意義として「成績・賞賛」(「国語の成績があがる」など)，「空想・知識」(空想したり夢を描くことができる)，「暇・気分転換」(「暇つぶしになるから」など）があると児童・生徒に認識されていることが明らかとなっている。これは海外での代表的な枠組みである Greaney ら[26] の3つの機能である「効用的機能」「楽しみ的機能」「逃避的機能」と対応するものである。日本の大学生については，平山の2005年と2015年の研究[27,28] で検討されており，「娯楽休養」「練磨形成」「言語技能」「影響触発」の4動機[12] が挙げられている。どのような動機で読むかによって，読書効果が変わることが知られている。

最後に状況要因について説明する。状況要因とは，テキスト要因，読み手要因，そしてその場の読み手を取り巻く環境との相互作用によって生じる違いのことである。状況要因として比較的よく研究されているのは，それが余暇の時間における自主的な読書であるのか，学校や仕事などで指示された，あるいは，必要に迫られての読書なのかという「余暇読書 / 学校（仕事）での読書」という次元である。

---

12) それぞれの動機の内容を示す質問項目として「娯楽休養」は「読書を楽しみたいからだ」「気分転換をするためだ」「嫌なことを忘れるためだ」など，「練磨形成」は「自分の悩みの解決に役立てたいからだ」「読んだことを将来の仕事に活かしたいからだ」など，「言語技能」は「読解力をつけるためだ」「語い（ボキャブラリー）を豊かにするためだ」など，「影響触発」は「(その本が）話題になっているからだ」などがある。

これは特に学校での読書は個人差が生じにくいのに対して，余暇読書にはその児童本人の読書習慣が反映されると考えられるためであると思われる。また,「読書の目的」における「楽しむための読書」が言葉の学習などにおいて効果が高い[29]ことなどが注目されており，余暇読書が「楽しむための読書」を反映すると考えられているためでもある[13)]。読書の目的には，このほかに「勉強のための読書」などがあり得る。読書の目的は，上記の読書動機づけともかかわるものである。

「読み方」にはいわゆる「精読」なのか「流し読み」なのか，といったものも入るし，もう少し認知処理[14)]に着目して，「浅い処理－深い処理」という次元での検討もある。日本語では，福田の2009年論文[30]などで浅い処理への考察が見られる。テキスト要因，読み手要因，状況要因の一部が相互作用して，個人間の「読み方」の違いと，個人内でのその時々によって異なる「読み方」を生むのだと思われる。

以上が読書行動の質的側面だが，これらの質的側面すべてを量的に数え上げることが理論上は可能である。例えば，単に「読書時間」ではなく,「フィクションの読書時間」，といった具合である。すでに述べたように，たとえ読書時間が長くても，そのうちの一部のみが特定の特性への読書効果を持っているという可能性がある[15)]。さらに複数の質的側面がかかわる場合もある。例えば，「基本的にはフィクション読書が語彙学習に効果的だが，特定学年で学習が求められる語彙にノンフィクションに頻出のものが多いために，その学年ではノンフィクションのほうが語彙学習に効果的かもしれない」などである。このように，図1-6にある質的側面が組み合わされることによって関心のある量的読書活動は無数に生まれてくる。研究者たちが日夜全力で取り組んでも，読書について湧き上がる疑問に答え尽くすことができないのはこのためである。

---

13) ただし，Locherらは2023年論文[20]で，余暇読書と楽しむための読書は同一のものではなく，学校での楽しむための読書も，余暇での勉強のための読書もあり得る，と述べている。

14) 文章理解中に頭の中で起こっている情報処理のこと。

15) 例えば，言葉の学習に対してはフィクションの読書が特に効果的であるかもしれない。

なお，図 1-6 で挙げた量的・質的な要素はすべてを網羅しているわけではないだろうし，今後の研究によって新たな要素が提案されることもあるだろう。重要なのは，**読書行動には量的側面と質的側面があり，それらは組み合わさることで，読書行動を捉える無数の切り口を生み出し得る**のだという「読書行動を捉える大きな枠組み」である。この枠組みがあることで，読書行動を整理して捉えることができ，他の研究者・実践家とコミュニケーションやコラボレーションを円滑に行うことができるはずである。

1.3 読書行動の測定法――読書をどうやって測るべきなのか

● 読書行動を測定するための3つの方法

読書行動をどのように測定するかという問題には正解がなく，研究者間でも意見は完全には一致していない[4]。読書行動を測定するための 3 つの方法として，Locher ら[20] は以下の 3 つを挙げた。

- 読書日記法（reading diaries）
- 質問紙法（questionnaires）
- 再認テスト法（recognition test procedure）
（チェックリスト法（checklist procedures）とも呼ばれる）

それぞれを簡単に説明すると，読書日記法は，その名の通り読書した記録を自分でつけてもらう方法である。

質問紙法は「あなたの 1 日の読書時間はどれくらいですか」などのように直接調べたい概念（この場合は「読書時間」）について読み手本人に質問するものである。年齢の低い児童の場合には保護者が答えることがあるが，基本には研究参加者本人が回答するので，自己報告尺度（self-report scale）による方法とも呼ばれる[21]。上記のように単一項目で読書活動のみについて質問する場合もあれば，複数項目の中に読書関連活動まで含めて質問して「読書行動」の質問紙を構成している場合もある。

再認テスト法は，著者名や本のタイトルを多く正確に知っているほど累積的読書行動の量が多いという前提に基づいて，テスト方式で読書行動の量と質を推定するものである。のちほど説明を付け加える。

これらの３種類の方法には一長一短ある。読書日記法は，もしそれが長期にわたるもの16) で，読書行動の質的側面まで十分に捉えていて，しかも記録が正確なのであれば，読書行動の測定指標として理想的なものである。

しかしこの方法の最大の弱点は，研究参加者への負担が大きいことである。参加者の負担が大きいゆえに，多数の参加者を確保することが難しく，その点で研究知見の一般化可能性に制限がかかる。長期の実施も現実的には難しく，数日程度にとどまる研究も少なくない17)。実施期間が短期であれば，それを状況的あるいは累積的読書活動の推定指標としたときの誤差は大きくなる。しかし無理に長期にすれば良いかと言えばそうではなく，参加者のモチベーション低下によって離脱する参加者が増えたり，正確な記録がなされない可能性が出てくる。読書日記法といえども完璧ではないのである。

次の質問紙法の長所は，得られたデータの解釈のしやすさと研究参加者への負担の少なさである。「読書時間」は読書活動に費やした時間の多寡を表すのであって，読書関連活動は含まれていないという解釈のしやすさがある。この点は後述する再認テスト法と対照的である。また，質問紙に回答するだけなので，読書日記法よりもはるかに参加者の負担が小さい。

---

16) 例えば，Anderson らが 1988 年に報告した研究[31] では，小学５年生児童に記録を求めたが，最も短い児童でも８週間，最も期間が長い児童では 26 週間にもわたって記録したとされている。

17) 例えば，Greaney らの 1987 年論文[32] では，記録を求めたのはある週の日曜，火曜，木曜，次の週の月曜という合計４日分のみであった。

しかし質問紙法には問題点も多い。まず,「回答者の記憶がどれくらい信頼できるのか」という問題がある。基本的に参加者の過去を振り返って回答してもらうものであるため,低年齢児童になればなるほど信頼できないだろうし,多忙な現代人が自分の生活をどれくらい正確に振り返れるかも疑問である。また,「対象とする読書の期間が短期間,あるいは,曖昧になる」という問題もある。「昨日1日の読書時間を教えてください」と質問すれば,回答内容は正確になるだろうが,普段は読書をしている参加者がたまたま昨日は読書ができなかった,というケースでその参加者本来の読書傾向を取り逃してしまう。そこで妥協案として「過去1か月程度の読書頻度を教えてください」というような質問をするのだが,参加者は1か月を正確に振り返るのではなく,「大体1か月」で考えるだろう。すると,参加者によってとらえる「1か月間」が変わってくるため,純粋な読書時間の多寡に「参加者による記憶や設定期間の長短」という誤差が多く混入してしまう。

そして最大の問題として「社会的望ましさ」による歪み,という問題がある。読書は一般的に行うことが好ましい行為だと考えられている。そこで,「あなたは読書をどれくらいしますか」と問われたときに,社会的に望ましい存在でありたいと強く願う参加者であれば,実際よりも読書頻度を多く報告するだろう。一方,それほど社会的に望ましい存在でいることに関心が無い参加者であれば,その参加者の考える実際の読書頻度どおりに報告するだろう。ここを区別できないのである。これも誤差になってしまう。

最後の社会的望ましさによる歪みという問題は,何も読書行動の測定だけに限った話ではなく,質問紙によって測定するあらゆるものに適用される問題であり,実は読書日記法にも生じる問題である。結局のところ,「参加者が意識的に回答を操作することができる」という性質が問題なのである。これを回避する方法として,質問紙ではなく「テスト」をするという方法がある。テストであれば,いくら点数を高めたいと願っても,正解が分からなければどうしようもない。したがって,社会的望ましさによる歪みを回避できるというわけである。

そこで登場したのが,ART（Author Recognition Test, 著者名再認テスト）[33]・TRT（Title Recognition Test, タイトル再認テスト）[34]などの「再認テスト法」である。例えば，ARTでは実在する書籍の著者名と，実在しない著者名を混在させたリストを参加者に提示する。参加者は，リストには本物と偽物の著者名があることを知らされた上で，自分が知っている著者名にだけ○をつけるように指示される。研究者は，本物に○をつけることができた割合に対して，偽物に○をつけてしまった割合をペナルティとして差し引いて，ARTスコアとして「読書活動の代替指標」とみなす。TRTは低年齢児童向けのもので，著者名の代わりに本・絵本のタイトルを用いる。

「著者名や本のタイトルをよく知っている参加者ほど，普段の読書活動が活発だろう」というのが再認テスト法の論理になる。本を読まなくても，図書館や本屋に頻繁に行く人ほど著者名やタイトルに触れることになるし，記憶力の良い人ほどスコアが高くなってしまうだろう，といった懸念は確かにある。一方で，実際には，図書館や本屋に頻繁に行く人が読書をしない人である可能性は低いだろうし，記憶力が多少良くても著者名や本のタイトルを目にする機会が少ない人や関心がない人は，それほど著者名やタイトルを記憶していないだろうとも考えられる。再認テスト法は，よくも悪くも図1-5の「累積的読書行動」をまるごと捉える指標なのである。

社会的望ましさによる歪みを回避できること以外の再認テスト法の魅力として，「その著者名やタイトルをいつ知ったのか」を一切問わない方法であるため，読書日記法でも質問紙法でも捉え切れない「生後から現在までのすべての読書行動」を再認テスト法のスコアに反映させることができる（可能性がある）という点がある。そのためか，再認テスト法は語彙力や文章理解力といった言語力指標と高い正の相関を持つ傾向がある。Wimmerらが117の再認テスト法を用いた横断調査研究を集めて検討したものを2023年論文[21]で報告しており，語彙との相関係数は，再認テスト法では0.34から0.58の範囲に収まることが多く，質問紙法では0.06から0.31，加えて検討された「蔵書数」では0.12から0.38であったという。実際，表1-1においても，筆者らの2015年論文[4]において，TRTと語彙力の相関係数が，1・2年生では0.48，5・6年生では0.54と高い値となっている。

測定法と測定概念の対応

表 1-2 に，どの測定法によって，図 1-6 のどの読書行動を捉えることができると考えられるのかを示した。多分に筆者の主観的かつ大雑把な判定で恐縮だが，○は「測定に向いている方法」，△は「精度に不安がある」あるいは「工夫次第では測定可能」を示している。

読書日記法は短期間の読書活動を正確に記録するのに向いている。参加者への負担が大きいことがネックであるが，その問題さえ乗り越えれば，正確な測定の難しい累積的読書活動の測定にも適しているだろう。読書関連活動も，それを記録するように参加者へ依頼すれば測定は可能であるが，読書活動と同時に読書関連活動まで測定するのは現実的ではないだろう。質的側面も同様である。そのため「△」とした。

質問紙法は，測定精度にこそ不安があるものの，対象となる期間が短いならばその不安も小さいものになるだろう。その意味で，状況的読書活動と読書関連活動，そして複雑な条件を問う質的側面の測定にも向いている。

再認テスト法は，状況的読書活動の測定には向かない。ただし，縦断調査において複数回再認テストを実施すれば，前回スコアからの差分がその期間中に行われた読書行動の量だと捉えることができるので，状況的読書活動を「△」としておいた。読書活動と読書関連活動を区別できないので読書関連活動は「△」，その両者を区別しない累積的読書行動は「○」としておいた。一方，累積的読書活動については，基本的には読書関連活動が活発な者は累積的読書活動も活発であると考えられるため，累積的読書活動と読書関連活動をまるごと測定する再認テスト法は累積的読書活動には「○」と判断した。質的側面については，フィクションとノンフィクションの区別を行う ART[35] が学術研究においては頻繁に用いられている。その点で「△」とした。

表 1-2 の中に「×」がないように，どの方法でも理屈の上ではあらゆる読書行動を測定可能である。しかし，ここまでの説明で明らかなように，これらの測定指標間では捉えている読書行動が異なっている。Wimmer らの 2023 年論文[21] に

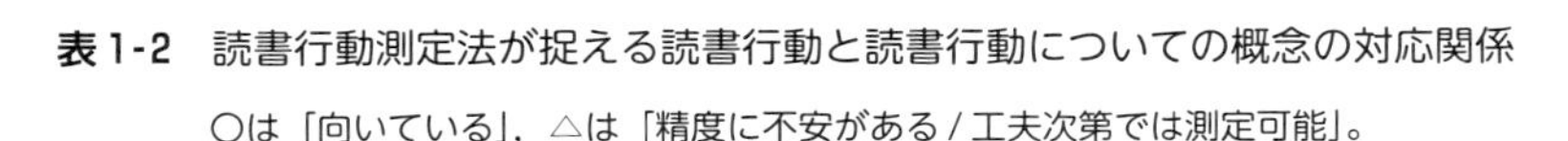

表 1-2　読書行動測定法が捉える読書行動と読書行動についての概念の対応関係
○は「向いている」，△は「精度に不安がある / 工夫次第では測定可能」。

	量的側面				質的側面
	状況的読書活動	累積的読書活動	読書関連活動	累積的読書行動	
読書日記法	○	○	△	△	△
質問紙法	○	△	○	△	○
再認テスト法	△	○	△	○	△

よると，対象が平均年齢 59.3 歳と高齢な参加者グループに対してのものではあるが，フィクション ART，蔵書数，質問紙法によるフィクションの読書頻度の相関係数は，0.44 ～ 0.55 であった。それなりに高い相関係数ではあるが，最大値である 1 には程遠く，同じ読書行動ではあるものの異なる概念のものを測定していることが示唆される。また，日本児童を対象とした筆者らの 2015 年論文[4] でも，TRT, 質問紙法による読書時間と読書冊数，そして学校図書館での図書貸出数（直接的には読書関連活動を反映していると思われる）の 4 指標間の相関係数は -0.06 ～ 0.51 であった。高い正の相関が得られているものもあるが，互いに測定しているものにかなりのズレがあることもうかがわせる。こうした点から Wimmer らは，測定指標間は部分的にしか重ならないため，研究者は指標を組み合わせて使用することが必要と述べている。

再認テスト法の妥当性について

上述のように，読書行動を測定する指標間の優劣をつけるというよりも，複数指標を組み合わせることが重要である。ただ現実的には，Mol らのメタ分析[14] が ART や TRT を用いて読書量測定を行った 99 研究を集めて分析を行っていることからも分かるように，読書行動の測定法としては再認テスト法が標準的な方法になりつつある。参加者負担の問題で読書日記法はあまり用いらず，測定精度や社会的望ましさの問題で質問紙が敬遠される傾向にあるためである。

しかし，再認テスト法にはすでに述べた解釈のややこしさがある。そこで再認テスト法の妥当性について，これまで数多くの研究がなされてきた。

妥当性検証の分かりやすいものとしては，West らの 1993 年論文[36] がある。この研究では，以下のようにして人々の自然な読書活動の様子と，ART スコアの関係性を検討した。まず空港のロビーで，乗客を観察する。そして 10 分間以上続けて本を読んでいる人は「読書家」，そうでない人は「非読書家」と定義する。その後乗客に近づき，調査への参加を依頼する。結果として，読書家 111 名，非読書家 106 名が参加し，ART を含む様々な質問紙・テストに回答した。結果として，読書家に 1，非読書家に 0 を割り当てたダミー変数と言われる変数と ART スコアの相関係数は $r = 0.47$ であり，有意な正の相関であった。一方，テレビ番組の名前について再認テスト法を実施したスコアと ART スコアの相関係数は $r = 0.06$ であり，有意ではなかった。この結果は，ART スコアが自然な読書活動（空港のロビーで本を読んで飛行機を待つ）と関連していること，そして単なる記憶力を測定しているわけではないことも示している。もし ART が単に記憶力を測定しているのであれば，ART スコアの高い人はテレビ番組の名前もよく覚えているはずだからである。

先ほど紹介した Wimmer らの 2023 年論文[21] の研究では，平均年齢 59.3 歳の 306 名に対して，フィクション ART，ノンフィクション ART，蔵書数，質問紙法によるフィクションの読書頻度，そして語彙力について測定している。その結果，(1) フィクション ART，ノンフィクション ART，蔵書数，質問紙法によるフィクションの読書頻度は，すべて互いに有意な正の相関を持ち，(2) それぞれがすべて語彙力とも有意な正の相関を持つが，最も相関係数が高かったのは ART の 2 つであった（フィクション ART：$r = 0.57$，ノンフィクション ART：$r = 0.45$，蔵書数：$r = 0.31$，質問紙法：$r = 0.24$）。(1) は ART が質問紙による読書頻度と同じ成分（すなわち，読書活動）を捉えているという考え，(2) は ART が最も包括的に読書行動を反映しており，それゆえに語彙力と高い正の相関を持つという考え，と，それぞれ矛盾しない結果であると言える。この点から Wimmer らは，可能であれば読書日誌法，質問紙法，再認テスト法の３種類を用いいて読書行動を測定すべきだが，1 種類しか使えない場合は再認テスト法を推奨すると述べている。

質問紙法における測定方法について

このように，第Ⅱ部で紹介するような読書効果の研究においては再認テスト法を用いた研究が主流である。一方で，次の第２章で説明する読書行動の統計データなどでは質問紙法での測定が主流であるので，ここで整理しておこう。

具体例を１つ挙げると，例えば，2.1 節で詳述する「学校読書調査」では，「5 月１か月間に読んだ本の冊数」を質問紙で測定する。図 1-5 の区分でいえば，これは５月という時期を限定した読書活動であるので「状況的読書活動」にあたり，それを「読書冊数」で測定しているということになる。

果たして，図 1-5 における読書時間，読書冊数，読書頻度という３つの指標のうち，いずれの指標が最も状況的読書活動を測定するのに適しているのだろうか。また，尋ね方も１日に何分と問うべきか，週に何日と問うべきか，月に何冊と問うべきか，どれが良いのだろうか。

この点について，平山が 2016 年の論文[22] で検討している。結論としては，「あなたは先月（5 月）に何冊くらい本を読みましたか」という問い方が最も「回答容易度」が高いという結果であった。具体的に何月なのかを指定した上で，その翌月に読書量を尋ねるのが最も参加者にとって回答しやすく，回答の容易度が高ければ，「いい加減な回答が回避される可能性が高まり，精度の高い読書量把握ができるだろう」と平山は述べている（[22] p.58）。

また，平山は質問紙法における弱点である社会的望ましさにも言及し，不読率の有効性について述べている。ここでの不読率とは，読書冊数においてはある特定月の読書冊数が０冊だった人の割合である。一般的に読書は望ましい行為であるにもかかわらず，読書冊数を「0 冊」と回答することは，回答者が社会的望ましさをそれほど気にしていないことを意味する。したがって，不読率は社会的望ましさを回避できる傾向があるはずであり，不読率を経年比較することで，例えば日本児童の読書行動についての実態を把握することができると考えられる。実際，学校読書調査は毎年5月の不読率を1954年から発表し続けており，今では日本児童の読書について議論するための基盤的なデータとなっている。

さて平山は読書冊数を推奨しているわけだが，現実的には，「読書時間，読書冊数，読書頻度のいずれが良いのか」という問いへの答えは，参加者の学年などによっても異なってくる。小学校低〜中学年の頃には回答容易度も高い「読書冊数」が良いかもしれないが，高学年以上になると「文章理解力が高い者ほど，1冊の分量が多い本を読むようになり，結果として読書冊数が過小評価される」ということが起きる。この点から言えば，年齢が上がってくると「読書時間」のほうが良いとも言える。

Wimmerらの指摘にもあるが，もしも質問項目の数が増えて参加者の負担が多少大きくなっても構わないのであれば，読書時間，読書冊数，読書頻度をすべて測定する，というのが良い。さらには再認テスト法などとも組み合わせた上で，因子分析という統計手法にかけることで，測定項目すべてに共通する成分を取り出すことができる。このことには統計学上のメリットもあり，もしも測定した項目がすべて妥当なものであれば，複数指標による測定を行うことで，測定誤差[18]を小さくすることができるのである。

効果の大きさ，ふたたび

測定誤差の話が出たので，本章の最後にもう一度だけ効果の大きさの話をしたい。読書研究の知見には常に「その児童の読書活動の実態を正確に測定できているわけではない」という割引の感覚を持って研究知見を読み取らなくてはならない。研究知見には常に測定誤差が含まれており，測定誤差は読書の効果を見かけ上小さくしてしまう。相関係数で言えば，相関係数が小さくなるのであり，これ

18）正確な測定ができずに，測定した数値にノイズが含まれること。

を「測定誤差による相関係数の希薄化」という。

本章では読書行動の測定だけに話題を限定したが，例えば第３章で扱う語彙テストなども，語彙テストに測定誤差がある。第４章で扱う社会的認知の測定課題にしてもそうだ。考えようによっては，研究というのは測定誤差だらけの中から，少しでも形の見えたものを掬い取って見せているだけにすぎない。

言いたいことは，研究知見で明らかになった効果の多くは実際にある効果なのだろうが，研究知見として浮かび上がってきていない中にも，読書効果は隠れているということである。「平均的には効果は穏やか。気長に気楽に」（原則１）と書いたが，こうした点も少し期待しつつ，気長な姿勢で読書効果を待ってほしい。

第2章 誰がどれくらい読んでいるのか

2.1 児童・生徒の読書活動 ——読書離れは起きていないが読書活動は二極化している

第II部以降では，主に読書活動の個人差が，言葉や人格などの個人差とどのように関係するのか，ということについて述べる。本章ではその前に，そもそもの読書活動の平均的水準についての基礎知識を共有しておきたい。私たちはどれくらい読書をしているのだろうか。

ここでの問題を考えるときに，時代（世代）差，発達差，国家間差，個人差を区別して考えなくてはいけない。「はじめに」で述べたように，時代によって読書の意義や隆盛度合いは異なっている。時代というと100年単位のものを想像するかもしれないが，10年，あるいは数年単位でも時代差は生じている。このような短い時間単位の場合には，時代差というよりも「世代差」のほうが分かりやすいかもしれない。よくある「近頃の若者は本を読まない。私たちが若いときはもっと本を読んだものだ」という愚痴は，時代（世代）差についてのものである。また，どの時代であっても，人は小学生，中学生，高校生，大学生，20代，30代，40代，50代，60代，70歳以上……と発達していく中で，発達段階に応じた読書量の変化パターンを見せるはずである。これは「発達差」となる。愚痴の例として「大学生なのに小学生よりも本を読んでいないとは情けない」と言ったとすれば，それは発達差についての愚痴である。ただし，この後述べるように，少なくとも「不読率」という指標で見れば，発達過程で最も不読率が低い（つまり，本を読む）のが小学生の時期なので，この愚痴はあまり正当な指摘とは言えない。そして近年はPISA調査（国際学習到達度調査）を筆頭に国家間の比較が頻繁に行われるが，これは「国家間差」である。「これだから日本人は」という愚痴を言えば，国家間差についての愚痴を言っていることになる。そして最後に「同い年の○○ちゃんはよく本を読むのに，うちの子ときたらゲームばかり……」というこれもよくある親の愚痴であるが，これは「個人差」についてのものである。

飯田が2023年出版の書籍『「若者の読書離れ」というウソ：中高生はどのくらい，どんな本を読んでいるのか』（平凡社）[37]で指摘するように，定点観測した際の世代差としての「読書離れ（活字離れ）」は根拠に欠ける1)。指摘するならば，後述するように学年が進むごとに本を読まなくなっていくという児童における「発達差」としての読書離れであろう。こちらは次項のデータを見れば分かるように，確実かつ大きな差として存在している。

日本の児童・生徒の小学校から高校にかけての発達的変化（発達差）

日本の児童・生徒の読書活動を調査したもので代表的なのは，全国学校図書館協議会が実施している「学校読書調査」である。特に「5月1か月間に読んだ本の冊数が0冊の回答者の割合」である「不読率」が注目されている。2023年6月に行われた第68回学校読書調査2)では，不読率は小学校4～6年生が7.0%，中学1～3年生が13.1%，高校1～3年生が43.5%であった。ここでの「不読率」

---

1)　ただし，ベネッセ教育総合研究所による2023年の報告[38]によれば2015年から2022年にかけて読書活動は微減してはいる。

2)　https://www.j-sla.or.jp/material/research/dokusyotyousa.html

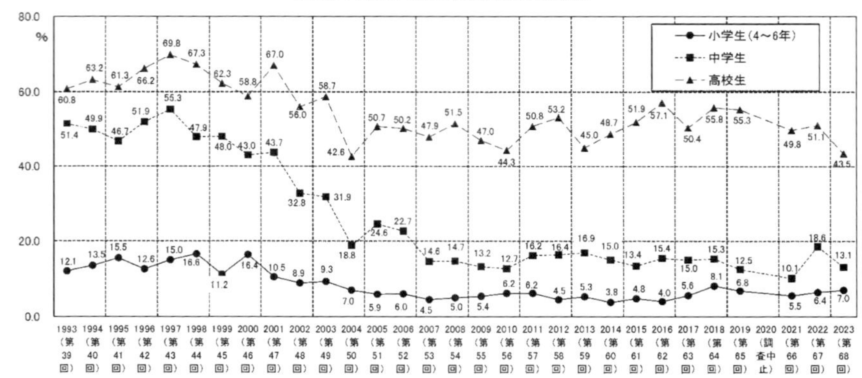

図 2-1　学校読書調査における不読率の推移

出典：全国学校図書館協議会ホームページ[3)]

は，読書冊数における0冊回答であること，そして学校の中で行われる読書と学校の外で行われる読書を区別しない総合的な読書活動であるということが特徴である。

図 2-1 のように，経年的な不読率の推移も報告されている。全体的に見て，すべての校種[4)]で不読率は下がってきており，この点でもやはり世代差における読書離れは根拠を欠き，一方でかなり大きな発達差（校種差）での読書離れは存在することが分かる。

学校読書調査が横断調査であるのに対して，近年，読書活動の測定を含む大規模な縦断調査が2つ報告された。そのうちの1つは日本のもので，もう1つはフィンランドのものである。横断調査だが第68回という歴史のある学校読書調査と合わせて解釈することで，日本の児童・生徒の読書活動の全体像が見えてく

---

3)　https://www.j-sla.or.jp/material/research/dokusyotyousa.html

4)　小学校，中学校，高等学校といった学校の種類のこと。

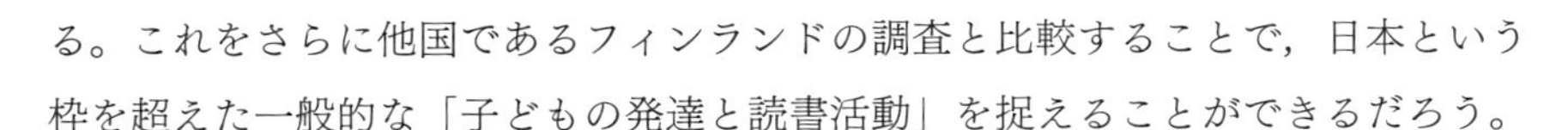

る。これをさらに他国であるフィンランドの調査と比較することで，日本という枠を超えた一般的な「子どもの発達と読書活動」を捉えることができるだろう。

まず日本のほうから紹介しよう。そのデータとは，東京大学社会科学研究所とベネッセ教育総合研究所が2015年から共同で実施している「子どもの生活と学びに関する親子調査」[39] である（以下，「親子調査」）。この親子調査は，小学校1年生から高校3年生までの各学年1000名以上の児童・生徒とその保護者のデータを追跡しながら，毎年新たな小学1年生を追加していくという日本においては過去にない規模の縦断調査である。2015年を起点に，最も長い期間のグループでは，小学校1年生が中学2年生になるまでのデータが分析されている[38]。

データを収集した当人以外の研究者がそのデータを分析することを「二次分析」と呼ぶが，こうした大規模データは多数の研究者が集まって二次分析を行わないと，とても分析が間に合わない。この親子調査データは，参加者数と追跡期間もさることながら，多種多様な質問項目が含まれている点も特徴であり，複数の分野にまたがる研究者の協力が要る。そこで，教育社会学者や教育心理学者がこの膨大な縦断データを様々な切り口で分析に当たっており，筆者もその一人として参入している。

筆者は主に読書時間データと語彙力・文章理解力データの分析を行っている。ここで，親子調査データにおける読書時間の測定について述べておく。

親子調査データでの読書時間とは，「あなたはふだん（学校がある日），次のことを，1日にどれくらいの時間やっていますか。学校の中でやる時間は除いてください。日によって違うときは，平均してだいたいの時間を教えてください」という質問に対する「本を読む」という項目への回答のことである。読書時間は，「しない」「5分」「10分」「15分」「30分」「1時間」「2時間」「3時間」「4時間」「4時間より多い」という10択の選択肢で測定された。小学校1～3年生児童の場合は，保護者が自分の子どもについて回答するが，ほぼ同じ文言であった。

学校読書調査は「読書冊数」によって読書活動を測定し，学校の中で行われる読書と学校の外で行われる読書を区別していない。一方，親子調査データは「読書時間」によって読書活動を測定し，学校の外で行われる読書に限定して質問を

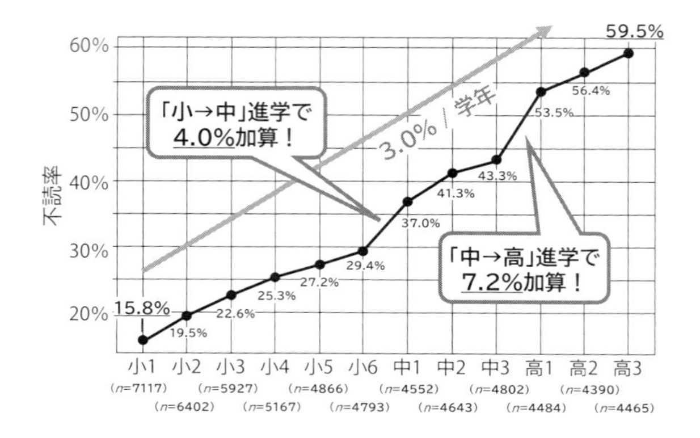

図 2-2　親子調査データの読書時間における学年別不読率

「小」は小学校，「中」は中学校，「高」は高校，「→」は校種の切り替わりを指す。学年の下にあるかっこ内の「*n*」はサンプルサイズを意味する。

している。学校読書調査を基準とすれば，親子調査データにおける読書時間は，「1日5分だけ読書をする」のような小さな単位の活動の違いまで測定できる可能性があること，さらに，学校外で自分の意志で読書をするような，いわゆる「余暇読書」を反映しやすいことが想定される。

小学校1年生から高校3年生までの不読率を比較したのが**図 2-2**である。読書時間の質問に対して「しない」と回答した児童・生徒の割合を「不読率」と定義している。折れ線グラフになってはいるが，学年間で異なる児童を比較した横断的分析である。

図 2-2 は概ね3つのことを示唆している。1つ目は，小学校1年生ですでに15.8% の不読率となっており，高校3年生では 59.5% と，12年間で 43.7% の増加があったこと。2つ目は，学年が1つ上がるごとに驚くほどきれいに不読率が上がっており，概算すると1学年につき約 3.0% ずつ増加していること[5)]。そして3つ目は，校種切り替わりで 4.0%（小→中）と 7.2%（中→高）が加算されるということ（学年上昇分の 3.0% は差し引いてある）。

つまり，2つ目の「学年による不読率の増加」に，3つ目の「校種の切り替わりによる不読率の増加」が加わって，1つ目の「小学校1年生の 15.8% から高校3

5)　もう少し正確に言えば，小1→小6は 2.7% ずつ，中1→中3は 3.2% ずつ，高1→高3は 3.0% ずつ，である。

年生の59.5%まで不読率が上昇する」という結果が生じた，というのが，筆者の描く「小学校から高校にかけての不読率増加の全体像」である。あくまでも余暇読書における不読率であるが，不読率の変化をシンプルに把握するためには有用だろう。

一方で筆者は，「不読」ではない児童・生徒に着目した分析も行っている。それが**図2-3**である。最多回答（★がついた回答）に着目すると，小学校1年生では「10分」回答が最多であったが，小学校2年生と3年生では「30分」が最多となり，小学校4年生以降は「しない（不読）」回答が最多になっていることが分かる。

各学年で2番目に出現頻度が高かった回答（△がついた回答）に着目すると，その回答を頂点とする読書時間の分布における「読む山」が見つかる。小学校1年生では最多が「10分」，2番目が「15分」と，最多と2番目の回答が隣接しており，1つの分布の山を形成しているとみなすことができる。小学校2年生では最多が「30分」，2番目が「10分」と間に「15分」を挟むようになり，小学校3年生では最多が「30分」，2番目が「しない」となり，分布としては2つの山を持つ傾向がはっきりしてくる。小学校4年生以降はすべて「しない」が最も高い山，「30分」が2番目に高い山となり，そのまま高校3年生まで維持されている。

意外なのは，「しない」が最多なのだから，2番目は次に読書時間の少ない「5分」になりそうなところ，そうではなく，2番目は高校3年生まで「30分」のままであり，その「30分」を頂点とした「読書する児童・生徒」の山が維持される点である。言わば，「読まない（不読の）山」と「読む山」の二峰性が読書分布にはあるのである。そして，その二峰性の傾向は小学校2年生においてすでに兆候が見られており，小学校3年生において明確に現れてくる。これは小学校低学年にして早くも「読む児童」と「読まない児童」が分かれることを意味しており，読書傾向の個人差の萌芽が早期から見られることを示している。

上記の分析は，学年間で異なる参加者同士を比べているため，発達差の中に世代差が混入してしまっている[6)]。そこで，同じ児童を小学校1年生から中学校2

6）とは言っても，最大で3年間の世代差でしかないが。

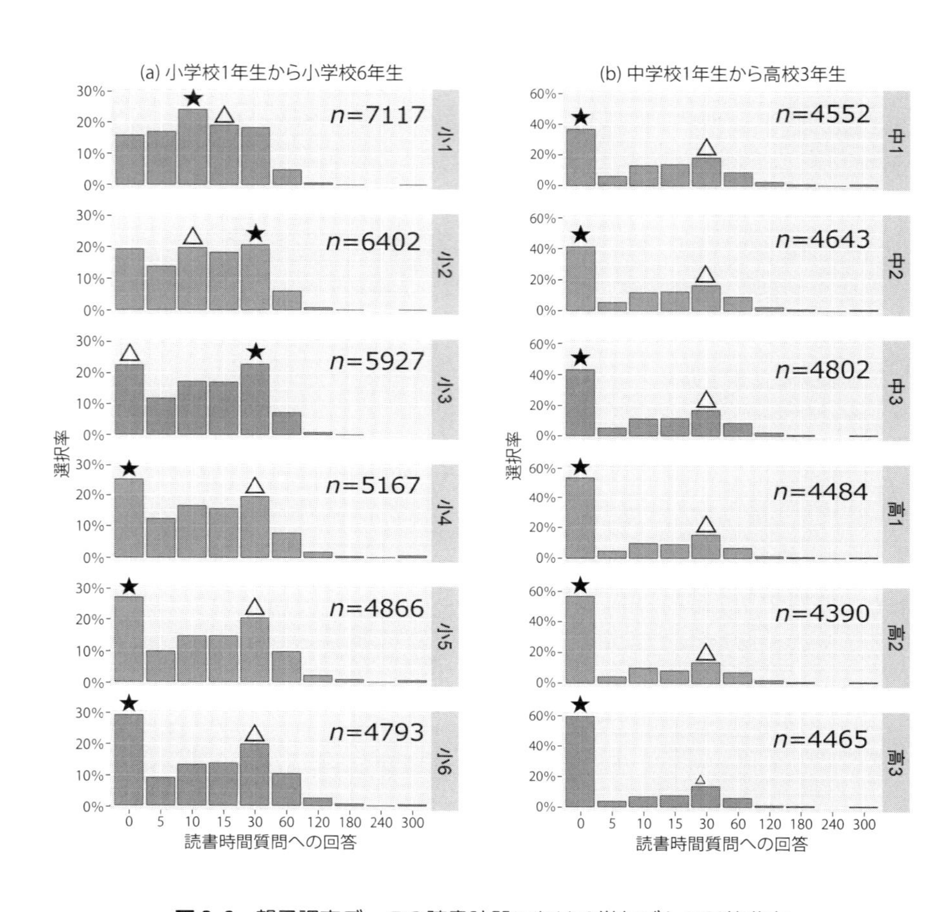

図 2-3　親子調査データの読書時間における学年ごとの回答分布

相対度数分布。横軸の単位は分。「しない」は 0,「1 時間」は 60,「4 時間以上」は 300 として表示されている。★と△は，それぞれ，その学年での選択率が第 1 位と第 2 位の選択肢である。(a) と (b) では縦軸のスケールが異なるので注意されたい。「*n*」はサンプルサイズを意味する。

年生までの 7 年間追跡する分析を行ってみよう[7]。

7）二次分析にあたり，東京大学社会科学研究所附属社会調査・データアーカイブ研究センター SSJ データアーカイブから「子どもの生活と学びに関する親子調査（ベネッセ教育総

図 2-4（a）は，2015 年時点の小学校１年生の読書時間から「多読層」「中間層」「不読層」に分けて，2022 年の中学２年生時点までを追跡したものである。小学校１年生時点での大きな読書時間差が，徐々に狭まっていくことが分かる。ただしここで言いたいことは，グループ差が狭まってはいくものの，7 年後である中学２年生時点においても小学校１年生時点の「多読層＞中間層＞不読層」という読書時間の大小関係が維持されている，ということなのである。小学校５年生時点では中間層（約 18.8 分）と不読層（約 17.6 分）と最接近しているが，それでもその差は維持されている。多読層との差はそれ以上である。例えわずかな差でも，これは「1 日の平均的な余暇読書時間」での差である。これが 7 年間毎日繰り返されるのである。そのインパクトの大きさは想像に難くない。

図 2-4（b）は，「多読層」「中間層」「不読層」のグループ分けを小学校３年生の読書時間によって行ったものである。先ほど，読書時間の二峰性の傾向が「小学校２年生においてすでに兆候が見られており，小学校３年生において明確に現れてくる」と述べた。小学校３年生頃にグループ分けをすれば，よりその児童の読書傾向を正確に捉えることができるかもしれない。

結果としては，やはりそうなった。図 2-4 の（a）と（b）を見比べるだけでも，(b）のほうがグループ間の差が明確になったように思えるだろう。数値として見てみると，小学校１年生で分類した場合には，8 時点を平均した読書時間は不読層が 10.5 分，中間層が 17.8 分，多読層が 44.6 分であり，不読層と中間層と差は 7.3 分，中間層と多読層の差は 26.9 分，不読層と多読層の差は 34.1 分であった。一方，小学校３年生で分類した場合には，不読層が 7.3 分，中間層が 18.6 分，多読層が 46.2 分であり，不読層と中間層と差は 11.3 分，中間層と多読層の差は 27.6 分，不読層と多読層の差は 38.9 分であった。やはり，小学校３年生頃にグループ分けをしたほうが，将来の読書活動の予測は正確になるようだ。

読書傾向の個人差が小学校の低学年から見られること，そして，その個人差が明確になり始めるのは小学校３年生頃からであること，という２つの知見は，実

合研究所)」の個票データの提供を受けた。

(a) 小1時点の読書時間による分類

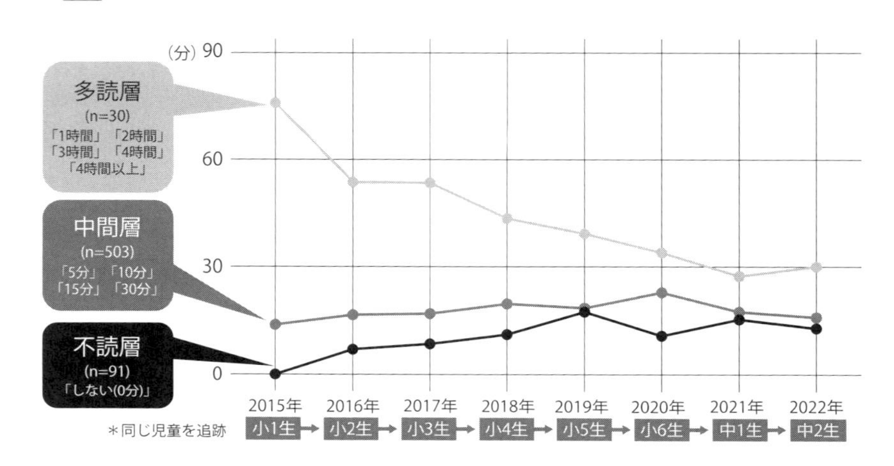

(b) 小3時点の読書時間による分類

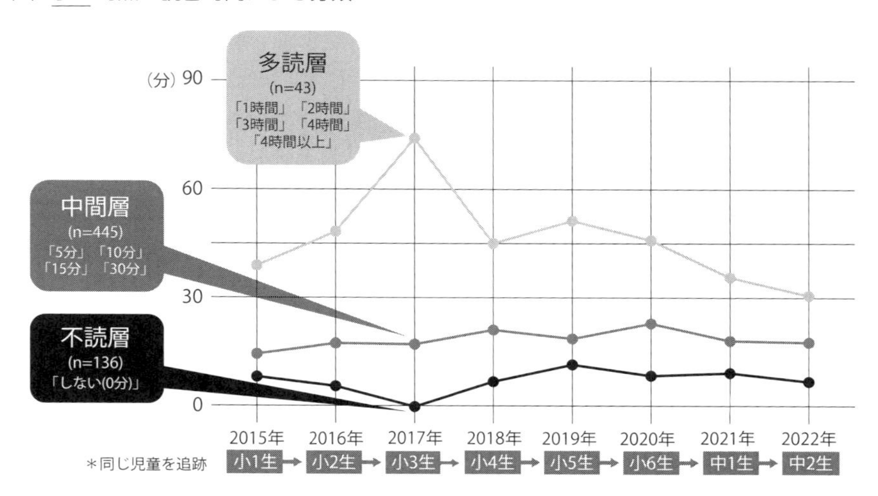

図 2-4 読書時間の個人変化（2015 年・小 1 → 2022 年・中 2）

際に読書教育をどのように進めるかを考える際に貴重なものとなる（第８章参照）。

まとめると，親子調査データからは

- 余暇読書の不読率は小学校１年生の15.8%に始まり，高校３年生では59.5%まで上昇する
- 学年・校種切り替えによって不読率は上昇する
- ただし30分を頂点とした「読む山」は存在し続けている
- 不読層と読む山の違いは，小学校低学年段階でその萌芽が見える
- 小学校１年生時点での読書時間において「不読層」「中間層」「多読層」と分けると，層間の読書時間差は徐々に減少しつつも，少なくとも中学２年生まで消えることなく差が維持される
- 読書時間によるグループ分けは，小学校３年生頃に行うと，より将来の読書活動の予測は正確になる

ということが言える。ずっと読み続ける児童もいれば，最初から読まない児童もいる。この結果は「個人差は大きい。読書そのものが合わない人もいる」（原則３）を強力に支持するものである。

フィンランドにおける児童・生徒の発達的変化

もう１つの注目の大規模縦断調査は，フィンランドの長期縦断調査プロジェクトである first steps study である（以下，「フィンランド調査」と呼ぶ）。この調査では，2000年に生まれた児童2525名だけに対象を絞って，学校・家庭・友達関係における児童・生徒の学習，意欲，問題行動を幼稚園の段階から追跡調査している。Ulvinen らが2024年に報告した研究[40]は，このデータの一部を用いたものであり，第３章で紹介する Torppa らの2020年論文[41]と合わせて，筆者の知る限

りでは読書頻度と文章理解力の関係について検討された最も包括的な大規模縦断調査研究である。

フィンランドでは，7歳になってから最初の8月に学校に入学することになっている。分析は，1年生（7～8歳）から9年生（15～16歳）までの8年間7時点（1→2年生，2→3年生，3→4年生，4→6年生，6→7年生，7→9年生の6期間）について行われた。

余暇読書について，1年生から4年生までは保護者が読書頻度を回答した。その際のジャンル・媒体については「児童小説」「漫画や児童雑誌」「説明本」と分類された。これら3つのジャンル・媒体のそれぞれについて，「1＝まったくしないか，めったにしない」「2＝週に1～2回」「3＝週に何度も」「4＝1日1回」「5＝1日に数回」の5段階で読書頻度を評定した。

6年生から9年生までは児童・生徒本人が読書頻度を回答した。ジャンル・媒体はより細かく分類されており,「小説」「コミック」「説明本」「新聞」「タブロイド紙」「雑誌」「ティーン雑誌」「ブログ」「ネットフォーラム」「フェイスブックのニュースフィード」「電子メール」と分類された。これら11のジャンル・媒体のそれぞれについて，「1＝まったくない」「2＝毎月」「3＝週に1回」「4＝週に数回」「5＝毎日」の5段階で読書頻度を評定した。「ネットフォーラム」というのは「インターネット上のフォーラムに投稿されたメッセージやコメント」と説明されている。日本で言えば，おそらく「Yahoo! JAPAN」のようなニュースサイトへのコメントや「Yahoo! 知恵袋」のような知識の共有サービスを指していると思われる。

読書頻度に加えて，どれだけ単語を効率的に処理できるかという読みの流暢性（reading fluency）と文章理解力も測定された。さらに9年生には，学習到達度の国際的な比較を可能にするPISA調査（国際学習到達度調査）の「読解力」スコアとの関連も検討されている。

さて，上記のように測定された読書頻度について，潜在プロファイル分析（Latent Profile Analysis, LPA）という分析法が適用された。潜在プロファイル分析とは，得られたデータから参加者をいくつかのグループに分類することを可能にする統計

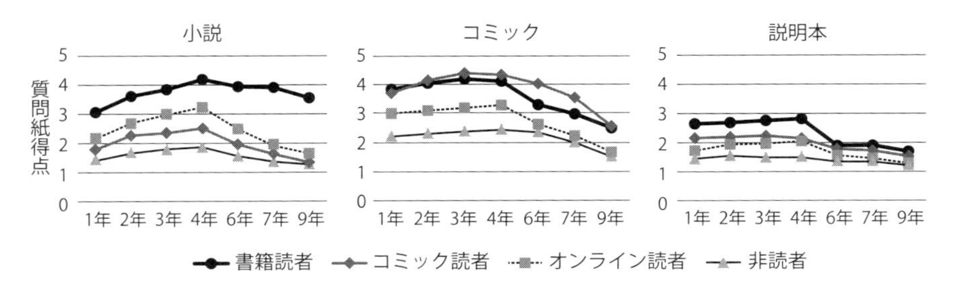

図 2-5　フィンランドの児童・生徒の余暇読書頻度

出典：Ulvinen らの 2024 年論文[40] の Appendix C を元に筆者が作成

手法の一種である。要するに，余暇読書の縦断データから，参加者がどういったグループに分かれ得るのかを統計的に推定したのである。

結果として４つのプロファイルが同定され，それらは「書籍読者」「コミック読者」「オンライン読者」「非読者」と名付けられた。それぞれのプロファイルの読書傾向については後述する。

図 2-5 はプロファイルごとに１年生から９年生にかけて，余暇の読書頻度がどのように変化したかを示したものである。ただしここでは分かりやすさのため，１～４年生の「児童小説」「漫画や児童雑誌」「説明本」と６～９年生の「小説」「コミック」「説明本」をまとめて「小説」「コミック」「説明本」とし，１～９年生までつなげたグラフを作成した。また，「新聞」「タブロイド紙」「雑誌」「ティーン雑誌」「ブログ」「ネットフォーラム」「フェイスブックのニュースフィード」「電子メール」については省略した。

全体的に，４年生までは読書頻度が増加傾向にあり，６年生以降は低下傾向にあるのが分かる。しかし（図 2-5 には表示していないが）タブレット，雑誌，ネットフォーラム，電子メールなどでは，６年生以降に増加傾向が見られる。

プロファイルごとに見てみよう。「書籍読者」は全体の 14% であり，４つのプロファイルの中では最も割合が少なく，女児が多い（80.3%）。小説を多く読むことが最大の特徴だが，コミックと説明本も比較的多く読む。小説の読書頻度は４

年生で最も高くなり，その高い状態が7年生まで続く。9年生ではやや下がるが，その下がり方は緩やかであり，他のプロファイルとは小説の読書頻度において大きな差がある。ティーン雑誌，ネットフォーラム，電子メールなども比較的多い。

「コミック読者」は全体の31%を占める。このプロファイルには男児が多い(82%)。1年生から9年生までコミックを頻繁に読んでおり，新聞やタブロイド紙もよく読む。

「オンライン読者」は全体の19%を占める。女児が多い(88.0%)。オンライン読者は，ブログ・電子メール・ネットフォーラム・フェイスブックのニュースフィードなど，様々なオンラインテキストを多く読んでいる。1〜6年生の小学生時代には小説も多く読んでいるが，6年生以降で急激に読まなくなっている。

「非読者」は全体の37%を占め，4つのプロファイルの中で最も多い。男児のほうがやや多いが，女児と同数に近い(58.8%)。ほとんどのジャンル・媒体で頻度が低いが，電子メール・ネットフォーラム・フェイスブックのニュースフィードなどは他のプロファイルとそれほど変わらない程度には読んでいる。1〜4年生の時期は，比較的多くのコミックを読んでいる。

さらに図2-5を注意深く見てみると，コミックの1年生から2年生において書籍読者とコミック読者が交差していることを除けば，各プロファイルの折れ線が交差することがほぼ無いことが分かる。このことは，小学1年生段階での読書頻度が，9年生まで保持される傾向がかなり強いということである。したがって，親子調査データと同様に，やはり小学校低学年のような早期の段階でこうした読書活動のプロファイルの違いがすでに現れていることが分かる。

ここでは主題ではないが，読みの流暢性，文章理解力，PISAの「読解力」とプロファイルごとの成績についても述べておく。読みの流暢性（**図2-6**）と文章理解力（**図2-7**）について，どちらの成績も，全期間を通して書籍読者が最も高く，非読者が最も低かった。コミック読者とオンライン読者については性差があり，男児ではコミック読者の成績がオンライン読者を上回る傾向があり，女児ではこの2つのプロファイルにはあまり差が無かった。文章理解力において，男児はオンライン読者と非読者に差がほとんどなく，女児の非読者に比べてもどちらのプロ

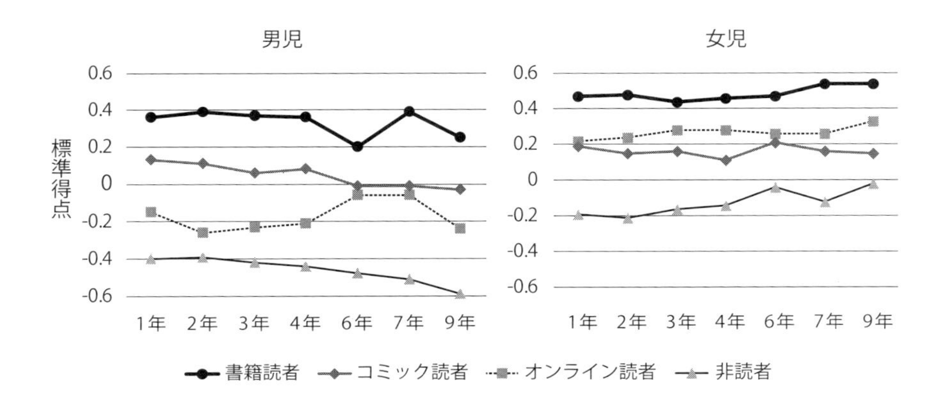

図 2-6　読みの流暢性におけるプロファイルごとのスコア

縦軸の標準得点は，0 よりも高ければ参加者全体の平均よりも高く，0 より低ければ参加者全体の平均よりも低いことを表す。

出典：Ulvinen らの 2024 年論文[40] の Table 5 を元に筆者が作成

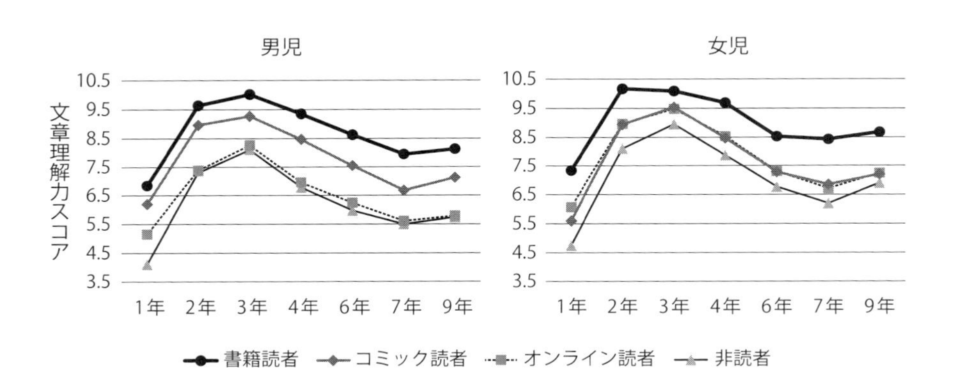

図 2-7　文章理解力におけるプロファイルごとのスコア

文章理解力を測定するためのテストは学年ごとに問題が異なっているため，学年間でスコアを比較することはできない。

出典：Ulvinen らの 2024 年論文[40] の Table 6 を元に筆者が作成

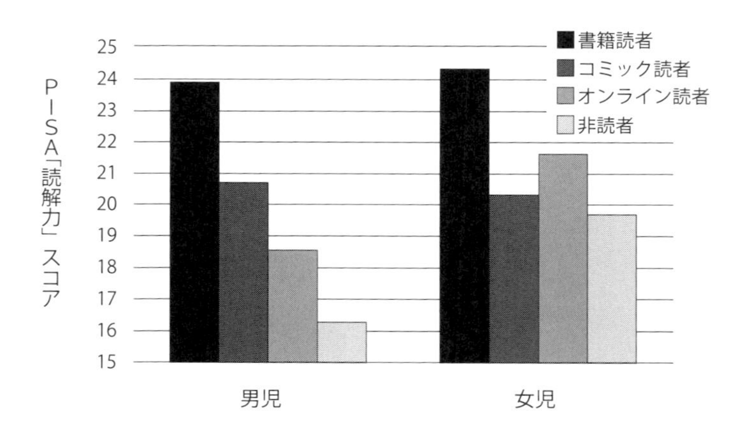

図 2-8 9 年生の PISA 読解力スコアにおけるプロファイルごとのスコア

出典：Ulvinen らの 2024 年論文[40] の Table 6 を元に筆者が作成

ファイルもかなりスコアが低いという結果が得られた。このように，同じプロファイルであっても男女で実際に読んでいるものが異なっている可能性が高く，男児においてはコミック（マンガ）が文章理解力を高めるために有効に機能している可能性がある[8)]。この点も含めて，Ulvinen らは，特に男児について，本以外のマンガ・雑誌・新聞といった，やや複雑で比較的長い読み物の読書は奨励されるべきだと指摘している。

9 年生の PISA 読解力の成績について**図 2-8** に示す。男女ともに書籍読者が最も高く，非読者が低いことが分かる。ここでも，オンライン読者と非読者については性差があり，男児においてはオンライン読者と非読者の間に統計学的有意差は無く，女児ではコミック読者と非読者の間に統計学的有意差はなかった。

ところで，性差について言及すると「男性脳・女性脳のような脳機能の違いにより，同じものを読んでも男女で学習効果が異なるのではないか」と考える読者

8） というよりも，男女どちらもコミックは有効だが，男児ではオンライン読書が有効ではない，と言うべきかもしれない。

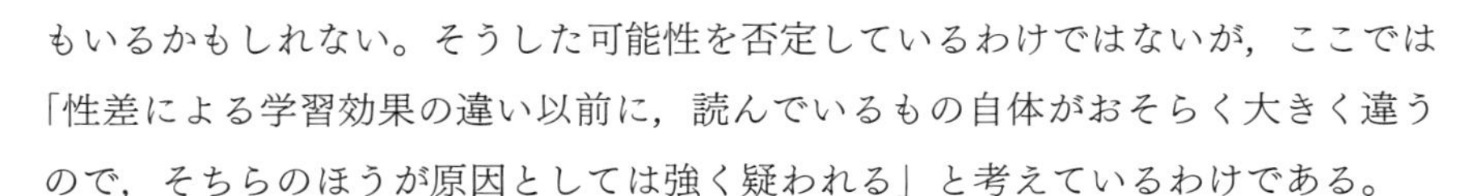

もいるかもしれない。そうした可能性を否定しているわけではないが，ここでは「性差による学習効果の違い以前に，読んでいるもの自体がおそらく大きく違うので，そちらのほうが原因としては強く疑われる」と考えているわけである。

ちなみに，このフィンランドのデータでは性差が大きく出ているが，日本の親子調査データで読書と語彙力の関係を分析したデータ（第３章参照）では，性差はほとんど見られない。おそらく日本とフィンランドの読書文化の違いに起因するものと思われるが，もし生物学的な男女差が原因なのであれば，文化にはあまり影響されずに日本とフィンランドで同じような性差が見られるだろう。この点からも「男女で読んでいるものが違うのではないか」という解釈は裏づけられていると言える。

まとめると，

- 日本の親子調査データの「読む山」「読まない（不読の）山」の違いと整合的に，小学校低学年のようなかなり早期に「書籍読者」「コミック読者」「オンライン読者」「非読者」の４つのプロファイルの違いは現れている
- 男女でプロファイルと言葉にかかわる諸能力の関係が異なっており，男児においては本以外のマンガ・雑誌・新聞のような「軽読書」が効果的である可能性がある

というところだろう。共通して言えるのは，児童・生徒は読書に関して均一な集団ではなく，早期から様々なグループに分かれているということだ。第７章で述べる知見も考慮すると，大人の介入によって「非読者の児童を書籍読者にさせる」ようなことが自由自在にできるとは筆者には思えない。むしろ，児童・生徒本人の特性を見極め，書籍が良いなら書籍の読書を，コミックが良いならコミックの読書を，読書そのものが苦手ならば別の活動で必要なスキルを伸ばす，というほうが児童（本人）・教師 / 保護者・社会（教育政策）にとって「よし」であると考えている（図 0-1）。

日本の児童・生徒と他国との比較

ここまでも何回か登場したPISA（Programme for International Student Assessment）調査は，OECD（経済協力開発機構）加盟国を中心とする国際的な学習到達度調査のことで，義務教育修了段階の15歳児を対象としている。**図2-9**はPISA2018調査について文部科学省・国立教育政策研究所が報告した資料の一部である[42]。

図2-9から分かるとおり，「読書は，大好きな趣味の一つだ」などの読書を肯定的に捉える生徒の割合はOECD平均よりも日本は高く，「読書の時間はムダだ」などの読書を否定的に捉える生徒の割合は低くなっている。読書頻度に関しては，コミック（マンガ）が突出して高いものの，フィクション（例：小説，物語）も十分に高い。ノンフィクション（例：伝記，ルポタージュ）の読書頻度は他国よりも低いことが気になるが，総合的に見れば「読書好き」と言っても良いような結果になっている。

実は，後述する成人調査における国家間差を見てみると，日本は「読書好き」とは言えない結果が出ている。したがって，児童・生徒への読書奨励はすでに十分な水準にあり，あとはそれをどのように成人まで維持していくかが課題に思われるが，そのことはいったん置いておく。ここでは，日本は児童・生徒の年代においては他国よりも読書に肯定的であり，読書頻度もノンフィクションを除けば高い，ということを押さえておいてほしい。

2.2 大学生・成人の読書活動
——日本はあまり読書に熱心ではないが二極化はここにもある

日本の大学生の読書活動の経年変化

では，大学生はどうだろうか。大学生の読書行動データとして有名なのは全国大学生活協同組合連合会が実施している「学生の消費生活に関する実態調査」（以

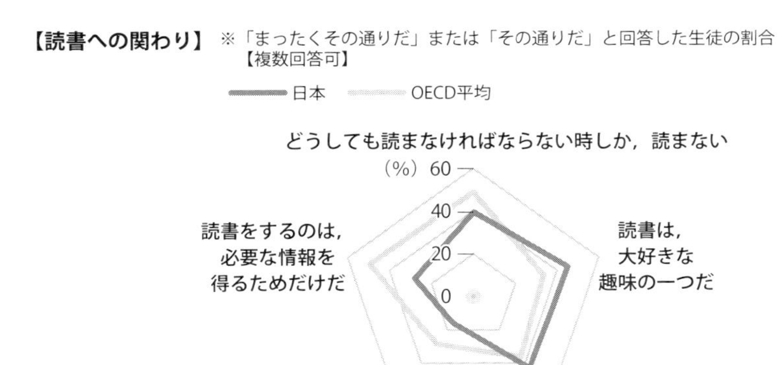

【読む本の種類・頻度】 ※「月に数回」または「週に数回」と回答した生徒の割合
【複数回答可】

日本　OECD平均

雑誌
(%) 60
40
20
0
コミック
(マンガ)
フィクション
(例：小説，物語)
ノンフィクション
(例：伝記，ルポルタージュ)
新聞

図 2-9　読書へのかかわりと読む本の種類・頻度についての国際比較

出典：『OECD 生徒の学習到達度調査 2018 年調査（PISA2018）のポイント』[42]（p.6）

下，「大学生協調査」と呼ぶ）である。2022 年に行われたこの調査[43] は Web 調査であり，対象は地域・大学設置者（国公立／私立）・大学の規模などの構成比を考慮した大学生 9126 名（回収率 25.0%）のデータである。「郵送またはメールで調査依頼」を行い，回答してもらえた 25% のデータなので，やや参加者の特性が偏って

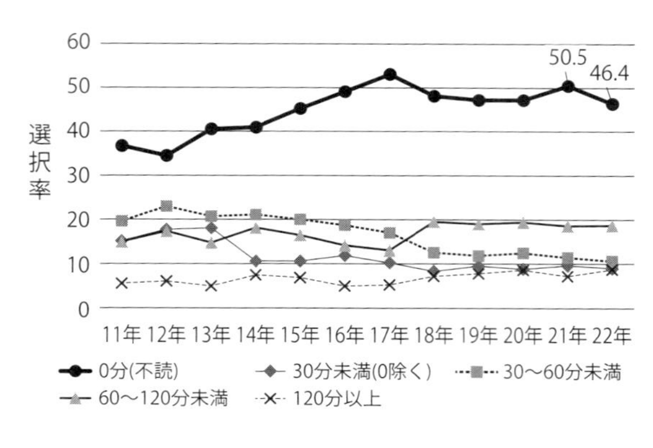

図 2-10　大学生の読書時間の経年変化

出典：『CAMPUS LIFE DATA 2022』[43] の図表 36 を参考にして筆者が作成

いる可能性はあるが，サンプルサイズの大きさから言っても，かなり信頼できるデータであると言える。

「1 日の読書時間」について「0 分」「10 分未満」「10 分〜」「20 分〜」「30 分〜」「40 分〜」「50 分〜」「60 分〜」「90 分〜」「120 分〜」「150 分〜」「180 分〜」の 12 択の選択肢で回答させている。2022 年に実施された第 58 回調査[43] を見てみると，不読である「0 分」の割合は 46.4% であった。ただし，**図 2-10** のように経年変化を見てみると，2011 〜 2012 年ごろは 35% 前後であった不読率が，2016 年以降は 50% 前後の不読率で推移していることも分かる。平山[28] の行った全国調査においても，2006 年調査が 33.6%，2012 年調査が 40.1% の不読率となっており，「ここ 20 年で大学生の不読率が高まった」ことは確かなのかもしれない。

面白いのは，筆者の用語を用いれば，「読む山」のほうに変化が見られることである。不読率が高まる一方で，2011 年には割合の大きさにおいて第 4 位だった「60 〜 120 分未満」（図 2-10 では▲マーカーの折れ線）が，2014 年に「30 分未満（0 除く）」を追い抜き第 3 位になり，さらに 2018 年には「30 〜 60 分未満」をも追い抜き，それ以降はずっと第 2 位を維持している。これは大学生の「読む山」の頂点が，2013 年までは「30 分未満（0 除く）」，2017 年までは「30 〜 60 分未満」と，小学生から高校生までと同様に 30 分前後のものであったのが，2018 年以降は「60 〜 120 分未満」へ移動しているということである。

先ほど「ここ 20 年で大学生の不読率が高まった」ことは確か，と述べたが，同時に 1 日 1 〜 2 時間を読書に投じる「読書家」の割合もここ十数年で増えたとするのが公平な見方であろう。こうした二極化の結果，不読の大学生と読書家の大学生にどのような違いが生じたか，というのは非常に興味深いテーマである。今後の研究に期待したい。

日本の成人の読書活動の経年変化

それでは，より年代が上である成人はどうなのであろうか。満 16 歳以上の読書行動データとして定番なのは，毎日新聞社が毎年行ってきた「読書世論調査」である。残念ながら，2019 年に行われた「第 73 回読書世論調査[44]」をもって調査が終了してしまったが，2019 年調査では合計 2165 名[9] という比較的大規模な横断調査が，1947 年から毎年行われてきたという蓄積が最大の特徴である。

この調査では，まず「書籍（単行本，文庫・新書本）を読みますか」と尋ね，「読む / 読まない」で回答させ,「読む」と答えた場合に 1 日平均の読書時間を記入させている。ここでは「読まない」と回答した人の割合である不読率を見てみよう（**図 2-11**）。

2013 年調査における 43% を底として，徐々に不読率が上昇し，2017 年の 53% で不読率が 50% を超えている。そのまま高止まりして，2019 年調査の「書籍」の不読率は全体では 51% となっている。2019 年の大学生の不読率（図 2-10）が 48.1% であったので，そ

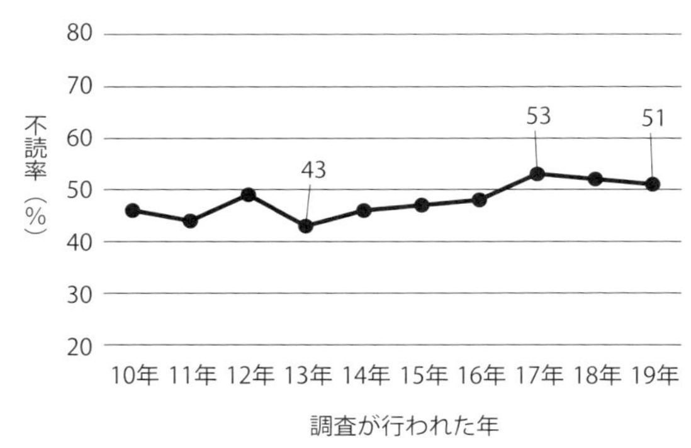

図 2-11　成人の不読率の経年変化

出典：第 64 〜 73 回読書世論調査[44] を参考にして筆者が作成

9）10 代後半：76 名，20 代：176 名，30 代：298 名，40 代：420 名，50 代：371 名，60 代：337 名，70 歳以上：487 名。

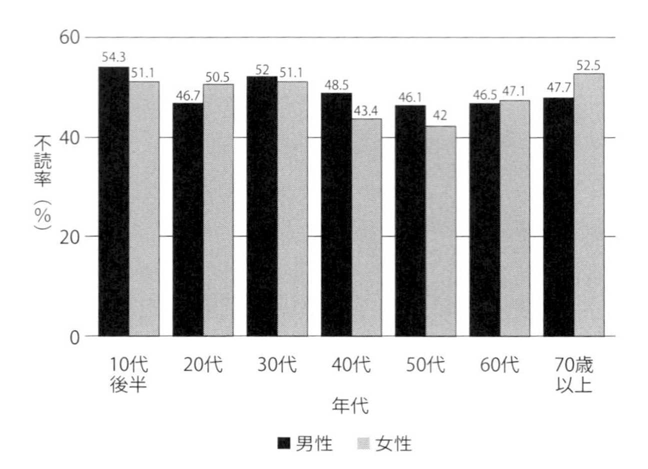

図 2-12　成人の性別および年代別の書籍の不読率

（2010 年調査から 2019 年調査の結果を平均した）

出典：第 64 ～ 73 回読書世論調査[44] を参考にして筆者が作成

れよりは高い不読率ということになる。ただし，後述する国際成人力調査での不読率は 33.0% となっており，調査対象者や読書活動の測定方法で不読率は大きく変わるので，調査間での単純比較はできないことには注意されたい。

次に，2010 年調査から 2019 年調査における不読率を，性別および年代別に平均した値を見てみよう。**図 2-12** に示した。不読率が最も高いのが 10 代後半（16 ～ 19 歳）の男性の 54.3% であり，最も低いのが 50 代女性の 42.0% である。男女差が最も大きいのが 40 代で，男性 48.5% と女性 43.4% の間にある 5.1 ポイントの差である。10 代後半や 40 代のように男性の不読率が高い年代もあれば，20 代や 70 歳以上のように女性の不読率が高い年代もある。

性別を無視して年代だけを見ると，10 代後半が 52.4%，20 代が 48.9%，30 代が 51.3%，40 代が 45.8%，50 代が 44.0%，60 代が 46.8%，70 歳以上が 50.4% となっており 40 ～ 60 代で不読率が低い（すなわち，読書をする人が増える）ことが分かる。

ある程度の性差・年代差はあるものの，不読率の値は 42 ～ 55% の間に収まっており，それほど大きな性差・年代差が見られないことが分かる。特に年代差について，年代によって生活スタイルが変化し，余暇に割ける時間は変化すると考えられるにもかかわらず，10 代後半から 70 歳以上まででの変化がこの程度であったことは意外であった。児童・生徒は年齢が上がるごとに急激に不読率が高まっていく傾向があることを思えば（図2-2参照），なおさらである。

もしかしたら，成人するまでには本人の読書との付き合い方が固まってしまい，一度固まると，「読書をする人は生涯読書をし続けるものだが，読書をしない人は時間ができても読書は選ばない」ということなのかもしれない。ただしこの仮説の検証には，同一人物の読書活動を幼少期から高齢になるまで追跡するという「生涯読書活動の縦断データ」のような途方もないデータが検証には必要である。いずれそうしたデータも出てくるであろうか。楽しみに待ちたいところである。

世界の成人データ――国際成人力調査

最後に，成人の国家間差を見ておこう。上田修一は2019年論文[45]で，2011年から2015年の間に行われた「第1回　国際成人力調査（programme for the international assessment of adult competences）」のデータを分析した結果を報告している。この調査にはOECD加盟国を中心として31か国・地域が参加しており，16歳から65歳まで各国の約5000人のデータが公開されている。「あなたは仕事外でどの程度頻繁に行いますか」という質問の中に，読書に関しての質問として「小説やノンフィクションの本をよむこと」という設問がある。回答選択肢は「まったくない」「月に1回未満」「月に1回以上」「週に1回未満」「少なくとも週に1回以上，毎日ではない」「毎日」の6つであった。

ここでは，回答選択肢のうちの「まったくない」を「不読」，「毎日」を「毎日読む」，それ以外を「読む」としてデータを読み取ってみよう。不読率と共に，選択肢の「毎日」に注目することで「熱心な読書家」の割合を見ることができる点が興味深い。

31か国の平均では，16歳から65歳成人の「不読」は27.8%，「毎日読む」は18.2%であった。いかがだろうか。筆者は「仕事外でも意外と読書しているなぁ」と感じた。成人の不読が3割を切っているというのは，最近の日本のデータに慣れた筆者から言えば少ないと感じたし，「毎日読む」が18.2%というのは，世界の中で読書がまだまだ根強く残っているのだなと思わされた。

国別のデータを見ていこう。残念ながら我が国は，世界の中では読書にあまり熱心な国とは言えないようである。

「不読」について，日本は33.0%であり，31か国中で21番目に不読率が低いという結果であった。「不読率が低い」というのがややこしいが,「不読層の少なさ」と読みかえてもらいたい。不読層の少なさが31か国中で21番目なのだから，不読層が比較的多いということだ。以下，不読率の低さの順にいくつかの国を並べてみると，不読率が最も低いのがロシアで13.9%（1位），続いてドイツ・イギリス・アメリカが同率で18.9%（6～8位），カナダ23.4%（12位），フランス25.3%（13位），韓国25.6%（14位），日本33.0%（21位），スペイン34.8%（27位），イタリア36.4%（28位），最も高いのがトルコで58.4%（1位）であった[10)]。

「毎日読む」の割合の高さについて，日本は10.0%で31か国中で26位であった。「熱心な読書家の多さ」が26番目ということなので，熱心な読書家が少ないということだ。全体では，最も高いのがイギリスで32.6%（1位），続いてカナダ27.6%（4位），米国26.9%（5位），フランス23.0%（7位），スペイン22.3%（10位），ロシア22.0%（11位），ドイツ21.7%（12位），イタリア16.2%（17位），日本10.0%（26位），韓国8.4%（29位），トルコ5.6%（31位）であった。

不読率の低さで1位のロシアが「毎日読む」では11位, 不読率の低さでは6～8位のイギリスが「毎日読む」では1位になるなど，国内での読書習慣のばらつきも国ごとに違う様子が読み取れて面白い。「不読層が非常に少ないが, 熱心な読者層はそれほど多くない」というロシアと,「不読層も少なく熱心な読者層が厚い, 国全体として読書熱心なイギリス」といったように解釈できるだろうか。

さて，日本に話を戻すが，日本は不読率の低さで21位（33.0%），「毎日読む」の高さで26位（10.0%）……。31か国の平均の27.8%（不読），18.2%（毎日読む）と比べると，不読が3割を超えて分厚い層を構成しているように感じるし，何よりも熱心な読書家が1割ということで，読書という趣味がかなりマニアックなものとなりつつある印象となる。不読者がもっと増えて4～5割になり，熱心な読

10）ちなみに，中国はこの調査に参加していない。

書家が1%まで減れば，日常生活で成人が読書をする姿はほぼ見られなくなるだろう。その状況を次世代の子どもたちが目にして育つことになるため，その子どもたちが成人になったときには読書文化がなくなっていることもあり得る。

思わず悲観的なシナリオを述べてしまったが，少し冷静になり，25か国全体の，年齢別データを見てみよう（調査参加者の年齢を公開していない6か国を31か国から除いたデータ）。**図2-13**に示した。年代が進むごとに「読む」の割合が下がっており，それと連動するように「読まない（不読）」の割合も上がっている。一方で,「毎日読む」は30歳代以降に徐々に割合が上がっているのである。つまり，児童や大学生と同様に，ここにも読書活動の二極化が見られるということである。

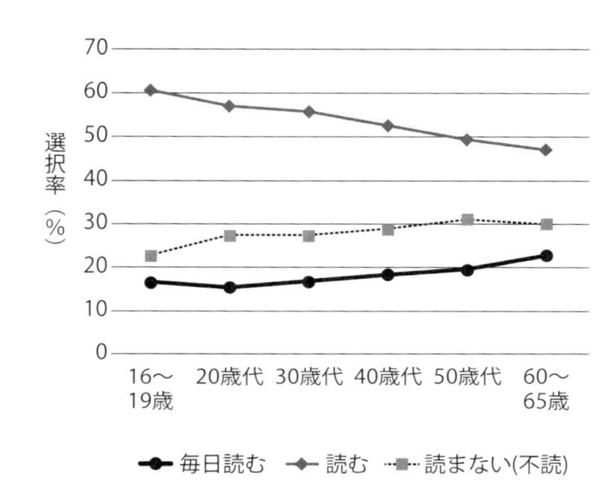

図2-13　25か国全体の年齢別読書頻度データ

出典：上田修一の2019年論文[45]の図2を参考にして筆者が作成

本章の最初に述べたように，ここには時代（世代）差と発達差の両方が含まれている。もしかしたらこれは時代（世代）差にすぎないのかもしれない。しかし親子調査データなどを見ると，発達的に読書活動の二極化は進む傾向が見られるため，もしかしたら「読書をする人は生涯読書をし続けて，かつ，読書をする傾向を強めていく」という発達的な性質があるのかもしれない。先ほど「熱心な読書家が1%まで減れば，日常生活で成人が読書をする姿はほぼ見られなくなるだろう」と述べたが，そうした性質があるならば，熱心な読書家の減少は比較的緩やかで済むはずだ。読書文化の継承は，こうした熱心な読書家とその予備軍に働きかけるのが有効ということになるだろう。反対に，こうした発達的な性質は「読書をしない人は，どのように働きかけても読書はしない」と解釈できる。「個人差は大きい。読書そのものが合わない人もいる」（原則3）の通り，無理強いはしないのがお互い（読書推進派と読書をしない派）のためではないだろうか。

なお，この国際成人力調査であるが，上述のように2011年から実施開始の第1回調査のデータについて述べてきたが，実は第2回が2022年9月から実施されており，結果の公表が2024年12月以降となっている。第1回と第2回のデータを比較し，第2回でも第1回と同じパターンが見られれば，時代（世代）差ではなく発達差であると考える根拠がさらに強くなる。楽しみに待ちたいところである。

2.3 3原則との対応関係 ——読書行動への親和性の個人差は早期から見られる

本章のまとめに代えて，3原則との対応関係について述べておく。

本章ではまだ読書が何かに及ぼす効果について扱っていないため，「平均的には効果は穏やか。気長に気楽に」（原則1）と「『読みすぎ』は弊害を生む。目安は1日30分〜1時間」（原則2）はかかわっていない。一方，大いにかかわるのが「個人差は大きい。読書そのものが合わない人もいる」（原則3）である。

児童・生徒における日本の親子調査データ，そしてフィンランド調査データは，読書行動への親和性の違い——すなわち，読書時間などのデータから推測されるグループの違い——が小学校低学年段階ですでに形成されていることを示唆している。「いかなる方法でも読書行動への親和性を変化させることはできない」と主張するつもりはないが[11]，少なくとも現行の社会環境・教育環境における自然な発達を調査によって観察する限り，そうした読書行動への親和性は中学生以降まで継続するようである。まだまだ研究知見が不足しているものの，成人のデータを見ても「読書行動への親和性という性質は，比較的安定したものである」という仮説と矛盾する結果は得られていない。

11）ただし，第8章では「変化させられない」という可能性について検討はしている。

こうしたエビデンスを無視することなく活かす方向で考えるならば，読書が合う人には読書を，そうではない人にはそれ以外の方法を探す，というのが建設的なのではないかと筆者は考える。「個人差は大きい。読書そのものが合わない人もいる」（原則3）は，そのことを端的に示したものである。

第 II 部

読書効果についての科学的研究知見

第3章

読書は言語力を伸ばすか

第1章の前半部では，読書時間と語彙力を例に本書を読み進めるための基礎知識について説明をしてきた。ここからは語彙力も含めて，言語力全体への読書効果について論じていく。なお，ここでは言語力は主に母語における言葉の理解力・伝達力を指すものとする。

3.1 読書は語彙力を伸ばす

本節では読書が語彙力を伸ばすのか，ということを問うていくわけだが，「読書が語彙力を伸ばす」というのは，よくよく考えてみれば当たり前のことである。我々は生まれてから今まで，誰かから明示的に意味を教えられた言葉よりも，周囲の言葉に触れることで暗黙的に意味を学んだ言葉のほうがずっと多い。そこから考えても，言葉に触れる形態の一つである「読書」から言葉の意味を学べない理由はどこにもないのである。

加えて，「読書→語彙」の因果関係は実験研究によって実証されている。以下では，まず実験研究の知見について確認しよう。その後，本当に知りたい知見は実験研究よりもむしろ，縦断調査・介入研究にあることを述べ，それらの知見を紹介する。

● 偶発的単語学習の実験

読書が語彙力を高めることを実証する実験を「**偶発的単語学習の実験**」と呼ぶ。ここでの「偶発的」とは，「意図的に学ぼうとしない状態での学習」という意味であり，日常的な読書から学ばれる語彙を捉えようとしているのである。偶発的単語学習の実験はすでに1978年には行われている[46]。その典型的な手続きは，

1. 実験参加者の知らない単語である「未知語」を含むテキストを用意する。このときの未知語は，実際には存在しない人工語でも良いし，非常に低頻度の実在語を使用しても良い。また，用いるテキストは，実験用に作成された人工テキストでも，出版されている実在のテキストでも良い1)。
2. 未知語の意味を問う語彙テストを用意する。参加者には語彙テストがあることを事前には伝えないため，この語彙テストを「ふいうち語彙テスト」と呼ぶ。語彙テスト形式にも様々なものがあり，最も一般的な「多肢選択型」だけでなく，意味が分かるかどうかを自己報告でチェックする「Yes/No型」，自由記述やインタビューでその単語の意味を回答する「定義型」などがある。
3. 参加者には，普段通りの読書をするように教示して，テキストを読んでもらう。
4. テキスト読了後，ふいうち語彙テストを実施して，未知語のうちどれくらいが正しく学習されたのかを示す「学習率」を計算する。

---

1) 上記の1978年の論文では，アンソニー・バージェスの『時計仕掛けのオレンジ（A Clockwork Orange)』が用いられた。このディストピア小説には，元々「ナッドサット」と呼ばれる人工語が含まれており，その言葉を未知語として用いている。

というものである。

1999年の段階で，Swanbornらによって偶発的単語学習の実験についてのメタ分析が行われている[47]。研究数は20（合計参加者数は2130名）とやや少なめだが，その結論は明確である。偶発的単語学習の実験において，読書中に意図せず語彙を学ぶという現象は起こっている。その程度は，様々な読み手要因（学年，文章理解力など）とテキスト要因（文章中の単語のうち未知語がどれくらいの比率であるか，など）をまとめてしまうと，参加者は文章読解後，未知語のうち15％について語彙テストに回答できるようになることが明らかになった。

さらに，この学習率15％という数値を変化させる調整変数について検討がなされた。学年については，学年が高いほど学習率は高まる。小学4年生の学習率は8％だが，中学2年生では33％となっている。また，文章理解力は高いほうが学習率が高い。文章理解力が低い参加者の学習率は7.5％で，平均では12％，高い参加者は19％となっている。文章中の単語のうち，未知語の占める割合が大きくなると，学習が阻害されることも示された。テキスト中の未知語の密度が低い場合（例えば，150語に1語の割合）であれば学習率は30％だが，密度が中程度の場合（例えば，75語に1語の割合）であれば14％，密度が高い場合（例えば，10語に1語の割合）であれば7％となる。

テキストの内容や難易度が一定であるとすると，一般的には学年が高く，文章理解力が高く，そして文中に未知語が少ないほうが，テキストをより良く理解できる。したがって，これらの調整変数は，「内容を十分に理解可能なテキストを読むほど，未知語の学習率が高まる」という1つのことを指し示していると捉えることができる。

実験研究における生態学的妥当性の問題

実験研究によって，「読書→語彙」の因果関係は実証された。さらには学習率とその学習率を調整する変数も示され，「読書による語彙学習」の研究全体がすでに完了しているという印象を持たれた読者もいるかもしれない。

しかし実験研究にはいくつか解釈の注意点がある。細かく挙げればキリはないが，まとめれば「生態学的妥当性」という一言に尽きる。これは，要するに「実験室外でも，上記の知見は通用するものなのか」という疑問である。

例えば，実験のときにはテキストを精読したであろう実験参加者たちも，実生活上ではそこまで注意深く文章を読んでいないかもしれない。また，そもそも実験に参加したからテキストを読んだわけだが，第2章で確認したように，普段の余暇時間に読書を行う児童・生徒は必ずしも多数派ではない。「読書をしなさい」と言ったところで，どれほど読書を行うのかは疑問である。

さらに大きな問題として「選書」の問題もある。上記では「内容を十分に理解可能なテキストを読むほど，未知語の学習率が高まる」と述べた。それは確かに実験研究においてはそうなのであるが，では実生活上の余暇時間に「内容を十分に理解可能なテキストを読む」という観点で本を探す児童・生徒がいるだろうか。そうではなくて，自分の楽しめそうな本，興味のある内容の本を自然に選ぶであろう。難しすぎる本を選べば学習率は下がってしまう。一方で，簡単すぎる本を選べば，文中で用いられる単語も簡単なものになってしまうため，テキスト中に未知語が少なくなる。すると，学習率は高くなっても，学習できる語彙の数自体は少なくなる。実際，Carver らが 1995 年の段階ですでに，「小学 3 ～ 5 年児童 43 名が 6 週間のサマースクールで図書館に毎日 2 時間いたが，易しい本ばかりを選ぶために語彙学習効果が生じなかった」と報告している[48]。要するに，実験室では「偶発的語彙学習に最適のテキスト」を研究者が選ぶが，実生活では本を選ぶのは児童・生徒本人であるため，実験のときほど効率的に偶発的単語学習ができるテキストばかりを選ぶことはできないだろう，ということである。

では，教師が生徒に読ませるテキストを選んでみてはどうだろうか。2007 年に Lee が児童の語彙力を考慮して教師が選定し，その本を読ませたときの語彙力向上を検証した研究[49]を報告しているが，教師が選定した本が児童本人の好みと合致せず，効果は上がらなかったと述べている。Lee はこのことを端的に「本人に合った本を選べるのは本人だけ」と表現している。

実験研究は「読書は語彙学習につながり得る」ことを実証したわけだが，そのこと自体はほとんど自明に近い内容であった。本当に知りたいのは，実験室を離れた「実生活上でも，読書は語彙学習につながっているのか」という点なのである。この点を検討するのが，これから紹介する縦断調査研究，および，その後に紹介する介入研究である。先ほどの Carver らの研究は「介入研究」に当たるものになる。実験研究から明らかとなった「平均的学習率は 15%」という知見や学習率を変化させる調整変数の情報は極めて価値があるものであるため，実験研究の知見を踏まえた上で，縦断調査や介入研究による検証を行うことがこの領域に残された課題なのである。

これまで行われてきた小規模な読書→語彙の縦断調査

読書と語彙力の関係を調べた研究の大半は横断調査である。再認テスト法を用いて読書行動を測定しつつ，参加者の母国語の語彙との相関関係を報告した横断調査の成果は，第1章で紹介した 2011 年報告のメタ分析[14] の段階で 99 研究に上っていた。さらにメタ分析こそしていないが，Wimmer らが 2023 年にレビューを更新しており，Mol らのメタ分析に含まれていない研究がさらに 117 研究あったと報告している[21]。つまり 216 研究がすでに報告されているということである。さらに表 1-1 にまとめたように，再認テスト法以外の指標も含めた日本の横断調査研究についてもいくつかはすでに実施されている。

要するに，横断調査をする限り，「読書をする人ほど語彙力が高い傾向にある」という正の「相関関係」はかなり高い確率で観察される事象であると言える。

ただし，1.1 節でも述べたように，これを「因果関係」と考えて良いかは別問題である。横断調査によって相関関係が確認されたら，次のステップとして縦断調査において「ある時点での読書量が，それよりも先の時点での語彙力を予測するか」という「影響の方向」を確認しなくてはならない。

横断調査に対して，「読書→語彙力」の縦断調査はそれほど多いものではない。そもそも，読書行動を測定しない研究まで含めても，文章理解力に対して語彙力を扱った縦断調査は世界的に数が不足している。Pfost らが 2014 年に報告したところによると，文章理解力に関する縦断的研究は24件あるのに対し，語彙力に関する縦断的研究は3件しかない[50]。

やや古い研究で，サンプルサイズも少ないものだが，いくつか海外の縦断調査研究を説明したのちに，筆者もかかわっている日本の縦断調査を紹介する。

Echolsらは1996年の論文[51]で，米国の小学4〜6年生157名（時点1：1989年秋時点）の縦断データを報告している。時点1の語彙力2)と文章理解力を統計学的に統制した上でも，時点1の読書行動（TRTスコアとARTスコア）の多寡が時点2（1990年春，参加者数は148名に減少）と時点3（1991年春，参加者数は123名に減少）それぞれの語彙力と文章理解力の高低を有意に予測することを示した。

Cainらは2011年の論文[52]で，英国の7〜8歳児102名を対象とした研究を報告しており，7〜8歳時点，10〜11歳時点（83名に減少），13〜14歳時点（52名に減少），15〜16歳時点（40名に減少）の4つの時点まで追跡を続けた。その結果，7〜8歳時点の非言語性知能3)と語彙力4)を統計学的に統制した上でも，7〜8歳時点の読書頻度は，10〜11歳時点，13〜14歳時点，15〜16歳時点の語彙力を有意に予測した。

最後は表1-1にも含まれていた上田紋佳らの2017年論文[53]である（筆者も共著者の一人である）。日本の私立小学校の3年生児62名を対象として，小学3年生時点（2013年12月）と小学4年生時点（2014年12月）の1年間2時点での縦断調査を行った。状況的読書量（特定期間中の読書活動量）として学校図書館の図書貸出数を利用した。結果として，3年生時点の語彙力（同義語を選択肢から選ぶ多肢選択式語彙テスト）を統計学的に統制した場合，3年生時点の図書貸出数は，4年生時点の語彙力を有意に予測しなかった。文章理解力については有意に予測をした。

このように，過去の読書活動と語彙力の縦断調査については，読書活動が語彙

---

2) 単語のリストに対して，意味が分かるかどうかを自己報告でチェックするYes/No型語彙テストによって測定された。

3) 見本と同じように積み木を組み合わせるなどの知能検査課題の一部を使用した。

4) 絵の意味に合うものや同義語を選択肢から選ぶ多肢選択型語彙テストによって測定された。

力の伸びを有意に予測するという結果も，しないという結果も，どちらもある。しかしいずれの調査も決定的というにはサンプルサイズが小さすぎる。また，読書活動と語彙力の測定法，学年も異なり，比較を難しくしている。理想的には，読書活動と語彙力の測定法が共通する１つの大きな枠組みの中で，様々な学年の児童・生徒を，なるべく大きなサンプルサイズで，できるだけ長期に追跡する……，そんな調査が必要である。

日本の児童・生徒における語彙力の個人差分析

この理想にかなり近い大規模縦断調査が，実は日本で行われているのである。2.1 節でも説明した親子調査データ[39] である。改めてこの調査について説明すると，(1) 予定されている追跡期間，サンプルサイズ，学年（小１～高3)，質問項目の多様さにおいて，日本では過去にない規模の大規模縦断調査であること，(2) 親子のペアを対象とすることで，家庭環境の影響を測定できたり，低学年児童（親子調査データでは小学１～３年生児童）の行動について保護者に代理回答をしてもらえるなどのメリットがあること，(3) 語彙力（小3，小6，中3，高3)，読解力（中3，高3）の測定が行われていること，の３点を大きな特徴として挙げることができる。特に本書との関連で言えば，(3) の語彙力・読解力調査は，項目反応理論（Item Response Theory, IRT）と呼ばれる手法により，学年間での語彙力・読解力の比較を可能にしている点が大きい。

筆者は親子調査データの二次分析を行い，まず語彙力の個人差についての分析を行った[54]。語彙力に個人差があることは誰もが同意するだろうが，ではその個人差がどれほど大きいのかを直感的に分かる方法で示した研究はこれまでない。今回の親子調査データは学年差を基準にして，いかに語彙力の個人差が大きいかを浮き彫りにしてくれるデータである。

図 3-1 は親子調査データの 2016 年度データ（wave2 と呼ばれる，第２回調査分のこと）における日本児童の語彙力の個人差を学年ごとにヒストグラムにして示したものである。横軸が語彙力 IRT スコアである。ここでは詳細は省くが，IRT ス

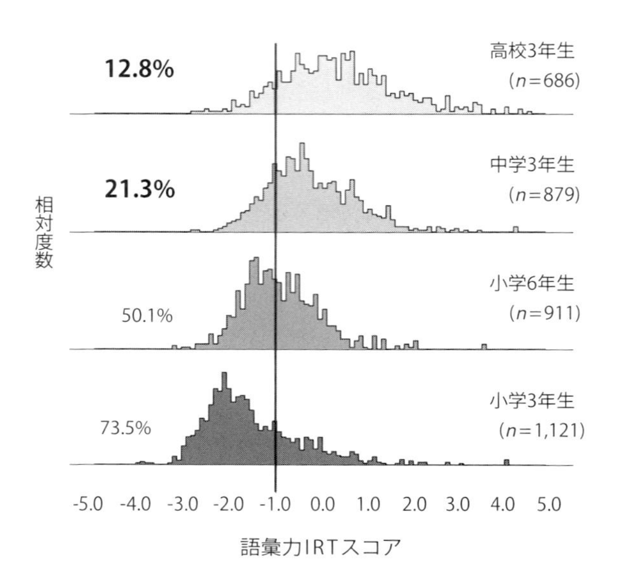

図 3-1　親子調査データにおける日本児童の語彙力の個人差

垂線は小学 6 年生のスコアの中央値を表し，縦線の左側の数字はその中央値以下の参加者の割合を表す。*n* はサンプルサイズを表す。

コアとは上述の項目反応理論に基づいた語彙力スコアのことであり，異なる学年を比較可能にしている。縦軸はそのスコアを得た参加者の割合である相対度数である。ヒストグラムの山形を見てみると，小学 3 年生から高校 3 年生へと学年が上がるにつれて，少しずつ右側にずれていくのが分かる。これは学年が高くなると語彙スコアも高くなるという当たり前の結果を示しており，すべての学年間で語彙 IRT スコアの平均値に有意差があった（小 3 ＜小 6 ＜中 3 ＜高 3)。つまりはこれが「学年差」であり，それぞれ 3 年間での語彙力の増加分と考えられる。

次に，それぞれの山形のひろがりに着目しよう。これは「個人差」である。かなりすそ野が広く，先ほどの山の移動（学年差）に比べて，すそ野のひろがりである個人差のほうが圧倒的に大きいことが分かる。学年によっても個人差は異なり，小学６年生は比較的ひろがりが狭く急峻な山であるのに対し，高校３年生はかなりすそ野が広がっており，なだらかな丘のような形になっている。実際，語彙 IRT スコアの分散（データのちらばり具合）の大きさを比較したところ，「小６＜中３＜小３＜高３」という有意差があった。小学３年生で大きかった個人差は，一度小学６年生で小さくなるものの，そこから中学３年，高校３年と個人差が大きくなっていくものと思われる。

そして最後は，図 3-1 にある垂線に着目しよう。この垂線は小学６年生の中央値を示している。ここでの中央値とは，語彙力 IRT スコアの順に参加者を並べたときに，一番真ん中にくる参加者の語彙 IRT スコアのことである。そして垂線の左側にある数値は，その垂線よりもスコアが低い参加者の割合である。特筆すべきは，**中学３年生の 21.3%，そして高校３年生の 12.8% は，小学６年生の中央値よりも語彙力が低い**という事実である。中央値はその学年の「真ん中」の成績であり，今回のようにすそ野の広い分布を持つようなデータでは，平均値よりもその集団の実態を表すとされる。要するに，小学６年生の中央値とは，「典型的な小学校６年生の語彙力」と考えて良い。小学６年生よりも語彙力が低いというのは，直感的に，生活と仕事に支障が出るくらいの「危険域」だと感じられるのではないだろうか。

令和４年度学校基本調査[55] によれば，日本の進学率は中学で 98.8%，高校で 83.8% と高い割合ではあるが，逆に言えば中学で 1.2%，高校では 16.2% はそれ以上の教育を受けることなく社会へ出る。その中には少なくない割合で小学６年生以下の語彙力の者が含まれるだろう。語彙力の低さが，彼らの可能性を抑え込むことになるかもしれない。こうしたデータは，ニュースなどの言葉選びはより分かりやすいものを用いる必要があること，そして何よりも，**下位層の語彙力底上げが急務**であることを示している。

親子調査データにおける読書→語彙の縦断分析

上述の上田らの縦断調査[53] では，「読書→語彙」の有意な予測は見られなかった。その原因の一つとして，サンプルサイズの小ささを挙げた。上田らが最終サンプル58名の小学3年生→4年生の1グループのみを調査対象としたのに対し，親子調査データでは小学3年生→6年生は1029名（小3→小6グループ），小学6年生→中学3年生は818名（小6→中3グループ），中学3年生→高校3年生は788名（中3→高3グループ）という学年の異なる3グループそれぞれにかなり多くのサンプルサイズを確保することができた。また，上田らは私立小学校1校のみを対象としたが，親子調査データは全国の児童・生徒をなるべくバランスよく抽出したデータである。分析法にも進展があり，より適切な分析法であるクロスラグ分析（cross-lagged analysis）をこの親子調査データには適用した。果たして，「読書→語彙」の有意な効果は見られただろうか。

図3-2はその結果である[54]。小3→小6，小6→中3，中3→高3のすべてのグループで，時点1における「読書時間」から時点2における「語彙力」へ矢印が伸びているのが分かるだろう。これは，「時点1で読書時間が長い児童ほど，時点2で予想以上に語彙力が伸びていた」という効果が有意であった，ということである。

「予想以上に」というのは，時点1の語彙力や時点2の読書時間といった，「時点1の読書時間以外のデータから予想される以上に」という意味である。そして「予想以上の語彙力の伸び」がどこからもたらされたかと言えば，「時点1の読書時間の長さ」がその原因だと考えても矛盾がない，ということである。「〜だと考えても矛盾がない」という遠回しな言い方をするが，統計学による因果関係の推定は「〜というモデルを仮定したときにデータと矛盾が生じるか」という観点で進めていくものなのである。このような「〜だと考えても矛盾がない」という証拠を積み重ねて，最終的に「〜という因果関係があるのではないか」という推定の確信を強めていくのである。本書では分かりやすさのために，しばしば「読書時間が語彙力を伸ばすという結果が得られた」というように書いているが，本来は「〜だと考えても矛盾がない」という表現が正確である。

少し話が逸れたが，データの説明を続けると，小6→中3では時点1における「語彙力」から時点2における「読書時間」にも矢印が伸びており，小3→小6，

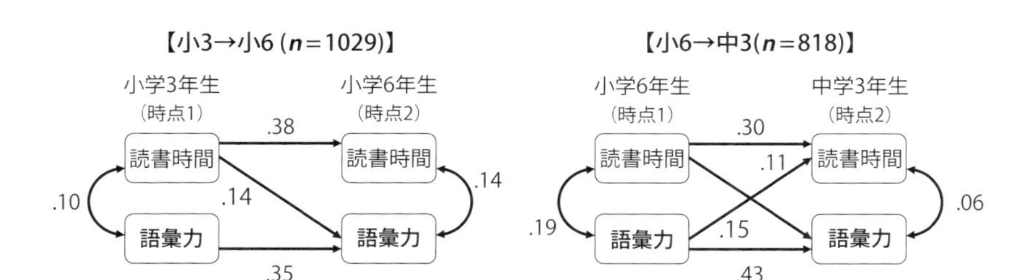

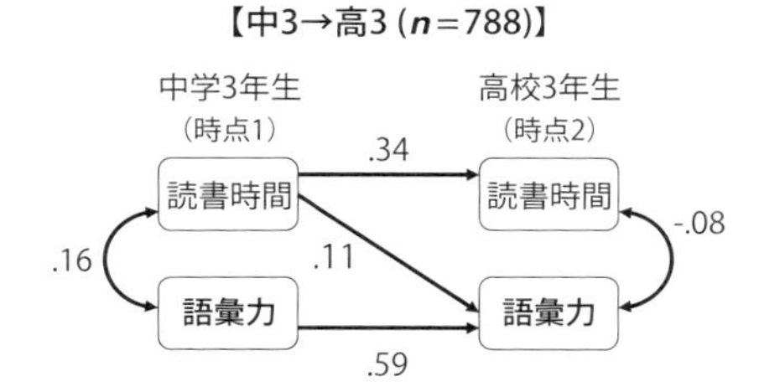

図 3-2　親子調査データにおける読書→語彙効果

n はサンプルサイズを示している。矢印に付与されている数値は標準化パス係数。

中 3 →高 3 では矢印が描かれていない。これは，小 6 →中 3 では「語彙力が読書時間を伸ばす」という結果が得られており，小 3 →小 6，中 3 →高 3 では「語彙力が読書時間を予測するとは言えない」ことを示している。

まとめると，日本の大規模縦断調査である親子調査データを用いると，小 3 →小 6，小 6 →中 3，中 3 →高 3 のすべてで「読書は語彙力を伸ばす」という考えと矛盾しない結果が得られた。一方,「語彙力が読書量を増やす」という考えも，小 6 →中 3 においては妥当であると判断できるデータが得られた。ここから，小 3 から高 3 という長い期間において，やはり読書は語彙力を伸ばす可能性があると考えられること，また，小 6 →中 3 の期間には「読書が語彙を伸ばし，語彙が読書を伸ばす」という相互促進関係があるため，特に読書の教育的効果が期待できることが指摘できる。

● 読書→語彙の効果の大きさについて

ここも効果の大きさを見ておこう。図 3-2 の時点 1「読書時間」から時点 2 における「語彙力」への矢印には，数値が付与されているのが分かるだろう。これは標準化パス係数といって，できるだけ分かりやすく説明しても「モデルに含まれる他の変数の値を統計学的に統制した場合の，時点 1 の読書時間の残差——他の変数によって説明された後のデータという意味——と時点 2 の語彙力の残差の関係の強さを示す数値を，さらにデータのばらつきの大きさで補正した数値」というややこしいものである。このことの意味を正確に説明する紙幅はないため，ここでは単純な相関係数の値も見ておこう（**表 3-1**）。

1.1 節の議論をもとに見てみると，読書時間から語彙力への効果の大きさは，この研究領域では「中程度の効果をやや下回る」くらいであることが分かる。また，クロスラグ分析におけるクロスラグパス[5)] の標準化パス係数の効果の大きさについては，近年「0.03（小），0.07（中），0.12（大）」というガイドラインが提案されている[56]。そのことを踏まえれば，ここで得られた「読書→語彙」の効果は決して小さくはないのだが，相関係数の値としては 1.1 節で説明した「日照時間と屋内自動販売機におけるスポーツ飲料等の販売数の相関が $r = 0.23$」以下の効果の大きさであり，もしかしたらがっかりされたかもしれない。

表 3-1　図 3-2 の分析にかかわる相関係数の値

	読書時間（時点 1） と語彙力（時点 2）	語彙力（時点 1） と読書時間（時点 2）
小 3 →小 6	0.18	0.07
小 6 →中 3	0.19	0.17
中 3 →高 3	0.16	0.08

この点について，2 つ補足をしておきたい。1 つは，この効果の大きさは，縦断調査における「時点間間隔の長さ」と 1.3 節で述べた「測定誤差による相関係数の希薄化」によって，過小

5）図 3-1 において斜めに伸びている矢印で，時点 1「読書時間」から時点 2 における「語彙力」への矢印などのこと。

評価されている可能性があるということである。クロスラグ分析においてどのくらい時点間間隔を空けることが効果検出の上で最適なのかを検証したDormannらの2015年の研究[57]によれば，時点間間隔は1年でも長すぎであり，それよりももっと短い間隔で，より多くの時点数を測定することが望ましいとされている。この目安に対して，親子調査データの時点間間隔は3年である。明らかに長すぎる時点間間隔であり，このことが効果を過小に見せている可能性がある。また，近年の調査では複数項目による測定を行うことが増えてきており，そのことによって相関係数の希薄化を避けているのだが，2.1節で説明したように，親子調査の読書時間の測定は「本を読む」にどれくらい時間を使っているかという1項目のみで行われている。そのため相関係数の希薄化で相関係数が低くなっている可能性がある。2.1節で説明したフィンランド調査データでは複数項目による余暇読書の測定がなされており，後ほど紹介するTorppaらの研究[41]ではそのフィンランド調査データを用いて読書と言葉の関係を検討している。今後は複数項目による読書活動の測定が標準となってくるだろう。

もう1つの補足は，同じくフィンランド調査データを用いたUlvinenら[40]の研究でプロファイル分けされていたような，参加者の特性をこの分析ではまったく考慮していないことである。そのため，読書が好きな児童・生徒も，嫌いな児童・生徒も，読書時間が0分（不読）の児童・生徒も，30分の児童・生徒も，2時間以上の児童・生徒も，すべて一緒くたにしており，結果として，読書によって語彙力が大きく伸びた児童・生徒も，伸びていない児童・生徒も，逆に下がった児童・生徒も混在している。そのためにそれほど大きな効果が検出されなかったとも考えられる。この点は，「『読みすぎ』は弊害を生む。目安は1日30分～1時間」（原則2），「個人差は大きい。読書そのものが合わない人もいる」（原則3），という2つの原則に照らせば最適な分析法とは言えない。とは言え，読書効果を期待する個人あるいは実践家の方にとって，事前に自分がどういったプロファイルに属するかは分からない。したがって，「平均的には効果は穏やか。気長に気楽に」（原則1）という原則に基づき，読書だけで語彙力を急激に伸ばそうという気持ちをいったん置いて，長い目で読書を楽しんでいくのが現実的かつ効果的な方法なのではないだろうか。

介入研究による試行錯誤

「介入研究」とは，「ある小学生の集団に，読書活動を含むサマースクールに参加してもらった。サマースクールの参加前後で，語彙数や読書意欲に変化が起こるだろうか」という類の研究である。サマースクールという「介入」を集団に行い，その効果を検証する。

介入研究は，ある意味では読書研究を含めた教育心理学的研究の最終地点である。理論，調査，実験によって固められた研究知見を，いよいよ実社会へ導入するプロセスであるからだ。もちろん介入研究にも短所があり，それは後述するが，まずは読書と語彙にかかわる介入研究の知見をいくつか紹介しよう。

まずはそもそも介入することで語彙力が伸びるのか，という疑問だが，ここは2013年のメタ分析であるKimらの論文を見てみよう[58]。この研究では，1998年から2011年までに米国とカナダで実施された夏休みにおける読書介入に関する41研究をレビューした。41研究のうち，語彙力を扱ったものが12研究であった。しかし結果は，**介入は語彙力にプラスの影響を与えない**というものであった。他の「文章理解力」や「単語の発音やテキストを流暢に読む課題」にはプラスの影響を与えるという結果が出ているにもかかわらず，なぜ語彙にはプラスの効果が検出できなかったのだろうか。原因の一つは，こうした介入研究は参加者にも研究に参加するモチベーションが必要であるため，言葉の問題を抱えている児童が対象となるケースが多くなることである。実験研究のところで，文章理解力が低いことが語彙学習を妨げるとあったとおり，言葉の問題を抱えている児童には，語彙学習の効率が悪かったと思われる。

もう1つは，介入効果を確かめるための語彙テストが，実験のように「読んだ文章中に登場した未知語の意味を問う」というような限定された語彙テストばかりではなく，一般的な語彙力を問う語彙テストの研究も含まれていたため，新しい語彙は増えていても，その語彙がテストで問われなかった可能性があるためである。縦断研究では，1年以上の期間の読書がこうした一般的語彙力を高めることを示しているわけだが，短期間の介入研究ではその効果を検出できなかったのかもしれない。メタ分析論文の著者のKimも，「多読による新単語の習得は漸進的なプロセスであるため，夏期読書介入を3か月間にわたって実施しても，語彙の向上はすぐには期待できない」(p.418) と述べている。

さらには，介入効果を確かめるために介入ありグループ（介入群）と介入無しグループ（対照群）を比較するデザインでは，夏休みであるため，対照群でも積極的な読書が行われていた可能性もある。

上記のような問題に対処するためには，もっと密度の高い介入を行いつつ，介入中に読まれた未知語の意味を問う限定的な語彙テストを使用し[6]，言語力の水準の違いを考慮した分析を行う必要がある。そうした介入研究としては，2017年に報告されているElleman らの介入研究[59] がある。この研究では，読みの流暢性と文章理解力が下位25%の小学3～5年児童68名を対象に研究を行った。そして参加者を「実験群（語彙指導グループ）」と「統制群（伝統的な理解指導グループ）」の2グループに分けた。

実験群の語彙指導の例としては，(a) 品詞（名詞，動詞，形容詞）を判断する，(b) 単語分析ストラテジーを使う（un- を not に置き換えて，unclequant が not clear であることを理解する，など），(c) シグナルワードやフレーズ（or, like, is known as など），またはテキスト内の情報を含む文脈の手がかりを使う，などがあった。

統制群の「伝統的な理解指導」というのは，これまで広く教室で行われてきた指導を元にしたものである。生徒はテキストを読み，読み終わると，文章を表す絵を描く，比較対照関係を表す図を関係させる，理解度に関する質問に答える，などの問題が含まれたワークシートに回答した。この中には，与えられた文の中の適切な単語を埋めるというような，語彙にフォーカスした活動もあった。

---

6) ただし，限定された語彙テストを使うことで，一般的な語彙を身に付けられているかが不明になるという問題が出てくる。Elleman らほど厳密な介入研究を行ってしまうと，実験研究に近づいてしまい，生態学的妥当性が失われるという問題もある。

実験群と統制群の参加者は，それぞれさらに２～４名ずつの小グループに分けられ，小グループごとに，24 レッスンを受けた。1 レッスンは，30 分の「単語の発音訓練や流暢に文章を読む訓練（実験群と統制群で共通）」と，60 分の「実験群と統制群で異なる指導を受けながら，小学３年生レベルの説明文テキストを読むという読書介入プログラム」で構成されていた。つまり，読書活動を含む合計 36 時間の介入プログラムを参加者は受けたということになる。

介入の効果は，読書介入プログラムで使用されたテキストに含まれる未知語の意味を，介入プログラム後に理解できたかどうかを問う多肢選択型語彙テストによって測定された。結果として，平均 52% の正答率が得られたので，介入による語彙力上昇そのものは見られた[7)]。しかしそれは平均の話で，事前テストにおける語彙力が高い児童[8)] においては「実験群（語彙指導グループ）の効果が統制群（伝統的な理解指導グループ）を上回る」という結果が見られた。

しかし本書の文脈においてより重要なことは，事前テストにおける語彙力が低い児童においては，実験群も統制群も効果は変わらず，どちらも学習成果は小さかった，という結果が得られたことである。もちろん効果はゼロであったわけではないが，最も語彙力を高めたい語彙力が低い児童へは，効果的な介入はできなかったということになる。

さて，ここまで介入研究の結果を見てきた。実験研究，縦断調査研究と，「読書は語彙力を伸ばす」という比較的綺麗な結果が得られてきていたので，少し困惑したかもしれない。

介入研究を現実に実施しようとすると，理想通りにはいかないことも多くある。まず，研究者側はもちろん，参加者の負担が大きい。長期間介入プログラムに参加する必要があるし，場合によって非介入群（介入をしないグループ）に割り当てられることもあるとなっては，研究参加者の募集は簡単ではない。どうしても，研

7） 元々未知語だったので，未知語のうちの 52% が新たに学習されたと解釈できる。

8） 研究の対象となった「読みの流暢性と文章理解力が下位 25% の児童」の中で，相対的に高い，という意味である。

究に協力する強いモチベーションを持った参加者，つまりは，言葉の問題を抱えている児童・保護者が多くなる。そうすると，特に工夫無く読書介入を行うと，語彙学習の効果は小さくなってしまう。また，参加者数も少なくなるため，介入効果を検出するのも難しくなる。一方，調査研究であればサンプルサイズが大きくなるので，効果も検出しやすい。また，テキストを研究者が用意すれば個々の参加者に合わないテキストを読ませることになるし，参加者に用意してもらえばそれはそれで適切なテキストが用意されない可能性がある。

一方で，Elleman らの実験群（語彙指導グループ）のような方法であれば，語彙力が低すぎない集団——もともと言葉に問題を抱える参加者の中でも，比較的語彙力が高いような集団——に対しては有効な介入方法になったりする。このように，どの対象に介入するのかによって適切な介入方法が変化する，というのが，ここまでの語彙介入研究における最大の成果だと言えるかもしれない。こうした介入法について Elleman は 2019 年の総説論文[60] でまとめているが，低語彙児童への介入研究はまだ十分に効果を上げられないでいるという現状を認めている。

実験研究，縦断調査，介入研究のそれぞれ意味するものの違い

実験研究，縦断調査，介入研究と紹介をしてきた。それぞれで矛盾する結果が出ているようでもあり，混乱したかもしれない。少し整理しよう。

読書をすることで，これまで知らなかった単語の意味を知ることはできる。これは間違いない。直感的にも明らかであるし，実験研究でも実証されている。

しかし「可能である」ということと，「実際そうなっている」は別物である。実際に，読書を多くする児童・生徒のほうが語彙力が高まっているのであろうか。その答えは「YES」である。短期間で劇的に語彙力が向上するようなことはないという意味では，その効果は小さいものではあるが，信頼できる縦断調査によって語彙学習の効果が検出されている。

ではサマープログラムなどを企画し，もっと読書をするように児童・生徒に働きかければ，語彙力が高まるだろうか。これは現在「まだ分からない」。語彙力そ

のものは向上すると思われる。ただし，そうしたサマープログラムに参加しなかった児童・生徒も夏休み中に何もしていないわけではないので，ある程度は語彙力が向上している。こうした介入を受けていない児童・生徒に比べて，際立って語彙力が向上するような読書指導介入は，まだ開発されていない。特に語彙力や文章理解力の「低い」児童・生徒へ効果的な読書介入プログラムが必要だが，これもまだ研究中というところである。

肝心の介入研究の成果が挙がっていないため，なんとなく盛り下がる気分にもなるが，そうは受け取らないでほしい。**言葉の基礎である語彙は，語彙そのものが膨大にあるため，短期間で成績が上がるという性質を元々持っていない**のである。実際，Kim らのメタ分析では，語彙以外の文章理解力・発音・流暢な読みにはプラスの効果が検出されていた。これは，文章理解の方略や発音・流暢な読みの「コツ」を掴むということがあるからだと思われる。しかし語彙に「コツ」はない。少しずつ少しずつ，漸進的に変化するというのが語彙力の性質なのである。今後，そうした漸進的な変化を早める効果的な読書指導介入や，より長期間の介入を行った介入研究が登場するにつれて，読書→語彙の介入研究でも有意な結果が多く報告されるようになると筆者は考えている。そうした研究を待ちながら，「平均的には効果は穏やか。気長に気楽に」（原則 1）を実践してもらえれば幸いである。

3.2 読書は文章理解力を高める

語彙力についてずいぶん紙面を割いたが，他のものについても述べていく。まずは文章理解力である。実用上，言語力の中で最も重要なスキルであると考えられるが，そもそも語彙力が高まれば文章理解力も高まるという関係にあることもあり，ここで単純に「読書をすると文章理解力が伸びる」という知見を紹介するだけではあまり価値がないだろう。2.1 節では Ulvinen らの 2024 年論文[40] から，「書籍読者」という小説を多く読むプロファイルの児童・生徒の文章理解力が他の「コミック読者」「オンライン読者」「非読者」よりも高いことをすでに述べているし，先ほどの Kim らの 2013 年論文でも読書介入を行うことで文章理解力が夏休みの間に高まるという結果がメタ分析で得られていることも紹介した。

そこでここでは，Ulvinen らも分析対象としたフィンランド調査データを用いて，読書と文章理解力の長期的な相互促進関係について分析した Torppa らの 2020 年の論文[41] を紹介しよう。Ulvinen らは縦断データを用いてはいたが，分析そのものはデータの時間差を利用しない横断的分析であった。一方，Torppa らの分析は縦断的分析である。すなわち，過去のある時点の読書活動の多寡が未来の別の時点の文章理解力の高低を予測し，かつ，過去のある時点の文章理解力の高低が未来のある時点の読書活動の多寡を予測する，という読書活動と文章理解力の相互促進モデルを支持する結果が得られるか，という観点で分析を行ったのである。

サンプルサイズは Ulvinen らと同じ 2525 名であり，1 年生（7 ～ 8 歳）から 9 年生（15 ～ 16 歳）までの 8 年間 7 時点（1 → 2 年生，2 → 3 年生，3 → 4 年生，4 → 6 年生，6 → 7 年生，7 → 9 年生の 6 期間）について分析した。余暇読書頻度の測定手続きは（使用するデータに多少違いはあるものの）Ulvinen らと同様なので省略する。一方，余暇読書頻度の分析方法は Ulvinen らと異なり，因子分析という統計手法により，1 ～ 4 年生までは保護者回答の読書頻度をジャンル・媒体の違いをまとめて「余暇読書」因子として児童・生徒の読書活動の指標として用いている。6 ～ 9 年生では本人回答の読書頻度を「書籍読書」「新聞・コミック読書」「雑誌読書」「デジタル読書」という 4 つの因子に分けて，それぞれの因子を読書活動の指標とした分析を行ったが，ここでは「書籍読書」因子を読書活動の指標として用いた場合の分析結果のみを報告する。

次に言語力の測定についてである。読みの流暢性と文章理解力という 2 つが測定された。読みの流暢性は多数の単語を流暢に処理できる程度を示すもので，文章理解力というよりも，語彙力の質的側面の 1 つである[9)]。絵と単語の意味的一

9）「語彙の質」については，語彙クオリティ仮説（lexical quality hypothesis）[61,62] と呼ばれる

致の判断速度，文の真偽判断の速度，スペース区切りなしで提示される長い文字列を適切に単語に分割していく速度，などの様々な課題のスコアを考慮した合成得点として数値化されている。文章理解力については，フィンランドで全国的に標準化された文章理解力テストのスコアを用いた。参加者は物語を黙読し，物語に関する11問の多肢選択問題と，本文の内容に沿って5つの文を正しい順序に並べる1問の問題の，合計12問に回答した。学年ごとに物語と問題は異なっていた。回答制限時間は45分間であった。

分析手法としては，親子調査の分析で用いたクロスラグ分析の発展的手法で，3時点以上のデータについて適用できるランダム切片クロスラグ分析（random intercept cross-lagged analysis）という手法である。どういった点が発展的なのかについては第8章で改めて説明することとし，ここでは従来のクロスラグ分析と同様に解釈してみよう。**図3-3**は結果の一部を取り出したもので，矢印のような関係がデータにあると仮定した分析であるが，太い矢印の部分だけその仮定が支持されたと読み取ってもらえればよい。

読みの流暢性については，1年生の読みの流暢性から2年生の余暇読書へ，3年生の読みの流暢性から4年生の余暇読書へ，それぞれの予測が有意になっている。つまり，読みの流暢性が高い児童ほど，余暇読書を多くする傾向があったということである。肝心の読書→読みの流暢性はと言えば，7年生の余暇読書が9年生の読みの流暢性を高めるという結果が得られた。有意でないパスが多く，読書と読みの流暢性にはそれほど強い相互促進関係があるとは言えないが，一部ではそうした関係が見られた，とまとめることができるだろう。

次に文章理解力であるが，こちらははっきりと相互促進関係を支持する結果が得られた。1→2年生，4→6年生，6→7年生では，余暇読書と文章理解力の相互促進関係が，3→4年生と7→9年生では余暇読書から文章理解力への促進的関係が，そして2→3年生では文章理解力から余暇読書への促進的関係が示され

語彙について理論的枠組みで議論されている。筆者が語彙クオリティ仮説を解説する論文[63]を書いているので，興味ある方は参照されたい。

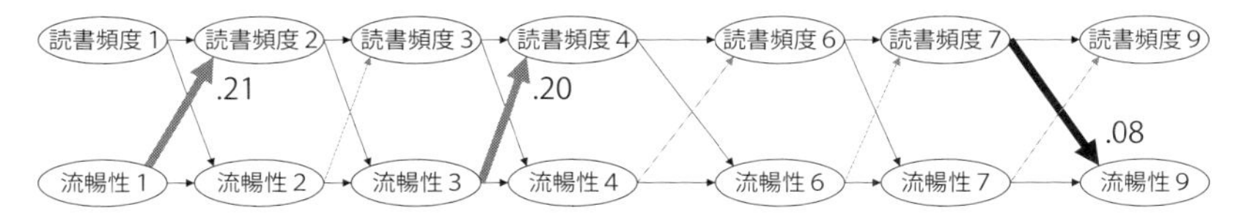

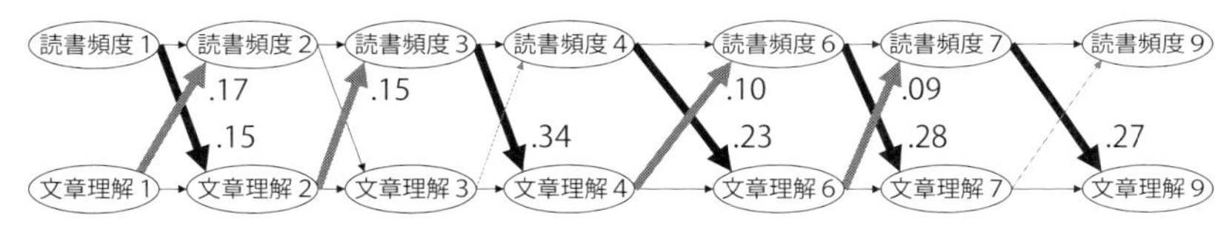

図 3-3　余暇の読書頻度と読みの流暢性および文章理解力の縦断的関係

モデルの主要部のみを取り出し，統計学的に有意なクロスラグパス（斜めに伸びる矢印）のみを太線で表示し，標準化パス係数を示した。楕円内の数字は学年を表している。クロスラグパスのうち，「読書→言語力」に相当するものは黒色で，「言語力→読書」に相当するものは灰色で表示している。

出典：Torppa らの 2020 年論文[41] の Figure 1 と Figure 2 の一部を参考にして筆者が作成した。

た。

効果の大きさについて，すでに紹介したように，クロスラグ分析はかなりパス係数の値が小さくなりがちであり，クロスラグ分析の効果の大きさについてシミュレーションを行った Orth らの 2022 年論文[56] によれば，「0.03 が小，0.07 が中，0.12 が大」というガイドラインが提案されている。その意味では，読みの流暢性も文章理解力も，有意でなかったクロスラグパス（標準化パス係数は -0.03 ～ 0.08 の範囲であった）も含めてそれなりの効果の大きさが得られていると言える。特に大きかったのが文章理解力における余暇読書→文章理解力のクロスラグパスであり，3 → 4 年生が 0.34，4 → 6 年生が 0.23，6 → 7 年生が 0.28，7 → 9 年生が 0.27 となっている。年齢や教育カリキュラムに違いがあるので正確な比較はできないが，日本でいえば小学校中学年，中学生期の読書が重要であることを示唆している。しかも，余暇読書との相互促進関係も見られており，「読めば読むほど文章理解力が高まり，文章理解力が高まれば高まるほど，もっと読む」という好循環が起こっているということである。

3.3 読みのマタイ効果は存在するか？

「読めば読むほど文章理解力が高まり，文章理解力が高まれば高まるほど，もっと読む」と述べたが，これは裏を返せば，読まない児童はどんどん遅れていくという悪循環でもある。

ここで「**読みのマタイ効果**（Matthew effects in reading）」仮説[64] について触れておこう。ここまでの研究知見から，概ね，言葉の学習というのは「豊かなものがより豊かになる」という構造をしていることに気づいただろう。読書と語彙力との関係についての実験研究でも，文章理解力の高い者ほど語彙学習に有利であった。語彙が高まれば文章理解力も高まるため，さらに語彙学習に有利となっていく。親子調査の縦断データにおいても，小学6年生→中学3年生のデータでは，読書時間と語彙力との相互促進関係が支持されていた。

「豊かなものはより豊かになる」というのは結構なことだが，このフレーズには続きがあり，「豊かなものはより豊かになり，貧しいものはより貧しくなる（The rich get richer and the poor get poorer）」とされる。様々な分野におけるこうした構造を一般的に「マタイ効果」と呼ぶ。読みのマタイ効果で言えば，**早期に高い言語力を獲得した上位層は，その後も容易に言語力を高めていけるのに対し，早期に低い言語力しか獲得できなかった下位層が上位層へ追いつくほど言語力を高めるのは容易ではなく，結果として上位層と下位層の言語力の差がどんどん開いていく**というのである。

実際に，読みのマタイ効果は生じているのであろうか。Pfost らの 2014 年論文[50] では，過去 25 年の読みのマタイ効果を扱った縦断調査研究の論文を調査し，この問題について検討している。結論としては，読みのマタイ効果を支持するはっきりとした結果は得られなかった。唯一，語彙力についてのみはマタイ効果を示す研究のほうが多かった[10)]。

興味深いのは，文章理解力，単語の発音，読みの流暢性については，むしろ差は縮小していく傾向が見られたことである。実は読みのマタイ効果の逆の仮説として「読みの発達ラグモデル（developmental-lag models of reading）」と呼ばれる仮説も以前から提案されている。これは，児童・生徒の集団には遺伝と環境の両面から影響を受けて，先発型（early stater）と後発型（late starter）が混在しており，先発型は初期に成績が良いが，後発型が後から追いついてくるため，上記のような「初期の差はいずれ消えていく」ということが起きる，という仮説である。Pfostらは論文の中で，文章理解力，単語の発音，読みの流暢性についての研究知見は，むしろ読みの発達ラグモデルと合致すると論文で述べている。

なぜ語彙力と他の言語力（文章理解力，単語の発音，読みの流暢性）でこのような違いが見られるのであろうか。語彙力のところで少し触れたが，これは語彙力と他の言語力の性質の違いによるものと考えられる。単語の発音について考えてみよう。就学前の児童は，家庭教育によってアルファベットの読み方をほぼマスターした児童と，ほとんど読めない児童というかなり大きな個人差を抱えた状態で学校へ入学してくる。この時点での上位層と下位層の差は非常に大きなものがあり，マタイ効果の仮定によれば，この差はさらに広がっていくということになる。しかし想像してみれば分かるように，学校でのアルファベット教育が始まれば，この差は急速に小さくなっていく。アルファベットが読めなかった児童も，すぐにアルファベットが読めるようになり，単語を読んでその発音ができるようになる。もちろん単語には例外的な発音をするものもあるが，その数は有限である。上位層はすぐにそうした例外的発音も学んでしまい，それ以上習得することが無い状態になってしまう。一方，下位層は学ぶことがある状態が継続するので，上位層が足踏みをしているうちに，そこに追いつく。つまり，読みの発達ラグモデルのとおりになる，というわけである。

このことは，「学ぶ内容が比較的少数」のものにはすべて適用される。読みの流

10）ただし，そもそも語彙力を扱った研究は３研究のみであった。

暢性について，上位層はある程度のところで流暢性の上昇は止まる。一方下位層は，単語の発音をマスターし，素早く読む「コツ」を掴めば，急速に上位層に追いつくことができる。追いついた後に残るのは，本人の元々持っている資質の差である。そして，文章理解力についてもこれは同様であることを Pfost らの結果は示している。文章理解にも，物語文や説明文における文章構造のパターンとそれに応じた読解方略，さらにテストで問われる問題のパターンと解法がある。つまり文章理解にも「コツ」があり，これらは比較的少数と考えることができるのである。

一方で，語彙は無限とは言わないものの，実質的に学び尽くすことが困難なほど数多くあるという性質を持っている。もちろんテストで問われるのは語彙のほんの一部にすぎないが，文章理解テストに比べて問題の項目数を多くできるという性質も手伝って，語彙力全体をうまく測定するテストを作りやすい。適切なテストが使用されさえすれば，語彙力だけは「読みのマタイ効果」を検出できると理論的に考えられるのである。図 3-1 に示したように，語彙力には非常に大きな個人差がある。その背景メカニズムの一つとして「読みのマタイ効果」があるのかもしれない。

ここまでをまとめると，「読みのマタイ効果」は語彙力でしか起こらず，単語の発音，読みの流暢性，文章理解力については，早期に遅れが見られたとしてもそのうち自然と追いついていく「読みの発達ラグモデル」にしたがった現象が起こる。そうであれば，早期の遅れにはそれほど敏感にならずに，教師の負担が大きい補習（取り出し授業）なども取り止めてしまえばよいのだろうか。

これについて筆者の意見を言わせてもらえれば，「早期の遅れにそれほど敏感にならない」という部分には賛成だが，早期の遅れをケアする取り組みには意味があるので，単純に取り止めてしまうのは問題である。というのも，「単語の発音，読みの流暢性，文章理解力において自然と追いつく」という現象は，現状，そうした取り出し授業がなされた上での現象であり，それを取りやめるとこの現象が消えてしまうかもしれないからである。また，語彙力についてはマタイ効果があると考えられるわけで，早期の文章理解力は語彙学習を促進するため，語彙力における大きな個人差を小さくするためには，結局は早期の文章理解力へのケアが必要になるのである。

読みのマタイ効果仮説は，これまで読書研究を推進するエンジンの一つであった。Pfost らも指摘するように，その実在性について決定的な結論が出せるほど研究数が集まっていないので，今後も縦断研究を地道に増やしていき，その実態を明らかにしていく必要がある。

3.4 読書は「書く力」も高める

言葉についての最後のトピックは，「書く力」である。ここでの書く力は単語の綴りを正しく書く力[11)] であるとか，正しい文法で文を書ける力であるとか，そういったものを指しているわけではない。ある程度の長さの文章を作成する能力を指している。上田紋佳らは 2021 年論文[65] で，書く力を測定すると考えられている課題には，(1) 問題文として文章を提示し，その読解した内容を問う形式の問題，(2) あるテーマが与えられ，それについての考えを書く，いわゆる小論文課題のような問題，(3) プロンプト（prompt）と呼ばれる比較的短い文章やイラストなどが提示され，意見を書いたり物語を創造したりする問題の 3 種があると述べている。その上で，(1) の記述式の問題は書く力というよりも実際は「文章理解力」を要する課題であるため，(2) や (3) の課題こそが「書く力」を測定する課題であることを指摘した。

したがって，ここでは「書く力」のことを「ある程度の長さの文章によって，文章作成者が自発的に考えたことや体験したことをより良く書く力」と定義しておく。

読書が書く力を伸ばすのか，という疑問については，理論的観点と実証的観点

---

11) そうした力は spelling の力と呼ばれ，読書活動と正の相関があることは第 1 章で言及した Mol らの 2011 年のメタ分析論文でも示されている。

で，回答の歯切れの良さが変わってくる。

まず，理論的には十分にあり得ると考えられる。そもそも，書くというプロセスの中には，必然的に読むプロセスが含まれる。**図3-4**は有名なHayesらの作文モデル[66]であるが，作文をする上では，図3-4における灰色部分の「これまでに書いた文章」を「読み返す」プロセスが必須である。読書が読む力を高めるとするならば，書く力もまた高まると考えるのが自然である。同様の指摘はFitzgeraldらの2000年論文[67]でもなされており，書く力と読む力に共通の知識とスキルとして，①メタ知識（例：目的の設定，セルフモニタリング，自己評価），②領域知識（例：語彙，世界についての知識），③テキスト属性（例：文法，テキスト構造），④手続き的知識（例：意味の構築と生成，分析，批判）があると指摘されている。読書をすることによってこれら知識とスキルが高まることで，書く力が高まるはずである。

一方で，実証的には，十分な証拠があるとは言い難い。Birnbaumらは2022年論文[68]にて，読書と言語力を扱った135の研究知見をレビューしているが，「読書→書く力」という因果関係を検証する縦断調査や実験研究がほぼなかったことを指摘している。Jouharらの2021年のレビュー論文[69]では，7件の実験研究が「読書活動が書く力を高める」という仮説について検討したことが報告されており，読書が物語的・説明的文章を書く力の全体的な質を高めることが示されているが，実はこれら7件の研究はすべて外国語あるいは第二言語として英語を学ぶという文脈のものである12)。言語力の基礎となる母語において，「読書→書く力」を検証した研究はやはり極めて少ないようだ。

日本児童を対象とした縦断調査

まとめると，読書は語彙力や文章理解力と同様に書く力も伸ばすと理論的には予想されるが，筆者の知る限り，縦断調査や実験研究といった実証的な研究はこ

12）母語あるいは第一言語の研究よりも外国語あるいは第二言語の研究のほうが先行するという現象は（筆者の主観ではあるが）よく見られるものである。

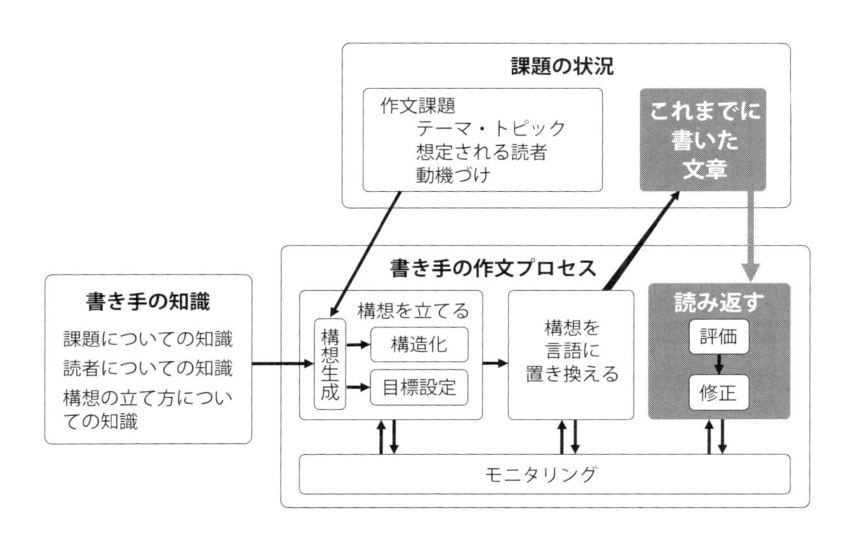

図 3-4　Hayes らの作文モデルに含まれる「読むプロセス」

出典：Hayes らの 1980 年論文[66] の作文モデルを参考にして筆者が作成

れまで行われていないのである。信じられないようではあるが，上記の２件のレビュー論文はこのことは事実であることを裏づけている。

その理由の１つとして考えられるのは，書く力を評価することの難しさである。書く力のことを「ある程度の長さの文章によって，文章作成者が自発的に考えたことや体験したことをより良く書く力」と呼べたが,「より良く書く」ということを，どのように評価すれば良いのだろうか。こうした文章の評価には正解というものがなく，語彙力や文章理解力を評価するよりもはるかに手間がかかる。そのことが研究の実施コストを高め，実証研究の停滞を招いている可能性がある。

筆者の共同研究者であり，本章では何度か登場した上田紋佳氏は，この点を補う研究を精力的に進めている研究者である。暫定的ではあるが，上田らの日本児童を対象とした縦断調査の結果を紹介しよう。

上田らは 2023 年論文[70] において，縦断調査に適した日本人児童を対象とする作文課題として，説明文と物語文の2種類の作文課題を作成した。小学1年生から6年生までを想定した課題であり，1年生にもできる簡単な課題でありながら，小学6年生にも歯ごたえのある課題でなくてはならない。また，縦断調査を想定しているため，同じ児童が1年程度の間隔を空けつつも繰り返し回答できる課題でなくてはならない。

結果として，本節冒頭の分類でいえば（3）に当たる，プロンプトを使用する下記の課題を作成した。

- 物語文課題：「家に帰る途中で，とても不思議なことが起こりました。」の続きを書くことを求めた。
- 説明文課題：「あなたが遠足（小学5～6年生は修学旅行に変更）に行きたい場所とその理由について説明してください。」[13)]

どちらも原稿用紙200字以内で，10分間で作文を書くことが求められた。

また，作文の質の評価方法として，作文の質的な評価には，「6+1 Trait Writing Rubrics」[71] を参考にルーブリックを作成したものを用いた。ルーブリックとは，到達度を示す評価基準を「観点」と「尺度」からなる表として示したもので，質的な評価によく用いられるものである。要するに，質的評価ではルーブリックの基準に従いつつも，人間の目で作文を評価するということである。

上田らの研究では，**表3-2** に示す7つの観点（アイディア，構成，表現，言葉の選択，文章の流暢さ，文法，手書き）と6段階の尺度（1 初期段階の，2 伸び始め，3 発展中，4 及第点の，5 熟達した，6 非常に優れた）で評価を行った。評価は2人の論文著者（上田氏と筆者）が独立に評価を行い，不一致箇所は評定者間の協議によって決定する。

13）ただし，実施する小学校で通用する呼称（例えば，「遠足」ではなく「移動教室」など）に応じて，表現は適宜変更している。

表3-2 作文評価のためのルーブリックにおける7つの観点

NO	項目	定義	下位カテゴリー
1	アイディア	メインメッセージ	メインアイディア，詳細・証拠・裏付け，推論・思考，エンゲージメント
2	構成	作品の構成・体制化	リードと結論，トランジション，順序性，ペース，テキストの構造
3	表現	メッセージの個人的な文章の調子と文体	トーン，読者とのエンゲージメント，トピックへのコミットメント
4	言葉の選択	意味を伝えるために書き手が選ぶ語彙	言葉の意味，言葉の質，言葉の使い方，文法（的側面）
5	文章の流暢さ	言葉のリズムと流れ	文章の構造，文章のセンスとリズム，文章の多様性，文章をつなぐ
6	文法	技術的な正しさ	綴り，句読点，文法・用法，原稿用紙の使い方
7	手書き	見栄え・本文の読みやすさ	手書き

出典：上田紋佳らの2023年論文[70]のTable 3を参考にして筆者が作成

このような作文課題と質的評価の方法を確立した上で，上田らは2023年の日本心理学会[72]にて，縦断調査の結果を報告している。関東にある公立小学校小学1～5年生の合計143名を調査対象とし，時点1は2021年3月に，時点2は同年11月に縦断調査を実施した。結果として，時点1で読書行動（活字接触）が多いほど，時点2で書いた作文の質的評価が高かったことがクロスラグ分析により明らかになっている。

現在のところ，各学年のサンプルサイズが小さいことから，学年の効果を分析できていない状況である。また，まだ論文化される前の学会発表であるので，暫定的なものだと考えられたい。このようにまだまだこの領域での実証的研究は不足しているが，Birnbaumらのように，国際誌において「読書と書く力についての研究の不足」を指摘する声も上がっていることから，今後は他国でも研究報告が増加するものと期待される。

3.5 3原則との対応関係
――特に語彙力は気長に構えた読書でじっくりと

本章の言語力における3原則との対応関係を整理しておこう。

「平均的には効果は穏やか。気長に気楽に」（原則1）については，表3-1に示したような相関係数の小ささや，介入研究によって検出されない読書効果など，特に語彙力において多く事例が示された。その背後には，「コツ」というものがない語彙力の性質がある。日々の読書が，少しずつ少しずつ，語彙力を高めていくのである。

「『読みすぎ』は弊害を生む。目安は1日30分～1時間」（原則2）について，本章では紹介しなかったが，第6章で紹介する全国学力調査「国語」では，中学3年生の成績において，1日の読書時間が30分未満までは読書時間が長いほど成績が良いが，30分を超えると読書時間が長いほど成績が落ちるという「逆U字現象」が起こることが分かっている。小学6年生の成績では逆U字こそ起こらないが，読書時間を増やせば増やすほど「国語」の成績上昇ペースは鈍化する。言語力に着目した研究で逆U字現象を指摘するものは少ないが，おそらく短期間にハイペースで読書をしても，読書効果はそれに見合うほどは得られないのではないかと思われる。

「個人差は大きい。読書そのものが合わない人もいる」（原則3）については，読みのマタイ効果と読みの発達ラグモデルの議論が関連が深い。2.3節にて「読書が合う人には読書を，そうではない人にはそれ以外の方法を探す，というのが建設的」と述べたが，ある時点では「読書が合わない」と思っても，発達が追いついてくることで「読書が合う」と思い直すようなこともあるかもしれない。「読書が合う－合わない」ということ自体も，発達の過程で何度か確認する必要があると言える。何事もそう単純ではないものである。

第4章

読書は人格を高めるか

「読書は豊かな人間性をもたらす」と語られることも多い。この信念に根拠はあるのだろうか。本章では，読書と性格・人格のかかわりについての研究を整理し，読書が社会的認知と呼ばれるスキルを向上させるか，あるいは，読書が寄付行動などの向社会行動を増加させるかといった調査・実験研究について紹介する。豊かな人間性，という科学の俎上に乗りにくい対象について，心理学がどう取り組んできたのか，現在までの成果を提示したい。

4.1 読書する性格とは

● 性格と人格の違いとは

『性格とは何か：より良く生きるための心理学』（中央公論新社）[73] では，性格，人格，パーソナリティという用語について「おおよそ同じようなものを指し示している」（p.5）としている。しかし続けて，以下のように説明している。

ただし，ニュアンスの違いはある。日本語で「人格」という言葉を使うときには「よ

り良い状態がある」ことを想定した上での心理学的な個人差を指し，「性格」という言葉を使うときにはあまりそういう想定がない。これは，「彼は人格者だ」という文章が成立するのに対して，「彼は性格者」だという文章が成り立たないことを考えればわかるのではないだろうか。（p. 5）

本書でもこのスタンスを踏襲し，「ある人の行動傾向を説明する心理的特性」として性格と人格を定義し，より良い状態がないものには「性格」を，より良い状態があるものには「人格」という用語をあてることとする。

読書と性格・人格の関係を研究する意義はどこにあるだろうか。人格は分かる。読書が人格形成に寄与するならば，ぜひ子どもに読ませたい，ということになる。では，性格はどうだろうか。

まず単純に興味がある。読書をする人は，どんな性格の人なのだろうか。このことはもしかしたら学校で読書指導をする際や，誰かに読書を勧める際にも役立つかもしれない。この人はこんな性格だから，読書を好きになるかもしれない，といった具合である。

別の理由としては，何か読書の効果について関心があったとして，まず性格の影響を捉えておかないと，例えば「読書頻度と他者の考えを共感的に理解する力との間に正の相関があります」と主張したところで，「それって，背後に協調性とかの性格があって，疑似相関を生んでいるんじゃないの？　協調性の高い人って小説とかよく読みそうだし，共感的理解の力も高そうじゃん」のように疑われてしまうのである。これは特に調査研究において重大な問題となり，次節の議論では性格を踏まえた分析が行われている。

そこで本章では，まず「読書と性格」の関連についての研究について紹介し，その後で「読書→人格」に関する研究について述べる。

性格のビッグファイブモデル

さて，まずは読書と「性格」の関係について説明する。性格の理論として最もスタンダードなのは，「性格の５因子モデル（five-factor model of personality）」であり，「ビッグファイブ理論」とも呼ばれる。「多様な人の個性は，少数の５つの次元の組み合わせで捉えることができる」というビッグファイブ理論の仮定は，概ねどの文化でも通用することが知られており，人間一般の性格特性を反映しているのではないかと期待されているわけである。

『パーソナリティと臨床の心理学：次元モデルによる統合』（培風館）[74] によると，ビッグファイブ理論における５つの性格とその特徴は次のとおりである。いずれも「高ければ高いほど良い」というものではないことが分かるだろう。

- **神経症傾向（neuroticism）**：危機に敏感に反応するか否かの次元である。神経症傾向の高い人は危機に敏感に反応でき，低い人は危機に対しても情緒が安定しているということになる。極端に高い場合は病的に不安が強くなり，極端に低い場合は感情が鈍麻する。「情緒不安定性」とも呼ばれるが，近年では，反対の概念として「情緒安定性」の名前で使われることも多い。

- **外向性（extraversion）**：人との関係など，外界に積極的にはたらきかけるか否かという次元である。外向性が高い人は活動的であり，低い人は内向的で控えめ，ということになる。極端に高い場合は無謀な性格となり，極端に低い場合は臆病になる。

- **開放性（openness）**：イメージや思考が豊穣であるか否かという次元である。開放性が高い人は遊び心があり新しいものを好み，低い人は堅実で地に足の着いた性格となる。極端に高い場合は妄想がちな性格となり，極端に低い場合は権威や伝統にしがみつく権威主義者となる。

- **協調性（agreeableness）**：人との関係において，まわりの人に同調しやすいか，自主独立的か，という次元。協調性の高い人は共感や思いやりを持って他の人と付き合うことができ，低い人は独自性を押し出していく人ということになる。極端に高ければ集団に追従するだけの自己の無い人間となり，極端に低ければ人に冷淡になる。「調和性」とも訳される。
- **勤勉性（conscientiousness）**：目的をもって物事をやり抜こうとするか否かという次元。勤勉性の高い人は意志の強い人，低い人はこだわりなくさっぱりとした人，ということになる。極端に高い場合は強迫的で仕事中毒，極端に低い場合は無気力で怠惰となる。「誠実性」とも訳される。

ビッグファイブ理論による性格の測定は，主に質問紙によって行われる。例えば，外向性について，「活発で，外向的だと思う」という項目に対して「まったく違うと思う」から「強くそう思う」までの7件法で回答することを求める[8]。

開放性の高い人ほど読書をしている

読書量と質問紙によって測定された性格の関係を調査した研究によれば，読書量ともっとも関連の深い性格は「開放性」である。意外に思ったかもしれない。「協調性」や「勤勉性」のほうが関連しそうに思うかもしれないが，複数の研究で共通した結果が出ている。

カナダのMarらの研究グループが，こうしたテーマについて精力的に研究を行っている[75,76]。Marらの2009年論文[76]では，読書行動をフィクションART（物語のみを出版する著者の名前にチェックをつけることができた数）とノンフィクションART（物語以外の本の著者の名前にチェックをつけることができた数）の2種類で測定した。結果として，フィクションARTスコアと開放性は$r = 0.22$，ノンフィクションARTスコアと開放性は$r = 0.20$の有意な正の相関が見られた。そのほかの性格特性は，相関係数の絶対値が小さく，有意ではなかった。ほぼ関係がないと解釈しても良いだろう。ただし，同じ研究グループの2013年論文[75]では，フィクションをさらに細かく分類することで外向性と神経症傾向との関連を見出している。具体的には，フィクションをさらに，家庭小説[1)]，恋愛小説，SF・ファンタジー，サスペンス・スリラーの4ジャンルに分けてARTを作成した。結論としては，特徴的な傾向を示したのは家庭小説ARTスコアであり，開放性との相関は$r = 0.19$だが，外向性との相関が$r = -0.18$，そして神経症傾向との相関が$r = 0.13$を示しており，いずれも有意であった。同じフィクションでも，さらに細かくジャンル分けすることで，読者の性格との相関関係が異なってくることが分かる。

総合すると，イメージや思考が豊穣であるか否かの次元である「開放性」という性格が，読書と関係している。その関係の強さはそれほど強いとは言えないが，筆者の知る限り，知能や言語能力といった「能力」要因以外で，読書行動と関連することが一貫して報告される「特性」要因はまれである[2)]。開放性だけが読書行動を規定するわけではもちろんないが，教育実践に活かす場合には，読書行動を決める要因の候補として押さえておくと良いだろう。

一方で，これは性格との関係だけではないが，読書と言っても細かく分類することで結果が異なってくる点にも注意である。次節の議論にも出てくるが，フィクションとノンフィクションでは読書効果がかなり異なることが知られているし，フィクションもさらに細かく分類できることは上で述べたとおりである。さらに言えば，読者一人一人は固有の読書嗜好と読書履歴を持っており，それがすべて混在となって「読書経験」が生じている。ある時，ある人が特定の本を読んでいたからと言って，そこから直ちに「こんな性格の人なんだろうな」と即断することはできない。性格については，あくまでも読書行動を規定する背景要因の一つとして，頭の片隅にとどめるくらいがほどよい認識なのではないだろうか。

1）日常生活や家庭生活，家族関係，個人間の感情の複雑さなどを主題に扱う小説のジャンル。

2）もちろん，「読書動機づけ」というそのものずばりの特性は除くが。

4.2 物語の読書は「他者の気持ちを推し量る」力を高める

さて，ここまでの話は性格と人格を区別した上での，性格の話であった。本節では，人格に当たる部分について，「**社会的認知**」と呼ばれる，社会的情報を処理する能力を読書が高めるか，というテーマで行われた研究を紹介する。特に社会的認知の一部として**「他者の気持ちを推し量る能力」や「共感的能力」をフィクションの読書が高めるという因果関係**について検証する研究が数多く行われている。この方向性の研究は現在もまだ続いているもので，完全には結論が出ていないが，概ね結果の全体像は見えてきたので，紹介したい。

このテーマの研究は，大きく2つに分けることができる。1つは，先述のMarらの研究グループを中心に行われている横断調査による研究で，2006年から2013年にかけての研究である。もう1つは，Kiddらに端を発して論争にもなっている一連の実験研究についてであり，2013年のKiddらの論文報告以降，まだ研究が続いているものである。本節ではこれら2つの研究群について説明する。

● 読書と「他者の気持ちを推し量る能力」の相関関係

フィクションの読書が「他者の気持ちを推し量る能力」を高めるかもしれない，と述べたが，心理学では他者の気持ちを推し量る能力をどのように測定するのだろうか。標準的課題として用いられているのが，RMET（Reading the Mind in the Eyes Test, MIEテストとも呼ばれる）[77]という課題である。本書で紹介する研究でも多く用いられているので，少し詳しく説明しておこう。

これは，人の顔の目元部分だけをくりぬいたモノクロ画像と4つの感情状態を示す単語の選択肢を使用して，「表情からその人の心の状態を読み取る力」を測定する課題である。日常生活において，マスクをした人の表情が分かりにくいように，目元だけ，しかもモノクロ画像で静止画から感情状態を読み取るというのは，思ったよりも難しい。**図4-1**に課題例を2つ示すので，実際にやってみてほしい。

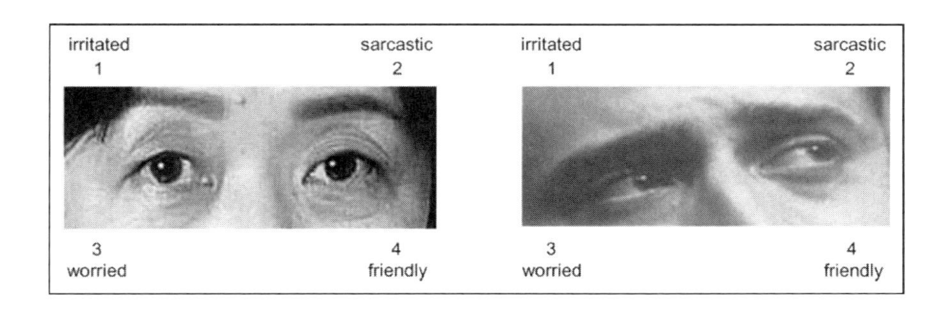

図4-1　アジア版 RMET の課題の例

出典：Adams Jr らの 2010 年論文[78] の Figure 1

目元のモノクロ写真の上にそれぞれ「irritated（いらいらした）」「sarcastic（冷笑する，嫌みな）」「worried（不安な，心配な）」「friendly（友好的な）」という 4 つの感情状態を示す選択肢がある。

どうだろうか。図 4-1 の左の写真も，右の写真も，両方とも答えは「worried（不安な，心配な）」である。正直なところ，筆者はこの課題がひどく苦手で，答えを書いていても「本当に worried が答えなのか……？」と半信半疑である。一方で，読者の中には「そりゃあ worried でしょう」という人もいるだろう。こうした違いが「表情からその人の心の状態を読み取る力」の個人差を反映しており，「他者の気持ちを推し量る能力」の指標の 1 つとして用いることができるだろうと心理学者は考えているわけである。

この課題の妥当性を示す研究を 2 つを挙げよう。1 つは図 4-1 の引用元である Adams Jr らの 2010 年論文[78] である。この研究では RMET に解答する際の認知処理において「参加者自身と同じ文化・人種のときの認知処理と，異なる文化・人種のときの認知処理で，違いがあるか」という疑問に取り組んでいる。そしてそのためにアジア人版の RMET を作成し，既存の西洋人版 RMET と合わせて，2 種類の RMET を日本人とアメリカ人の参加者に実施した。実は図 4-1 の左がアジア人版の RMET の例であり，右が西洋人版の RMET の例なのである。結果として，日本人はアジア人版での成績が良く，アメリカ人は西洋人版での成績が良かった。さらに課題遂行中の脳活動を測定すると，後上側頭溝（posterior superior temporal sulcus）という脳部位の活動に違いがあった。すなわち，表情を読み取る認知処理には文化・人種の影響があり，自らの文化・人種と一致した場合に「表情からその人の心の状態を読み取る力」が高まり，不一致のときには低くなる，ということである。これは日常経験される「外国人の表情はよく分からない」という経験と一致しているように思われる。

もう1つの研究は，Baron-Cohenらの2001年論文であり，発達障害の1つで社会的コミュニケーションの苦手を特徴の1つとする自閉症（現在の「自閉スペクトラム症」）とRMETの関連を研究したものである。この研究には，知的発達の遅れを伴わない自閉症患者の成人と，自閉症を持たない定型発達者の成人が参加し，それぞれRMETに解答した。結果として，自閉症患者のほうが定型発達者よりも有意にRMET得点が低かった。また，自閉症スペクトラム指数（autism-spectrum quotient）という質問紙にすべての参加者に回答してもらったところ，RMETの成績とは$r=-0.57$の強い負の相関が見られた。RMETも自閉スペクトラム症指数も，知能指数とは有意な相関を持たなかったため，この結果は知能指数による疑似相関（1.1節参照）ではない。これらの結果は，RMETが他者の感情状態を測定する課題として一定の妥当性があることを示唆するものとして解釈されている。

読書と「他者の気持ちを推し量る能力」の相関関係

では次に，RMETを使って，読書と「他者の気持ちを推し量る能力」との関係を検討した研究を紹介しよう。

Marらが2006年に報告した研究[35]では，フィクションARTスコアとノンフィクションARTスコアのお互いの影響を統計的に除外する分析を行った結果，RMETとの相関係数は，フィクションARTスコアで$r=0.34$，ノンフィクションARTスコアで$r=-0.26$という結果になった。フィクションをよく読む人は「他者の気持ちを推し量る能力」が高く，ノンフィクションをよく読む人は低い，というわけである。

余談だが，このMarらの2006年の論文[35]は,「本の虫 vs. オタク：フィクションへの接触とノンフィクションへの接触で異なる社会的能力との関連性，および，フィクションにおける社会世界の疑似体験について（Bookworms versus nerds: Exposure to fiction versus non-fiction, divergent associations with social ability, and the simulation of fictional social worlds)」という面白いタイトルの論文で,「本を読む連中は社会性がない，という偏見があるが，それはオタク（ノンフィクションをよく読む人たち）だけで，本の虫（フィクションをよく読む人たち）はむしろ社会的認知に長けているのだ」と主張している。科学的に妥当な手続きを用いて社会に流布する間違った「読書家」像を修正しようという意欲的な研究だが,「オタク」には失礼なものである。

なお，これ以降もフィクション読書と「他者の気持ちを推し量る能力」の相関研究は行われ，2017年に発表されたメタ分析[79]において,「フィクション読書を多くする人は，他者の気持ちを推し量る能力が高い」という傾向があることが確認された。フィクションARTスコアとRMETスコアの相関係数にして，$r = 0.21$という効果の大きさが報告されている。RMET以外の質問紙などで共感性を測定する研究の場合には，$r = 0.07 \sim 0.08$というかなり小さい効果になるが，効果そのものは有意であった。フィクション読書の効果は，ノンフィクション読書の場合よりも効果が大きいものであることも確認されている。

「読書→社会的認知」効果が起こるメカニズムについての3つの仮説と性格説の否定

ここまでの話をまとめると，少なくともフィクション読書行動については，社会的認知の一部である「他者の気持ちを推し量る能力」と相関関係があることが分かった，ということになる。相関関係があることが分かったならば，次は「読書→社会的認知」という因果関係へ迫っていくことが研究の目標になる。

まず理論面で「読書→社会的認知」という因果関係があり得るのかを整理しよ

う。なぜ，「読書→社会的認知」効果が期待できると考えられるのだろうか。

代表的な 3 つの仮説として，「シミュレーション説」「人間心理についての知識獲得説」「性格説」がある。

シミュレーション説とは，読書だけに限らないが，フィクションに接している間に私たちが感じるフィクション世界への「没入感」が一つの根拠となっている仮説である。私たちは，小説を読んでいる間，その小説が描く世界に没入し，その世界を疑似体験（シミュレーション）している。これは無根拠の空想ではなく，私たちは言語処理を行う際に，実世界での処理と同様の認知的・脳科学的処理を行っていることが多数の研究から示されており，これを身体化認知と呼ぶ[3)]。私たちは小説を読んでいる間，疑似的な現実を体験していると考えることができ，物語の登場人物の葛藤や関係性に対しても実生活と同様の体験をすることで，社会的認知能力の向上につながることはあり得るかもしれない。これがシミュレーション説である。

人間心理についての知識獲得説は，シミュレーションのような疑似的な体験ではなく，心理学的な「知識」や社会的な「知識」をフィクション作品から得られることで，社会的認知能力が高まるという仮説である。心理学的な知識の例としては，例えば，「人には親和欲求，承認欲求，自己実現欲求などの様々な欲求があるので，必ずしも給与だけで仕事を評価するわけではない」のようなものである。この知識があることで，他者の気持ちを推し量る能力が高まったり，実世界での対人コミュニケーションに役立つことがあるかもしれない。また社会的知識とは，遠い国や文化，民族に関する内容などのことである[81]。こうした社会的知識は，通常の読者は他の方法で得ることは難しいという意味で社会的認知に及ぼす効果は大きいと考えられる。

最後の性格説は，上記の 2 つの仮説とは異なり，フィクションを読むことに社

3）日本語で読むことのできる近年の関連書としては『知識は身体からできている：身体化された認知の心理学』（レベッカ・フィンチャー・キーファー（著），望月・井関・川﨑（翻訳），原著 2019 年，邦訳版 2021 年出版，新曜社）[80] がある。

会的認知を高める因果関係は存在せず，単に「ある性格特性の高さが，フィクションを多く読む行動と社会的認知能力の高さにつながっている」と考える仮説である。すでに説明したように，「開放性」の性格特性はフィクションの読書量と正の相関がある。その意味では，この性格説が正しい可能性もあり，「読書→社会的認知」という因果関係を主張するのであれば，最初につぶしておかなくてはいけない仮説になる。

実は，すでに説明した Mar らの 2009 年の研究[76] にて，この 3 つ目の性格説は否定されている。Mar らは読書行動としてフィクション ART を，社会的認知である「他者の気持ちを推し量る能力」の指標として RMET を，性格としてビッグファイブの「開放性」を，さらには関連する特性として，対人反応性指標（interpersonal reactivity index）の「想像性（fantasy）」尺度という「物語に没頭する傾向」も併せて測定した。開放性と想像性の影響を除外しても，まだフィクション読書行動（フィクション ART スコア）と社会的認知（RMET）の間に正の相関関係が残るかどうかが性格説の検証のポイントになる。なぜなら，開放性や想像性といった個人の性格（に近い特性）の影響を除外してもなお，読書量と社会的認知の間に正の相関があれば，「ある性格特性の高さが，フィクションを多く読む行動と社会的認知能力の高さにつながっている」という性格説の主張は根拠を失うからである。

まず統計学的統制（ある変数の影響を除外すること）を行わない単純な相関係数の確認である。フィクション ART スコアと RMET は $r = 0.21$，開放性は $r = 0.22$，想像性は $r = 0.17$ であった。

次に，性別，年齢，ビッグファイブの開放性，対人反応性指標の想像性の影響を階層的重回帰分析という手法で統計学的に統制した上で，フィクション ART スコアと RMET の間に正の相関関係を見てみると，有意な正の関係が残った[4)]。すなわち，上述の 3 つの仮説のうち，3 つ目の性格説は否定された，ということに

4）標準化偏回帰係数という値で言えば，0.14 となる。相関係数とは異なるが，開放性と創造性の影響を除外した相関係数に近い値となる。

なる。なぜなら，フィクション読書量と「他者の気持ちを推し量る能力」の正の関係が，性格のみで説明しつくされてしまうならば，上記の階層的重回帰分析を行えば，フィクション ART スコアと RMET の間にある正の相関関係は消えるはずだからである。

この研究のさらに面白いところは，「もしフィクション読書が社会的認知の向上を引き起こすならば，フィクション読書をよくする人ほど，現実社会での社会的ネットワークが広く，孤独やストレスが小さいはずだ」という仮説も併せて検証しているところである。フィクションの世界という「疑似社会」での疑似的な対人接触が豊富な人々は，実社会でも対人接触が豊富なのではないか，というわけである。

結果は，残念ながら仮説通りにはならなかった。すなわち，フィクション読書が多いほど，実社会で社会的ネットワークが広い[5)]，孤独やストレスを感じない，という結果にはならなかった。しかしこれは裏を返せば，「本の虫（フィクションをよく読む人たち）だからといって，社会的ネットワークが狭く，孤独やストレスが大きい，ということもない」ということである。この点では，2006 年の研究における，既存の間違った「読書家」像を修正する試みはさらに補強されていると言える。

SPaCENフレームワーク

上記の研究以降も Mar らのグループでは多方面に及ぶ研究を精力的に続けている。例えば，2011 年論文[82]では，フィクション読書と社会的認知が同じようなプロセスに関与するという考え方について，物語の読解と「他者の気持ちを推し量る能力」を発揮する際に利用される脳内ネットワークが重複していることを

5） この研究では，様々な関係性の人の数や接触頻度などから総合的に社会的ネットワークを推定する方法と，「援助をもらえると感じる」「一緒に活動する人がいる」「他者と比較して肯定的な自己を感じる」などの質問紙の項目に対して当てはまる程度から社会的ネットワークを推定する方法の 2 つを用いている。

示す脳画像研究を報告している。

ここまでの研究をまとめて，Mar は改めて「物語が社会的認知を促進するのは，(1) 社会的認知過程への頻繁な関与，または (2) 社会的関係や社会的世界に関する明示的な内容の提示，のいずれかである」とする枠組みを 2018 年の論文[83] で提案し，「SPaCEN フレームワーク」として整理している。このうち，(1) はシミュレーション説，(2) は人間心理についての知識獲得説に当たるものであり，理論面ではこの考え方が最新のものとなっている。SPaCEN とは「物語が内包する社会過程と内容」を意味する Social Processes and Content Entrained by Narrative の頭文字をとったものである。

図 4-2 にその概要を示す。(1) 社会的認知過程への頻繁な関与による社会的認知の向上経路を social Processes の P を取って P1 ～ P3 で，(2) 人間心理についての知識獲得による社会的認知の向上経路を social Content の C を取って C1 ～ C3 で示している。なお，この枠組みによれば，社会的認知を促すのは「物語」であり，物語のメディアは本だけに限定されない。本，テレビ，映画，テレビゲーム，マンガなど，様々なメディアが同様の効果を持つことが想定されている。

SPaCEN フレームワークは，「物語は，社会的認知の改善や社会的知識の獲得を保証する魔法の万能薬ではない」([83] p.12) などの記述にも現れているように，「読書によって社会的認知が向上する」という現象自体は肯定しつつ，それが誇張された形で流布することを抑制する形で構成されている（その意味で，本書と同じスタンスである)。図 4-2 において P1 や C1 で表されるのは読書によって社会的認知が向上するための「必要条件」である。これらを満たせなければ，読書をしても社会的認知は向上しない。例えば P1 は「物語は社会を表現していなくてはならない」とあり，物語であればどんなものであっても良いわけではなく，社会と呼べるものを含んでいる必要があることを述べている。C1 は「物語は正確な社会的知識を含んでいること」とあり，物語に含まれる社会的知識が現実社会と食い違っていれば，それは社会的認知を向上させないとしている。

図 4-2 の「調整変数」とは図 1-6 で説明したような様々な要因のことであり，社会的認知の向上効果を高めたり低めたりと調整するものである。「制限」とは，

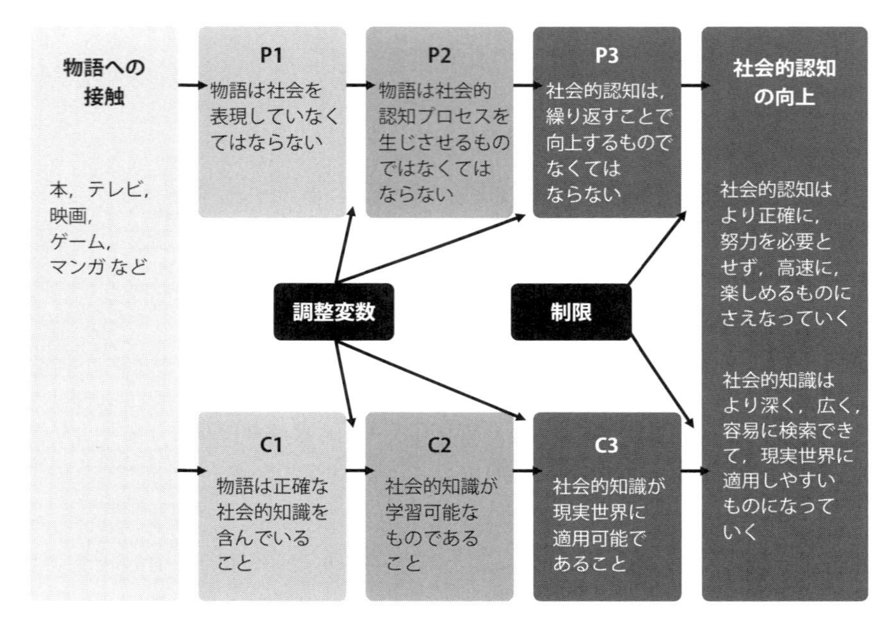

図 4-2　SPaCEN フレームワーク

出典：Mar の 2018 年論文[83] の Figure 1 を参考に筆者が作成

SPaCEN フレームワークが「物語が社会的認知の学習のための理想的環境ではない」（[83] p.12）ことを強調するために作られたものである。物語は即時フィードバックのある学習とは異なり，すぐに正解の分かるものではない。そのため，長期間，繰り返し，頻繁に物語に接した後にのみ現れるとも考えられる。Mar はこのことについて「筋肉を鍛える」というメタファーを採用しており，効果が目に見えるようになるまでには長い時間がかかることを指摘している。「平均的には効果は穏やか。気長に気楽に」（原則 1）と極めて親和性の高いメタファーである。

社会的認知や社会的知識は，元々の遺伝的資質や環境，現実世界での個人的経験など，物語以外の非常に多くの源から生じる。このことについても「物語に触れることは個人的経験の一部にすぎず，非常に複雑な能力を発達させる一因にすぎないと考えるべきである。一つの結果に対して複数の原因が存在する場合，その一つの原因とその結果との関連性は小さくなる。」（[83] p.13）と述べている。

SPaCEN フレームワークにより，どのようなメカニズムで，どのような条件下であれば，どれくらい読書をすることで，社会的認知が向上するかが明確になった。これまで「読書→社会的認知」効果が起こるメカニズムについてそれぞれの研究者が個別に説明を行ってきたが，今後は SPaCEN フレームワークが研究者間で共有されることで，ますます理論的考察や実証的検証が行いやすくなるだろう。そうした研究の中で，SPaCEN フレームワークがより洗練されたものへと発展していき，「読書→社会的認知」効果が起こるメカニズムがより説得力を持って説明されることが期待される。

●「物語が社会的認知を向上させるか」についての実験研究

フィクション読書が社会的認知を向上させるという因果関係に迫っていく上で，上記では SPaCEN フレームワークを中心に，理論面での可能性を検討した。次に因果関係の実証に重要な「実験研究」を見てみよう。

「フィクション読書が社会的認知を向上させる」可能性を検討する研究の流れにおいて，大きな役割を果たしたのは Kidd らが 2013 年に『Science』誌に発表した実験研究[84] であった。

この論文には５つの実験が含まれている。参加者はいずれも 18 歳以上の成人男女で，平均年齢は 30 歳代半ばであった（参加者数は後述）。すべての実験で「文学小説を読む条件」と他の条件が比較される実験計画となっており，それぞれの条件には無作為に参加者が割り当てられる。社会的認知を測定する課題としては，ここでも主に RMET が用いられている。

無作為に参加者が割り当てられるため，読書をする以前の社会的認知タスクのスコアは同程度であることはもちろん，Mar らの調査研究では統計学的に統制されていた性格などの第三変数もすべてが同程度であることが期待される。調査研究では第三変数を研究者が「特定」して統制するが，「第三変数の見逃し」は常にあり得るため，調査研究で因果関係に言及しにくい原因となっている。一方，**無作為割り当ての実験では，参加者数さえ十分に確保できれば，「未知の第三変数まですべて」を統制できる**。これが実験の強みだ。無作為割り当ての実験において，「文学小説を読む条件」と他の条件で社会的認知タスクのスコアに条件差があれば,「読書が社会的認知を向上させた」という因果関係の強い証拠になるのである。

なお，ここでの「小説」はかなり短いもので，例えば文学小説の1つとして使用されている作品はわずか3ページのショートストーリーである。この点が後々解釈に影響してくる。

実験1（参加者数は86名）では，文学小説を読む条件とノンフィクションを読む条件が比較された。RMETスコアにおいて，文学条件＞ノンフィクション条件であった。

実験2（114名）では，文学条件，ポピュラー小説条件，何も読まない条件，が比較された。社会的認知課題として，RMETとは別のDANVA2-AF（Diagnostic Analysis of NonVerbal Accuracy 2-Adult Faces test）が使用された。この課題では，顔全体の写った写真を2秒間だけ見て，その人がどのような感情状態なのかを選択肢から回答する。DANVA2-AFのスコアにおいて，文学条件＞ポピュラー小説条件≒何も読まない条件，という結果が得られた。

実験3～5では再び課題をRMETに戻した。実験3（69名）では，文学条件とポピュラー小説条件を比較した結果，文学条件＞ポピュラー小説条件という結果が得られた。実験4（72名）でも文学条件＞ポピュラー小説条件，実験5（356名）では文学条件＞ポピュラー小説条件≒何も読まない条件，という結果が得られた。

まとめると，5つの実験から，RMETを中心とする社会的認知タスクにおいて，文学小説を読むことは，ポピュラー小説を読むこと，ノンフィクションを読むこと，そして何も読まないことよりも，社会的認知スキルを向上させることが示された。

Kiddらの実験研究をめぐる論争

当時，この論文は衝撃的であった。筆者も，初めて読んだときの強い印象を覚えている。それにはいくつか理由がある。1つは，研究者コミュニティの小さい話をしてしまって恐縮だが，この研究が『Science』という超一流学術誌に掲載されたことである。心理学の論文でも『Science』や『Nature』といった研究者以外の人にも知られるトップレベルの学術誌に掲載されることはそれなりにあるが，どちらかと言えば医学や神経科学に近い心理学研究が掲載されることが多かった。それが心理学実験のみの研究で，テーマも教育心理学あるいは社会心理学的なものであったので，ある種，仲間が活躍したような，そんな気持ちであった。自分の研究もいつかは『Science』に……と夢想させてくれるものである。研究者はロマンがないと続けられない。

また，上記で説明したように，同一テーマへの５つもの実験が含まれていたこと。どうしても「そんな結果は偶然のものじゃないの？」という疑いの目を向けられてしまうことを見越して，それを黙らせるように実験を重ねているところに研究者の執念を感じた。

そして最後は，読書研究の将来性を予言するような研究であったことである。2013年当時，読書研究の応用先と言えば筆者の行っていたような言語力向上か，Marらの行っていた性格・人格への影響についての横断調査研究が主であった。言語力向上は意外性のある研究ではないし，横断調査による相関研究では，やはり説得力は十分ではない。やはり実験研究が必要か……というタイミングで，ズバリ現れたのがこの研究だったのである。読書研究が社会に役立つことを予感させるインパクトをこの研究は持っていた。

熱く語ってしまったが，このような衝撃を受けた研究者はどうやら筆者だけではなかったようである。多くの研究者が，このKiddら実験研究を「再現」しようとした。その中には，上述のように「そんな結果は偶然のものじゃないの？」という疑いの目で再現をしようとした研究もあれば，「こんな要素を付け加えたら，もっと面白い研究になるんじゃないの？」という期待から行われた研究もあり，様々であった。

ところが結果として，Kidd らの研究の再現に成功したと報告する研究もあれば，再現に失敗したと報告する研究もある，玉虫色の再現結果となったのである。

学術研究の重要な要件として，研究手続きを明確にして公開する，というものがある。論文というのはそのためのものである。ある研究者が「こんな結果が出ました」と報告したものは，他の研究者が同じ手続きを行えば，同じ結果が出るものでなければ信用されない。これを「**再現性**」という。近年，心理学を含む社会科学の研究に再現性がないのではないのかという疑いが投げかけられ，その再現プロジェクトが多数行われている。そのうちの一つで，2018 年に報告された再現プロジェクトの一つ[85]では，Kidd らの 2013 年論文の実験 1 で報告されている参加者数（86 名）を 285 名（元の実験の約 3.3 倍）と 714 名（約 8.3 倍）に増やして 2 度の実験を行ったが「再現できなかった」として報告されてしまったのである。サンプルサイズ（参加者数）を大きくすると，統計学的な理由から，わずかな効果でも検出できる確率が高まるようになる。そのため，研究結果はより再現されやすくなるはずなのである。それなのに，結果が再現されませんでしたよ，とこの報告は述べているわけなのである。

この結果に対し，Kidd らはすぐさま反論した[86,87]。上記の再現プロジェクトは，Kidd らが報告した研究手続きとは異なる方法で行われていると主張し，改めて自分たちで実験を行った。その結果，「2013 年論文で行った 5 つの実験のうち，最初の実験 1 は確かに再現できなかった。しかし，実験 1 から実験 5 までに間に，実験手続きは改良を重ねており，実験 5 ではより手続きと読書の題材を洗練させている。上記の再現プロジェクトは実験 1 の手続きに基づいており，実験 5 の手続きに基づけば，近年の著者ら，および，著者ら以外の研究でも再現されている。したがって，実験 5 の研究知見については否定することはできない」とした。つまり，研究の意図通り，「理解に社会認知を必要とする，複雑で深みのある登場人物を提示する文学小説」を読むと，「比較的ステレオタイプで分かりやすい登場人物を提示するポピュラー小説」を読むよりも，RMET のパフォーマンスが向上するという 2013 年論文の効果は確かにある，と主張したのである。

郵便はがき

料金受取人払郵便

左京局
承認
1063

差出有効期限
2025年9月30日
まで

6 0 6 - 8 7 9 0

(受取人)
京都市左京区吉田近衛町69
京都大学吉田南構内

京都大学学術出版会
読者カード係 行

ご購入申込書

書名	定価	冊数
		冊
		冊

. 下記書店での受け取りを希望する。

都道府県　　　　市区町　　　店名

. 直接裏面住所へ届けて下さい。

お支払い方法：郵便振替／代引　　公費書類(　　　)通　宛名：

送料

ご注文 本体価格合計額　2500円未満:380円／1万円未満:480円／1万円以上:無料
代引でお支払いの場合　税込価格合計額　2500円未満:800円／2500円以上:300円

京都大学学術出版会
TEL 075-761-6182　学内内線2589 / FAX 075-761-6190
URL http://www.kyoto-up.or.jp/　E-MAIL sales@kyoto-up.or.jp

お手数ですがお買い上げいただいた本のタイトルをお書き下さい。

（書名）

■本書についてのご感想・ご質問、その他ご意見など、ご自由にお書き下さい。

■お名前

（　　歳

■ご住所

〒

TEL

■ご職業

■ご勤務先・学校名

■所属学会・研究団体

■E-MAIL

●ご購入の動機

A.店頭で現物をみて　B.新聞・雑誌広告（雑誌名

C.メルマガ・ML（　　　　　　　　　　）

D.小会図書目録　E.小会からの新刊案内（DM）

F.書評（　　　　　　　　　　）

G.人にすすめられた　H.テキスト　I.その他

●日常的に参考にされている専門書（含 欧文書）の情報媒体は何ですか。

●ご購入書店名

都道府県　市区町　店名

※ご購読ありがとうございます。このカードは小会の図書およびブックフェア等催事ご案内のお届けの
広告・編集上の資料とさせていただきます。お手数ですがご記入の上、切手を貼らずにご投函下さい。
各種案内の受け取りを希望されない方は右に○印をおつけ下さい。　案内不要

この応酬が2018年のことだが，なんと同年，Kiddらの2013年論文に端を発する類似の実験研究を集めてメタ分析を行ったという報告がなされたのである[88]。その結果，「効果としては小さいものの，フィクション読書は，ノンフィクション読書や読書なしと比べて，統計学的に有意な社会的認知能力の向上をもたらす」という結論が得られた。ただし，いくらメタ分析が強い証拠をもたらす手法だとしても，分析のもとになっているのは個々の研究者が報告している研究である。もしも報告されている研究結果が「疑わしい方法」で得られたものであれば，メタ分析の結果もまた疑わしいということになる。疑わしい方法とは何かと言えば，例えば，p-hackingという，複数実験を行って，統計学的に有意な結果が出たものだけを報告し，結果が出なかった実験を隠ぺいする方法などがこれに当たる。すると2023年，2018年のメタ分析の対象となるような研究が，このp-hackingが行われてきたかどうかについて検証する論文が報告され，メタ分析の結論はp-hackingという疑わしい研究手法に起因するものではないことが示されている[89]。

まとめると，論争や再現研究の果てに，ひとまずは「読書→社会的認知」効果は実験研究によって実証されている，と言える結論に落ち着いている。こうした論争が起こる事態に，学術研究に慣れない読者は困惑するかもしれない。しかし，「科学」とは間違えないということではなく，常に間違いがあると疑って，検証と修正を続けていくことである。その意味で，こうした論争が起こることは科学として「健全」である。一時的に妥当でない研究論文が社会に悪影響を与えることもあるかもしれないが，社会的に影響力を持つようなテーマについては様々な角度から論争や再現研究が行われて，もし論文内容が妥当でないならば，後年には修正されていくからである。こうした営みこそが「科学的」というものであり，読書研究においてこうした論争が起こったことを，筆者は密かに誇らしく思っている。

日本人データと実験研究の限界

なお，2023年にTakahashiらが発表した論文[90]において，日本人を対象とした研究が報告されている。この論文は，これまで述べてきたフィクション読書と社会的能力についての2つの研究の流れ（「調査研究」と「実験研究」）を踏まえて，日本人において研究1（調査研究）と研究2（実験研究）で双方を再現しようというものである。

結果としては，研究1の調査研究では結果が再現された。質問紙によって測定されたフィクション読書時間とRMETの相関係数は $r = 0.11$ と小さい値であったが，いくつか統計的な分析を加えた結果，この相関係数は有意な値であると結論できるものであった。

一方で，研究2の実験研究では結果が再現されなかった。文学作品を30分以上読むという手続きの前後でRMETの成績を比較したが，変化は見られなかった。文学作品条件，ノンフィクション条件，統制条件（計算課題）という3条件それぞれに100名以上の参加者を含む，サンプルサイズも十分と考えられる実験であった。

これは上述の再現研究においても言えることだが，再現できない理由の一つは「そもそも読んでいる小説の量が少なすぎる」ことではないかと思われる。「文学小説の1つとして使用されている作品はわずか3ページのショートストーリー」であったKiddらの実験に比べ，Takahashiらの実験においては，「文学作品を30分以上読む」という手続きによってこの点を補強してはいるが，それでも実生活上における「小説を読む」という行為とはかなり異なる手続きであることに変わりはない。MarのSPaCENフレームワークで想定される「読書→社会的認知」の向上プロセスを考えれば，一度の読書で社会的認知が高まる参加者もいるかもしれないが，そうでない参加者もまた多く存在すると考えるべきである。第3章で述べたことと同様に，やはり，長期間の読書活動の結果を測定する調査研究も併せて考える必要がある。その意味では，Marらの調査研究で肯定的な結果が得られていることから，暫定的には「読書→社会的認知」の効果は存在すると考えて良いのではないだろうか。

4.3 物語の読書は「良い行い」を増やす……か？

さて，ここまで読書が性格・人格に影響するのか，という点について，近年の研究の流れを追いながら説明してきた。しかし，読書と関連（あるいは，読書が因果的に影響）する対象としては，ビッグファイブの性格質問紙の得点であったり，RMET などの社会的認知課題のスコアであったりした。「性格・人格」といった一般的な概念を，性格質問紙の得点や社会的認知課題のスコアといった心理学的指標に置き換えることは，調査や実験の客観性を高めるために必要な手続きではある。一方で，どうしても「これらのスコアは，本当に私たちの性格や人格を反映しているのか」という疑念を消し去ることはできない。もっと直接的に，読書が性格や人格に影響するかどうかを知ることはできないのだろうか。

性格や人格というものが直接測定できない以上，上記の疑念を完全に消し去ることはほとんど不可能である。しかし，人の「行動」であれば直接測定することができる。多くの人は，「性格や人格が変われば，その人の行動も変わるはずだ」という信念を持っており，読書と質問紙や課題との関係を見るよりも，読書と行動との関係を見るほうが説得力がある場合もあるだろう。

そこで，読書と「**向社会的行動**（prosocial behavior）」と呼ばれる行動の関係を検討した研究がある。向社会的行動とは，他人や社会のためになることをしようとしてなされる自主的な行為のことである。人助け，ボランティアなど，一般的に望ましいとされるような行動に当てはまることが多い。

「読書をすると向社会的行動が増えるのか」をリサーチ・クエスチョンとした研究の中から２つ，面白いものを紹介したい。

１つ目は Johnson の 2012 年論文[91] で，誰もがしてあげたこと，してもらったことがあるような，本当にちょっとしたこと……すなわち，「人が落としたペンを拾ってあげる」を向社会的行動として採用し，読書との関係を検討した研究である。

参加者は，学生と地域住民を合わせた62名で，平均年齢は21.3歳であった。参加者は15分程度で読み終わる分量の，この実験のために作成されたオリジナルの文章を読んだ。内容としては「登場人物に同情的な感情を引き起こさせ，向社会的行動を行う上でのモデルとなるような話」と論文には書かれている。さらに質問紙として「どれくらい物語に没入できたか，鮮明なイメージを持ち，感情的に影響できたか」という物語への「没入感」を測定する質問が含まれていた。

気になる手続きだが，このようなものであった。参加者はまず上記の物語を読み，いくつかの質問紙に回答した。その後，実験者が立ち上がり，「必要な書類を取りに行ってくる」と参加者に告げる。そしてその帰りに，実験者は参加者の見えるところに6本のペンを落とした。そして，参加者がそれを拾うのを手伝ってくれるかどうかを記録したのだ。

この研究では，Kiddらの研究とは異なり，文章を読む条件 vs. 読まない条件，フィクション文章 vs. ノンフィクション文章，というような実験操作を行っていない。したがって，この研究は実験ではなく調査である。参加者は全員同じ文章を読み，「没入感」を測定する質問紙に回答した。

結果として，没入感のスコアが高い人ほど，ペンを拾う確率が高いという正の相関が見られた。すなわち，読書をして，その物語に没入できていた人ほど，向社会的行動を起こす確率が高かった，ということである。あくまでも横断調査における相関の結果であるが，物語を読むことで向社会的行動を起こす可能性が高まること，そして，物語に没入できる人，あるいは，没入できる本と出合うことが，その可能性をより高めることを示唆している。

もう1つの研究はKoopmanの2015年論文[92]で，向社会的行動として，より分かりやすいものを対象とした実験研究である。すなわち，「寄付行動」と読書との関係について検討されている。

オランダ人の大学生210名がオンラインでの実験に参加した。参加者は，「うつ（鬱）」と「子を亡くす」という2つのテーマについての短い文章（1500単語ほど）を読んだ。参加者はどちらか一方のテーマの文章を読んだのち，1週間の間を空けて，再び残りのテーマの文章を読んだ。

表 4-1　読書→寄付行動の実験結果

テーマ	寄付した人数			
	文学的物語文章	一般的物語文章	説明的文章	合計
うつ	6 名 (7.0%)	14 名 (16.7%)	1 名 (2.5%)	21 名 (10.0%)
子を亡くす	10 名 (11.6%)	14 名 (16.7%)	3 名 (7.5%)	27 名 (12.8%)
合計	86 名	84 名	40 名	210 名

出典：Koopman の 2015 年論文[92] を元に筆者が作成

文章には 3 つのジャンル条件があり，参加者はいずれかのジャンル条件に無作為に割り当てられた。3 つのジャンル条件とは，文学的物語（86 名），一般的文章（84 名），説明文（40 名）であった[6)]。文章を読み終えると，参加者は実験参加への報酬として 10 ユーロを受け取った。

ただし，報酬を受け取った後に，参加者には「あなたは今回受け取った報酬を慈善団体に寄付しますか？」と問いかけられる。読んだ文章ジャンルが，寄付行動の有無にどう影響するかがポイントである。なお，ここでの慈善団体とは，テーマがうつの場合には「うつ病対策基金」，子を亡くすの場合には「子を亡くした親への支援基金」であった。

結果は**表 4-1** のようになった。

まず，210 名の参加者のうち，31 人（14.8%）が，どちらかのチャリティに寄付した（うつ病＝ 21 人（10.0%），子を亡くす＝ 27 人（12.8%））。テーマ「うつ」を読み，「うつ病対策基金」に寄付をしたのが，文学的物語文章では 6 名（7.0%），一般的物語文章では 14 名（16.7%），説明的文章では 1 名（2.5%）であった。テーマ「子を亡くす」を読み，「子を亡くした親への支援基金」に寄付をしたのが，文学的物

6）ここでの文学的物語とは「受賞歴のある作家の物語で，文学性が高いと判断されたもの」，一般的文章とは「日記に匹敵するような，感情豊かでストレートな物語」のことである。説明文については，論文中には特に説明が無かったが，知識伝達を行う文章であると思われる。

語文章では 10 名（11.6%），一般的物語文章では 14 名（16.7%），説明的文章では 3 名（7.5%）であった。

統計学的に有意な効果があったのは，テーマ「うつ」のみであり，一般的物語文章（14 名）＞文学的物語文章（6 名）＞説明的文章（1 名）という関係があった。テーマ「子を亡くす」のほうは，「うつ」と似た関係がありそうだが，統計学的には有意にはなっていない。すなわち，一般的物語文章（14 名），文学的物語文章（10 名），説明的文章（3 名）の差は，偶然でないとは言い切れない，ということである。

とはいえ全体的に見れば，物語文章（一般的，文学的，の両方を含む）は説明的文章よりも，寄付行動を促進しやすいということが言えるだろう。

この実験は，読書と寄付という明確な向社会的行動の関係を検討している点で非常に興味深い。しかし，結果については何かもやもやしたものが残る研究であるのも事実である。まず，寄付人数自体が少ない。210 人いて，「うつ」では 21 人，「子を亡くす」では 27 人しか寄付をしなかったため，ジャンル条件間での人数の差があまり大きく出なかった。この実験はオンラインで行われているため，実験者から面と向かって「寄付しますか？」と聞かれたわけではない。もし対面で実験が行われていたら，寄付をする人数自体が今回よりは増えて，もう少しメリハリのある結果が得られたかもしれない。とはいえ，純粋に向社会的行動の生起を観察するならば，社会的圧力のかかる対面よりも，むしろオンラインのほうが良かったとも解釈できる。社会的圧力のほぼ無い状態で，この人数が寄付をした，と捉えるほうが良いだろう。

また，この実験では，「読書無し」の条件は設けられていない。この論文では「物語文 vs. 説明文」という図式が取られているためこのような実験計画になっているが，読書そのものがどのくらい寄付行動を生起させるのか，という基本的な疑問についても，「読書無し」の条件でぜひ検討してほしかったところである。

最後に，これは論文でも考察されており，Kidd らの実験研究のところでも指摘したが，あまりにも文章（約 1500 単語）が短すぎた可能性がある。1 つ目に紹介した Johnson の研究で「読書への没入する程度が向社会的行動と関係する」という結果が得られていることを考えると，もう少し長い文章でなければ没入が難しかった可能性がある。

これらが改善されれば，もう少しはっきりとした結果が見られるようになるかもしれない。上述したように，読書と向社会的行動の関係を検討した研究は数が少ない。また，向社会的行動は文化の影響を受けることも予想される。日本での実験も含めて，今後の研究にもぜひ期待したい。

● 相反する結果――ドイツと日本の大規模縦断調査

向社会的行動そのものではないが，自己報告における「向社会的行動頻度」を測定した大規模縦断調査の結果を紹介しよう。「読書→人格」という本章のテーマにおいては待望の大規模縦断調査である。1つはドイツの全国教育パネル調査（national educational panel study）であり，もう1つは日本の中部地域で行われている縦断調査である。

全国教育パネル調査は教育関連の縦断調査としてドイツ最大のものであり，新生児，幼稚園児，5年生（小学5年生），9年生（中学3年生），大学生，成人のそれぞれから測定を開始した複数のコホート（集団）を含んでいる。Lenhartが2023年論文[93]で報告したのは，そのうちの小学5年生から測定を開始したコホートであり，2010/2011年にドイツの5年生に在籍した全児童から代表的に抽出された6112名が9年生になるまでの6回の調査すべてに参加した，参加者2919名の縦断データについての二次分析である。

分析対象となったのは以下の指標である。なお「向社会的行動頻度」と「仲間関係の問題」は「子どもの強さと困難さアンケート（Strengths and Difficulties Questionnaire, SDQ）」の項目であり，項目例はウェブサイト「SDQ：子どもの強さと困難さアンケート」[7]を参考にした。本書でしばしば登場するので，少し気に留めておいていただきたい。

7） https://ddclinic.jp/SDQ/index.html

- **余暇読書時間**：ジャンルを問わず，「まったくしない」～「2時間以上」の5件法で測定された。

- **ジャンル別余暇読書頻度**：(1) 推理小説・ホラー・ファンタジー（例：ハリー・ポッターやロード・オブ・ザ・リング），(2) 近代古典文学（例：ジョージ・オーウェルやギュンター・グラス），(3) ノンフィクション，(4) コミックの4ジャンルについて，「まったく，あるいは，めったにしない」～「毎日」の5件法で測定された。

- **向社会的行動頻度**：「私は，誰かが心を痛めていたり，落ち込んでいたり，嫌な思いをしているときなど，すすんで助ける」「私は，自分からすすんでよくお手伝いをする（親・先生・子どもたちなど）」などの項目に対して，「あてはまらない」「まああてはまる」「あてはまる」の3件法で回答。

- **仲間関係の問題**：「私は，他の子から，いじめられたり，からかわれたりする」などの項目に対して，「あてはまらない」「まああてはまる」「あてはまる」の3件法で回答。「仲間関係の問題」の結果については，第5章で述べる。

- **非言語性知能**：幾何学的要素の配列から，その配列の論理的規則を推論する課題である。この研究では，第三変数の統計学的統制のために用いられた。

結果は，「ジャンル別余暇読書頻度」における近代古典文学の読書頻度の多さのみが，自己報告および保護者報告における向社会的行動頻度の増加を予測するという結果となった。より正確に言えば，5年生，7年生，8年生における近代古典文学の読書頻度の「平均」，すなわち，累積的読書量のみが9年生時点の向社会的行動頻度を有意に予測したということである。ジャンルを限定しない余暇読書時間や，他のジャンルは，有意な結果を示さなかった。

次に日本のデータである。児童青年の発達と適応のメカニズムを明らかにすることを目的として，中部地域に位置する1つの中規模都市のすべての保育所と小中学校を対象に，2007年度から実施されている大規模縦断プロジェクトが存在する。特に名称は定められていないようだが，本書ではこの後も登場するデータなので，ここでは「中部地域調査」と呼ぶことにする。伊藤らが2021年に報告した研究[94]では，この中部地域調査データのうち，「余暇時間の過ごし方」と，学業面（学業成績）および情緒・行動面（向社会的行動，仲間関係の問題，抑うつ，攻撃性）の関係を検討することを目的に，小学4～6年生2784名，中学1～3年生2624名を対象として分析を行っている。小学生と中学生で分析結果に顕著な違いが見られなかったため，両者を合わせた合計5408名について，2016年9月を時点1，2017年9月を時点2とする2時点大規模縦断分析の結果を報告している。

中部地域調査データでは様々な余暇活動の1つとして読書を測定しており，ドイツの全国教育パネル調査のようにジャンル分けは行われていない。具体的には，「学校の宿題や勉強をする」「読書をする」「外で遊ぶ」「テレビを見る」「ひとりでゲーム機で遊ぶ」「友だちとゲーム機で遊ぶ」「携帯電話・スマートフォンを使う」の7項目の1つとして測定された。測定されたのはこれらの余暇活動に投じる時間であり，「平日にどの程度の時間，その行動をしているか」を，「しない」「0～5分」「5～10分」「10～15分」「15～30分」「30分～1時間」「1～2時間」「2～3時間」「3～4時間」「4時間以上」の10択で回答するよう求められた。

ここでは，他の余暇活動時間を統計学的に統制した上での，読書と「向社会的行動頻度」の結果のみを取り上げる。向社会的行動頻度は，ドイツの全国教育パネル調査データで使用されたものと同じ「子どもの強さと困難さアンケート」によって測定されている。

結果として，読書時間の長さは向社会的行動頻度を減少させる効果があることが示唆された。補足的分析によると，読書時間が長いほど向社会的行動頻度が低くなるわけだが，読書時間が1時間までは調査対象者の平均値よりも向社会的行動頻度は高く，1時間を超えると平均値よりも低くなっていくことが分かった。

まとめると，ドイツの全国教育パネル調査データにおいて，近代古典文学だけに限定されてはいるものの，「読書→向社会的行動頻度」についてプラスの効果を見出した。一方で，日本の中部地域調査データでは逆に「読書→向社会的行動頻度」のマイナスの効果を報告している。なぜこうした矛盾する結果が得られたのかについて，考えられる理由の１つは「読んでいるものが違う」ということだろう。そもそもドイツの全国教育パネル調査データにおいても，近代古典文学以外のジャンルでは向社会的行動頻度の向上は見られておらず，おそらく「読書→人格」の領域においては，「何を，どのように，誰が読むか」という読書活動の質的な側面（図 1-6 参照）が大きく影響するのだろう。SPaCEN フレームワークの観点から考えても，「小説の中にも，社会的認知の向上を促しやすいものとそうでないものがある」というのは分かる話である。日本の中部地域調査データではジャンル分けそのものがされていないので，読書の向社会的行動頻度へのプラスの効果が見えなくなっている可能性はある。

とはいえ，中部地域調査データではマイナスの効果が報告されている。これはなぜなのだろうか。この点について著者の伊藤らは，「ひとりでゲーム機で遊ぶ」時間も向社会的行動頻度にマイナスの効果を持っていたことに触れつつ，読書も「『屋内』で，かつ，『単独』で行うという活動の形態が，情緒・行動面に望ましくない影響をもたらすという傾向が見て取れる」としている（[94] p.100)。また，「読書は良いものだ！」という思い込みを排して冷静になって考えれば，読書は基本的に一人でするものなので，あまりに読書をしすぎれば，友人らと外遊びをする時間，のような有益な時間も少なくなるだろう。その意味では，読書をしすぎることの弊害を示すデータとして貴重なものだと言える。

なお，ドイツの全国教育パネル調査にせよ中部地域調査データにせよ，ここでの向社会的行動頻度は，あくまでも「自己報告による」向社会的行動頻度である。実際の向社会的行動を測定した Koopman の研究のような実験研究がもっと蓄積される必要もあるだろう。

4.4 物語が文化・社会を作った

あまりに研究紹介ばかりを続けているので，少し脱線した話もしてみたい。本章では「読書→人格」の影響を主張しているわけだが，物語が社会的規範の伝達に役立ち，文化や社会の形成を促す，という論はそれほど珍しいものではない。しかし，本章で示される実証的研究の積み重ねを経てからこの論を思い返すと，深い納得と人類の歴史の壮大さを感じる。

Mar らの調査研究にせよ，Kidd らの実験研究にせよ，Lenhart の縦断分析にせよ，物語と社会的認知の関係は微弱なものであった。物語は，それを少し読んだからといって，直ちに性格・人格が変わってしまうような激烈な効果を発揮するようなものではない。それでは洗脳だ。しかし，その効果は確かに存在し，ある個人にも数か月・数年ではより大きな効果になるであろうし，社会全体で日々生じている効果は膨大なものになるだろう。そして，人類社会が有史以前から物語の伝達を延々と繰り返してきたことを思うと，「物語が文化・社会を作った」というのも，あながち言いすぎというわけではないように思えてくる。

Mar の提唱する「SPaCEN フレームワーク」は，物語の効果が生じるメカニズムをより明瞭にイメージさせてくれる。物語は2つの経路で我々の社会的認知に影響する。1つはシミュレーション説で，疑似体験をさせてくれることである。例えば，殺人は文化を破壊する行為であり，実際に殺人を犯せば殺人をする気持ちは分かるが，それはナンセンスというものである。殺人を罰する物語は数多い。ドストエフスキーの『罪と罰』では，殺人を犯してしまった主人公の葛藤を描くことで，その苦しさをシミュレーションさせ，実際に殺人を犯すことなく，その罪悪感を疑似体験させているように思う。もう1つは人間心理についての知識獲得説で，「人間にはこういった特性がある」などの知識を得られることである。同じドストエフスキーから言えば，『カラマーゾフの兄弟』では，それぞれまったく異なる性格を持つ兄弟たちを描くことで，「人間には虚栄心や承認欲求というものがある」という知識を得ることができる。それを知ることで，社会的認知機能は高まるだろう。

余談ついでに書くが，筆者も愛娘への読み聞かせという形で，物語を用いた社会的規範の伝達を行っている。最近の娘のお気に入りは『ねないこだれだ』（福音館書店）である。午後9時以降も夜更かしをする子どもに「寝ないと，おばけの世界に連れていかれてしまうぞ！」と脅かすストーリーなのであるが，夜更かし中の娘本人は知らん顔で読み聞かせをせがんでくる。それでも社会的規範の伝達は，徐々に徐々に，しかし確実に行われていくのだろう。何せ 0 歳から読み聞かせは始まっているのだ。先ほどの Lenhart の 2023 年論文[93] は,「子どもは生まれてからずっと物語の中にいるようなものだ。彼らは生後から両親や祖父母に読み聞かせをしてもらっている」という少し詩的な冒頭の文章から始まる。歴史と，研究と，日常。それらのつながりを（ごくたまに）感じることができて，筆者は面白いと思うのだが，読者諸氏はいかがだろうか。

4.5 3原則との対応関係
——物語は現実の補完･拡張と心得るべし

本章の研究知見は，全体的に「効果が大きくないが，効果そのものは存在する」ということを示しているように思われる。そのことは「平均的には効果は穏やか。気長に気楽に」（原則 1）に合致する。

「『読みすぎ』は弊害を生む。目安は 1 日 30 分〜 1 時間」（原則 2）については，やはり中部地域調査データの示唆が深い。読書が向社会的行動へマイナスの効果を持つという可能性も示唆しているわけだが，Mar の指摘にもあったように，社会的認知を向上させる方法は決して読書だけではないし，むしろ読書がその方法の代表格というわけでもない。したがって,「読みすぎ」はむしろ社会的認知の伸び悩みにつながるであろうし，読書以外の方法によって社会的認知が大きく伸びる人も多いだろう。本章の冒頭に述べた「豊かな人間性」を養うために，現実世界での様々な経験を第一としつつ，現実では経験し得ない部分を物語による疑似体験で補完したり，拡張したりする。そのくらいの気持ちで読書に接するのが，どうやら良さそうである。

まだ研究の段階が「効果があるのか，ないのか」を検証するところに留まっているため,「個人差は大きい。読書そのものが合わない人もいる」（原則 3）といった観点の分析は十分には行われていない。読書効果の大きさは，何を読むか，どれくらいの時間読むか，楽しみながら読めたのか，他にどんな活動に時間を使いながら読書もしたのか，などによって変わってくるはずである。原則３の観点での分析を行われることで，効果の大小や正負が入り混じるこの「読書→人格」の領域の結果が，もう少しクリアに見通せるようになるのではないかと思われる。

第5章

読書は心身の健康に寄与するか

ここまで読書と言語力・人格との関連について見てきたが，第5章では読書が「健康」に何らかの影響を及ぼすかについての研究を紹介する。ここでの「健康」は精神的なものも身体的なものも含んでいるが，何が健康全体の重要な指標となるかは，その人が発達のどの段階にいるのかによって強く影響を受ける。精神的健康について，例えば，「アイデンティティ（自己同一性）」の概念を提唱したことで知られる心理学者のエリクソンは，乳児期・幼児期では親と家族との関係，学童期・青年期（思春期）・成人期は仲間・友人とパートナーとの関係，そして壮年期・老年期は再び家族，職場の同僚，そして自分自身との関係に取り組むことが，健全な発達のために必要であるとしている。それぞれの発達段階で重要となる人間関係が上手くいっていることが，精神的健康の重要な指標となるだろう。身体的健康については，持病を持つ人は若いうちから身体的健康が健康全体の重要な指標となると思われるが，一般的には年齢を重ねるうちに徐々に重要さを増してくるものだろう。高齢期においては，病気をせずに長生きできるか，が生活全体における重大な関心ごとになってくる。

こうしたことを反映して，読書と健康との関係を扱った研究の多くは，児童・青年期（思春期）においては「読書は親子関係あるいは仲間関係における問題の少なさと関連するか」，高齢期においては「読書は知的能力及び寿命と関連するか」，という2つのテーマを扱っている。本章では，これら2つのテーマについての研究知見を見ていこう。

5.1 読書は思春期の心理・行動的適応にプラスにもマイナスにもなる

● プラス効果を示すイギリスとドイツの大規模縦断研究

まず児童・青年期……とくに思春期に当たる時期の子どもの心理・行動的適応についての研究を見てみよう。2000～2001年に生後9か月であった約1万9000人を数年ごとに追跡調査するというミレニアム・コホート研究（millennium cohort study）というプロジェクトがイギリスで行われている。Makらは2020年に報告した研究[95]にて，参加者が7歳になった時点でのデータと，11歳になった時点でのデータを8936人において比較することで，7歳時点での楽しみとしての読書が，11歳時点での精神的健康や社会（学校）への不適応にどのような影響をもたらすかを検討している。

この研究では，7歳時点の読書行動が，保護者に対する質問紙によって測定されている。保護者は，子どもが学校のためではなく，子ども自身が楽しむために読書をする頻度を尋ねられた。児童の向社会的行動などの測定は，4.3節で述べた「子どもの強さと困難さアンケート（SDQ）」を用いて測定した。この質問票には25項目が含まれており，以下の5つの主要な尺度に分類されている。

● **向社会的な行動**（例：「私は他の人に親切にしようとする，彼らの気持ちは私にとって重要である」，「私は人が怪我をしたり，病気になったり，悲しんだりしたときに助ける用意がある」）

- **情緒の問題**（例：「心配ごとが多く，いつも不安なようだ」「おちこんでしずんでいたり，涙ぐんでいたりすることがよくある」）
- **仲間関係の問題**（例：「私はほとんどの時間を一人で過ごす，私はむしろ自分のことに集中する」，「私には仲の良い友達が一人か数人いる」）
- **行為の問題**（例：「カッとなったり，かんしゃくをおこしたりすることがよくある」「家や学校，その他から物を盗んだりする」）
- **多動 / 不注意**（例：「すぐに気が散りやすく，注意を集中できない」「おちつきがなく，長い間じっとしていられない」）

結果として，上記の5領域のうち，7歳時点での楽しみのための読書が多いほど，情緒の問題と多動 / 不注意の得点が下がり（つまり，問題が少なくなり），逆に向社会的な行動の得点が上がった。この結果について，論文の著者らは，思春期という子どもにとっての新しい経験を前に，思春期をテーマとした読書を予め行うことで，その不安を解消したり，思春期に生じる問題をうまく解決できるのではないかと考察している。

同じく4.3節ですでに紹介した研究であるが，2023年に報告されたドイツの大規模縦断調査である全国教育パネル調査データを再び見てみよう[93]。この研究では「向社会的行動」と「仲間関係の問題」が測定されている。結果として，5〜8年生時の近代古典文学の読書経験の多さのみが，9年生時の自己報告および保護者報告における向社会的行動の得点の増加（つまり，向社会的行動を多くするようになった）と仲間関係の問題の得点の減少（つまり，問題が少なくなった）を有意に予測するという結果となった。ジャンルを限定しない一般的読書量や，他のジャンル（大衆小説，ノンフィクション，マンガ）は，有意な結果を示さなかった。

プラス効果を示すアメリカの大規模縦断調査――横断的分析の結果

この研究をどの章で紹介するべきか迷ったが，本章で紹介することとしたい。本書のテーマについて多岐にわたって示唆的な研究であり，質・量ともに圧倒的なその研究とは，2023年に報告されたSunらの研究[96]である。9～11歳の1万1878名が11～13歳になるまでの追跡を行った大規模縦断プロジェクトで，早期に開始した「楽しみのための読書」が脳体積の変化をもたらし，認知・学習能力の向上と心身の健康を促進したという。1万人を超える参加者に脳体積測定を実施し，さらに縦断調査を行ったことにも驚くが，このうち4445名にはSNP（Single Nucleotide Polymorphism，一塩基多型）と呼ばれる遺伝的個人差の指標を用いた統計解析を適用することで，調査研究でありながら因果関係の特定に近づく努力がなされている。さらには，参加者の中に存在する711組の双子を対象に，楽しみのための読書をどれくらい行うかという個人差を遺伝がどの程度説明するかという「遺伝率」を算出している（この結果については第7章で述べる）。――このような気の遠くなるような膨大な調査と分析を行い，一本の論文としてまとめたのである。

本書全体を通して，2020年以降のまさに「近年」の研究が多いことからも分かる通り，読書効果の研究は大きな盛り上がりを見せている。その中でも筆者には一番のインパクトをもたらした研究である。この研究は本書全体で複数回引用されることになるので，ここで少し詳しく説明しておこう。

この研究は，米国で行われているABCD調査データの一部を用いて行われた研究である。ABCDとは，Adolescent Brain Cognitive Development，すなわち，「思春期の脳と認知発達」のことである。この論文が着目したのは保護者回答による「あなたの子供はこれまで何年間読書を楽しみましたか」という「早期の楽しみのための読書」である。9～11歳を対象に調査が行われているので，それ以前の時期を「早期」と呼んでいるわけである。この質問への回答が長い年数であればあるほど，「早期から長期に」楽しみのための読書を行っていた児童・生徒，ということになる。楽しみのための読書に回答した参加者のうち，年数が0～2.5年という「楽しみのための読書をまったく行っていないか，遅い時期に始めた児童・

生徒」は48.2%, 3〜5.5年の「比較的早期から読書を行っていた児童・生徒」は40.8%, 6年以上の「非常に早期から楽しみのための読書を行っていた児童・生徒」は11.0%であった。対象の児童・生徒が11〜13歳になる2年後には,「最後にお会いしてから, お子さんは楽しく読書をしてきましたか?」というフォローアップ質問がなされている。とはいえ, このフォローアップ質問はあくまでも「現在の楽しみのための読書」を把握して,「早期の楽しみのための読書」と分離するためのものであり, 本研究のポイントは9〜11歳時点で質問される上述の「あなたの子供はこれまで何年間読書を楽しみましたか」という質問への回答となる「早期の楽しみのための読書年数」が, 様々な指標とどのように関連しているか, という点である。

まずは相関関係について見てみよう。ここでの相関関係とは, 年齢, 性別, BMI(体重と身長から算出される肥満度), 人種/民族, 家族の社会経済的地位(親の学歴と家計所得を含んだ指標)などを考慮した上でのものであり, 直接的に因果関係を示唆するわけではないが, その前段階として相関関係があるかどうかを検討している。より因果関係に迫れる分析については後述する。

認知・学習, 身体的健康, 学業成績, 精神的問題の順で見ていこう。

認知・学習について, 早期の楽しみのための読書年数は, 認知能力と正の相関があった。ここでの認知能力とは, よく知られる知能の区分である結晶性知能と流動性知能に対応関係のある指標であり[1], それぞれ結晶性スコア, 流動性スコア, そしてこれら両方を反映したものを総スコアと呼ぶ。そして早期の楽しみのための読書年数は, 結晶性スコア, 流動性スコア, 総スコアと正の相関があり, さらには言語学習・即時記憶の指標, 発話の発達, そして学業成績とも正の相関があった。

次に面白いのが, 早期の楽しみのための読書年数と, 身体的健康指標である「ス

1) 結晶性知能とは「経験や教育を通じて蓄積された知識やスキル」を指し, 言語処理や一般知識と関連する。流動性知能とは「新しい状況や課題に直面した際に, 柔軟に思考し取り組む力」を指し, 情報処理・推論・問題解決と関連する。

ポーツなどの活動への関与」に正の相関があったことである。小さいころに読書をしていた児童ほど，9 ～ 11 歳時点で活発な身体的活動を行っていたのである。第 4 章でも述べたように，読書家のイメージとなると，どうしても家にこもって読書，というイメージになりがちである。その点，この結果はそのイメージを覆すものとなっている。関連するものとしては，スクリーン時間（テレビ，携帯電話，タブレットなどを含む電子機器の総使用時間）とは負の相関があり，睡眠時間とは正の相関が報告されている。読書をする時間が長いほど，テレビやスマートフォンに触れる時間が短く，その分，睡眠時間も長くなるわけなので，これも「健康的な読書家」というイメージにつながる知見だろう。

また，早期の楽しみのための読書年数が長いほど，9 ～ 11 歳時点での学業成績が良い。これは教育関係者には興味深い結果であると思われるが，早期の楽しみのための読書年数が認知・学習能力を高め，第 3 章で述べたように言語能力を高めるのであれば，むしろ学業成績と正の相関がなければおかしいほどである。教育心理学者としては納得の結果である（学業成績については次章で本格的に論じる）。

最後は，精神的問題の減少についてであり，主に「子どもの行動チェックリスト（Child Behaviour CheckList, CBCL）」で評価された。これは保護者記入式の子どもの行動と情緒についてのチェックリストであり，「不安 / 抑うつ（極度の怖がりやネガティブ感情など）」「引きこもり / 抑うつ（極度の不活発や孤独など）」「身体愁訴（疲労感や身体的不調など）」「社会性の問題（仲間関係の問題など）」「思考の問題（強迫的な思考や行動など）」「注意の問題（不注意や多動など）」「規則違反的行動（ルールを守れないことや倫理的な逸脱など）」「攻撃的行動（暴力やケンカなどの行動や易怒性など）」「その他の問題（動物を虐待したり，極度に幼い行動をとる，など）」などの観点から幅広く子どもの問題行動を捉えるものである。このチェックリストの得点が高いと，それだけ児童・生徒が多くの精神的問題を抱えているということになるが，早期の楽しみのための読書年数が長いほど，精神的問題が少ないという負の相関があったというわけである。

ABCD調査データの縦断分析の結果

では次に縦断的分析の結果を見てみよう。9〜11歳の児童・生徒について，それまでにどれくらい早期の楽しみのための読書をしてきたかが，2年後，これらの児童・生徒が11〜13歳になったときに，認知・学習の向上および精神的問題の減少につながっているか，という分析である。

結果としては，どちらも「YES」であった。早期の楽しみのための読書年数が長いほど，2年後に認知スコア（結晶性スコアと総スコア）は向上しており，さらには精神的問題（注意の問題と総問題スコア）も減少していたのである。

こうした縦断分析は，先ほど相関分析として報告した横断的分析よりは，因果関係に言及しやすい。しかしながら，なぜこうした変化が起こったかが少しでも分かれば，因果関係を仮定することにさらに説得力が加わる。

この点について，脳体積との関係を用いた媒介分析と呼ばれる方法でさらに深く検討がなされている。ここでの媒介分析とは，「早期の楽しみのための読書年数が脳体積の増加をもたらし，脳体積の増加が認知・学習スキルの向上と精神的問題の減少をもたらす」という因果関係を仮定したとき，データはそれに矛盾しないかどうかを検討するものである。

結果として，データは上記の因果関係と矛盾しなかった。早期の楽しみのための読書年数が長いほど，脳体積（皮質領域）が増加し，そのことが認知スコア（結晶性スコアと総スコア）の向上につながり，精神的問題（注意の問題と総問題スコア）の減少につながる，という因果関係があることをデータは否定しなかったのである。

さらにこの「早期の楽しみのための読書が，知能スコアの向上と注意の問題の減少につながる」という因果関係について，遺伝的個人差の指標（SNPs）を用いた統計解析を適用し，「遺伝的要因を考慮した上でも，上記の因果関係が存在することは否定できない」という結論を出している（このことについては第8章で再び述べる）。

3.1節と同様に，ここでもまた「データとは矛盾しない」「データは否定しない」

という遠回しな表現を用いているが，特に心理学のような人間を対象とする領域では，何かの因果関係を「証明する」ことはほぼ不可能と言って良い。その中で，様々な角度から信頼できるデータを積み上げていき，それらのデータと因果関係が「矛盾しない」事実を積み上げていくことで，「因果関係があると考えられる」という結論まで持っていくことが到達点である。そうした分野において，本論文の努力は（筆者には）感動を引き起こすものであった。もちろん，これほどのデータでさえ，将来的には覆される可能性はある。しかしながら，できる限りの努力をするという点で，本論文は読書効果の研究においては現時点では最大限の努力がなされたものと筆者は考えている。

● 認知スコアと精神的問題についての逆U字現象

その他，興味深い分析についても紹介したい。本論文でのメインの指標は「早期の楽しみのための読書**年数**」であったが，「あなたのお子さんは，楽しみのための読書を週あたりおよそ何時間ぐらいしますか」という質問も同時に行われている。その結果について分析してみると，「週12時間の読書時間がベスト」という結果が出た。読書時間は多いほど認知スコア（結晶性スコアと総スコア）は向上するが，週12時間を超えると，ゆるやかにスコアが低下していく傾向があった。さらには，精神的問題（注意の問題と総問題スコア）においても，週12時間を超えると，これらのスコアが上昇していく傾向があった。論文の考察によれば，「長時間の座位行動は心身の健康に不利であり，またスポーツや社会活動などの認知を豊かにする他の活動の時間も減少する可能性があるため，週当たりの読書時間が長すぎることは有害である」（[96] p.8）とされている。これは「『読みすぎ』は弊害を生む。目安は１日30分～１時間」（原則2）を強く支持する結果である。

さて，ずいぶん長く，かつ，専門的にSunらのABCD調査の分析結果[96]について述べてきた。この調査では継続的に追跡が続けられており，11～13歳以降の青年期後期から成人期にかけての報告も期待される。

● マイナス効果を示す大規模縦断調査——スイスと日本のデータ

さて，ここまで読書→心理・行動的適応のプラス効果ばかりを紹介してきたが，少し冷静になるための冷や水として，ここから2つ，マイナス効果を示す研究を紹介する。

1つ目はスイスの研究であり，2023年に報告されたMurrayらの論文[97]である。結論から言えば，読書は15歳から20歳時点の精神的健康にプラス効果をもたらさなかった。

「チューリッヒ・プロジェクト：児童期から成人期までの社会的発達（Zurich project on social development from childhood to adulthood）」は，2004年にスイス・チューリッヒに住んでいた7歳児を対象とした大規模縦断調査であり，この論文では，参加者が15歳，17歳，20歳になったときのデータを分析している。以下「スイス調査」と呼ぶ。分析対象者数は1400名前後であった。

読書指標として，月曜日から金曜日の間に「本や雑誌を読む」頻度を，「まったく読まない」から「（ほとんど）毎日読む」までの5段階で尋ねており，13歳，15歳，17歳で測定した。精神的問題の指標は，不安傾向（15歳，17歳，20歳で測定。恐怖心などについて），抑うつ傾向（17歳，20歳で測定。不幸せや無気力について），統合失調症傾向（20歳のみで測定。幻聴などについて）についての質問紙得点である。

結果として，すべての分析において，過去の読書が各時点の精神的問題の減少につながるという結果は得られず，むしろ，一部の結果では逆の効果（精神的問題の増加）さえ見られた。精神的問題の増加については，分析法によっては効果なし（精神的問題の減少も増加も見られない）という結果も出ており，不安定なものであるとしながらも，読書に多くの時間を費やすことで仲間関係の確立という思春期の発達課題に投じる時間が減少してしまい，このような結果が得られたのかもしれないとしている。全体的結論としては，「読書が精神的健康を保護するのは13歳頃の青年期前期までであり，15歳以降の青年期後期ではその効果は期待できない」としている。

2つ目に紹介するのは日本の研究であり，すでに紹介した伊藤らの中部地域調査データ[94]である。詳細は4.3節で述べたが，小学4年生～中学3年生までの5408名について，1年間2時点の縦断分析を行ったところ，読書時間が「仲間関係の問題」と「抑うつ」を高めてしまうというマイナスの効果があったことを報告している。「仲間関係の問題」と「抑うつ」は，読書がプラスの効果を持つことを報告するイギリスのミレニアム・コホート研究およびドイツの全国教育パネル調査と同じ「子どもの強さと困難さアンケート」によって測定されている。その意味でも，イギリス・ドイツのプラス効果と，日本のマイナス効果の矛盾は不思議である。

4.3節での考察と重なってしまうが，やはり読書活動の質的な側面（図1-6参照）の違いは大きいと考えられる。イギリスのミレニアム・コホート研究では「楽しみのための読書」が測定されており，ドイツの全国教育パネル調査では近代古典文学というジャンルのみでプラス効果が得られている。前項で紹介したアメリカのABCD調査も，「早期からの楽しみのための読書」を測定していた。一方でスイスと日本では読書の目的やジャンルについては問われていない。

したがって，おそらくは児童・生徒本人の自主性に基づいた楽しめる読書こそが，思春期の子どもの心理・行動的適応にプラスになるのだろう。一方で，そうしたプラス効果が得られない読書を長時間することは，友人らとコミュニケーションをするといった心理・行動的適応にプラスになる活動の時間を奪うという意味でも，マイナスの効果をもたらすのかもしれない。

マイナス効果を生み出すもう1つの可能性としては，未知の第三変数の影響を考えることができる。これは「そもそもなぜ読書時間が長いのか」ということである。色々な活動を自由に選べる条件下で，「読書が好きだから読書をしている」という児童・生徒の読書と，保護者や友人との関係に大きな問題があり，「一人で読書をして時間を潰さざるを得なかった」という児童・生徒の読書は，持つ意味合いが異なる。調査に参加した参加者のうち，前者の児童・生徒が多いならばプラスの効果が出やすく，後者の児童・生徒が多いならばマイナスの効果が出やすい。そして割合が同じくらいならば，効果は相殺されてゼロになるということがあり得る。こうした解釈については，次節の後半でも「因果の逆転」として議論しているので，参照されたい。

読書研究の結果は，なかなか綺麗にプラス効果ばかりが報告されるということはない。上記の議論のような，測定しにくい背景要因によっても敏感に結果が変化することがある。そういった意味でも，読書効果を万能だと過信することなく，「平均的には効果は穏やか。気長に気楽に」（原則1）や「『読みすぎ』は弊害を生む。目安は1日30分～1時間」（原則2）を堅持する姿勢が大切だと筆者は考える。

5.2 「健全な」読書は高齢期の知能を維持し長寿に寄与する

ここまで，読書が主に思春期の児童・生徒に精神衛生や学校・社会適応面にプラスの影響を与えるか，という観点で話をしてきた。第3章で議論してきたような，読書が言語力を伸ばす，という主張に比べて，読書が「心の健康」にプラスの影響を与えることは，やや信じがたいところがあったかもしれない。しかしながら，筆者自身の小学校から高校までの読書経験を振り返ると，確かにここまでの人生でこの時期が最も読書熱の高かった時期であり，いわゆる耽読の状態であったので，それが「心の健康」に影響を与えたことは頷けなくもない，という気がする。おそらく，児童期・青年期に読書に熱中した読者の方——第2章で見たように，この時期に熱心な読書をする児童・生徒はそれほど少ないわけではない——には，共感してもらえるのではないだろうか。

それに対して，ここからの話は読書が主に高齢者の心の健康，知能，さらには「身体の健康」にも寄与するという内容である。特に2016年に報告された論文 “A chapter a day: Association of book reading with longevity”（一日一章：読書と長寿の関連性）[98] は，その代表格と言える論文であり，なんと，読書をすることで寿命が延びるというものである。文字を読むことで，寿命が延びる……これは「トンデモ（似非科学）」ではないのか。そう思われたかもしれない。筆者自身もそう思った。高齢者にとっての読書が主観的にはどのような体験であるのか，まだ高齢期に達していない筆者には実体験もないため，かなり疑わしいと感じたのが正直なところである。

ところがきちんと論文を読んでみると，大規模縦断データに基づき，近年の統計解析の急発展からみれば完璧とは言えないまでも，適切な分析によって妥当な結論を導いたものであることが分かった。さらには，この研究に触発された論文がその後いくつも報告され，その結論と整合的な結果が報告されている。一方で，ここでもマイナス効果を示す研究報告があり，なぜこうした結果の不一致が起こるのかが議論されている。

高齢化の進む先進国において，高齢者の心身の健康に読書が効果を持つというのは極めて興味深いデータである。本節では，これらの「高齢者における読書と心身の関係についての研究」を紹介する。

読書は知能を維持し，寿命を延ばす

上記の研究は，より大きな研究の流れとしては，老年学あるいは加齢医学の領域における「長寿に及ぼす余暇活動の影響」というテーマの一部となる。読書が寿命を延ばす，という部分にだけフォーカスすれば，やや似非科学じみてくるこの知見だが，余暇活動の影響としてみれば，そういうこともあるだろうなぁという気がするのが不思議である。

しかし実は，読書はこういった研究領域においても異彩を放つ余暇活動である。高齢期における有益な活動を捉える枠組みとしては，身体的なものと座位中心のもの，社会的なものと孤独なもの，生産的なものと非生産的なもの，などの軸に沿って分類することができる。例えば，以下のとおりである。

身体的な余暇活動

- スポーツ
- 観光・行楽
- 散歩

生産的な余暇活動

- 仕事
- ボランティア活動
- 軽い家事や庭仕事

座位中心の余暇活動

- 読書
- 趣味の収集
- 手仕事の趣味
- 鑑賞の趣味
- 勉強会への参加
- ゲーム（囲碁・将棋など）

社会的な余暇活動

- 家族・親戚・友人を訪問する
- 家族・親戚・友人との電話
- 教会関連の活動
- 社交レクリエーションへの参加

もちろん中には軸の分類にうまく収まらない余暇活動もあるわけだが，社会的または身体的な余暇活動が生存にプラスの効果をもたらすことが知られてきた[99]。一方，この分類に従って考えてみると，読書というのは座位中心であり，しかも孤独なものである。例えば，この後紹介する研究でも検討されている活動に，編み物・裁縫・絵画，というものがあるが，これらは座位中心ではあっても，その活動の成果物（洋服や絵）を他者に贈る（観てもらう）という要素も多く，孤独とは反対の社会的な面のある活動である。別の例では，映画や演劇鑑賞も，他者を誘って一緒に楽しむことができる活動という意味では社会的である。

これに対し，「自分のために一人で読書をする」ことは孤独で座位中心の活動である。もちろん読書会への参加，図書館通い，孫への読み聞かせなどを考えれば完全に孤独な活動とは言えないが，上記のように他の活動と比較したときには，「孤独で座位中心」という読書の特徴が際立ってくる。

孤独と長時間の座位が健康に害をもたらすことはよく知られた事実であり，そこから考えれば，読書は健康に有害であると予測されるわけである。しかしながら，実際に検討した結果はその反対であった。孤独で座位中心の余暇活動でありながら，読書は寿命を延ばすのである。

性別によって結果の異なる2つの縦断研究

スウェーデンのパネル調査（Swedish panel study of living conditions of the oldest old,「高齢者の生活状況に関するスウェーデン・パネル調査」）を分析した2008年のAgahiらの研究[100]は，1991～1992年に調査に参加した65歳から95歳までの1246人を，2003年まで約12年間追跡調査したものである。この追跡期間中に691人（56%）が亡くなったが，その死亡率（生存率）に及ぼす余暇活動への参加の影響を検討している。

読書，趣味活動（編み物・裁縫・大工仕事・絵画など），園芸，文化活動（映画・演劇・コンサート・博物館・美術展に行く），釣り・狩猟，レストラン訪問，学習サークル・講座，ダンス，楽器演奏，合唱，組織活動，宗教的サービス，の12項目が余暇活動として測定された。

まず全体的結果としては，健康指標（全身疲労，運動障害，息切れ，糖尿病，うつ病，心筋梗塞など）を考慮した上でも，これらの余暇活動への参加が多い人（6つ以上）に比べて，参加が少ない人（0もしくは1つだけ）の人は，死亡リスクが2倍以上となるというものであった。

次に個別の余暇活動の影響について検討した結果，多くの余暇活動への不参加が死亡リスクを上昇させる――逆に言えば，参加が死亡リスクを下げる――結果であり，不参加が最も死亡リスクを高めるのが学習サークル・講座（1.6倍）であり，読書は1.2倍であった。

本研究では特に男女差に着目した分析が行われており，結果として，読書は女性においてより効果があり（1.3倍），男性では効果が小さかった（1.1倍）。

しかし同年2008年に報告されているJacobsらの研究[101]では，逆に男性でのみ効果が得られている。

このJacobsらの研究は1990年に開始され，1920年6月～1921年5月生まれの西エルサレム住民の年齢均質コホートを追跡してきたエルサレム縦断調査（Jerusalem longitudinal study）に基づくものである。最終的に追跡できた337人の高齢者（70歳）のうち，追跡した8年間で65人（19%）が死亡した。その死亡率

（生存率）に及ぼす読書の影響は，社会経済的地位，学歴，他の余暇活動，心身の健康状態を考慮した上でも，男性でのみ，死亡リスクを大きく減少させた（57%の死亡リスク低下）。

この論文では，「読書が生存に利益をもたらすメカニズムは不明であり，この利益が男性に限定されるという知見は謎である」と述べている。スウェーデンの研究では女性においてより大きな読書効果が生じており，知見の再現性という観点からも，まだまだ研究が必要である。

読書は知的能力を維持して長寿につながる

本節冒頭で述べたBavishiらの2016年論文[98]では，米国で行われた「健康と退職に関する調査（Health and Retirement Study，以下「HRS調査」と呼ぶ）」のデータを分析している。このHRS調査では，50歳以上の成人を対象に全国電話調査を行い，2001年調査に参加した3635人を，最長で2012年まで追跡している。年齢比率は，50代が30%，60代が33%，70%が25%，80代が11%，90歳以上が1%。男性が38%，女性が62%の集団であった。

読書活動は，書籍読書時間（「先週，本を読むのに何時間費やしましたか？」）と新聞・雑誌読書時間（「先週，新聞や雑誌を読むのに何時間費やしましたか？」）という2つによって測定された。分析には主に書籍読書時間がゼロであるか否か――「0時間」という回答をした者を「非読者（non-reader）」，「0時間」以外の回答をしたものを「書籍読者（book reader）」としてグループ分けして比較する方法を用いている。非読者は1490名（41%），書籍読者が2145名（59%）であった。

まず全体的結果について説明する。参加者3635名のうち27.4%が平均追跡期間である9.49年の間に死亡したが，その死亡リスクが書籍読者と非読者で異なり，書籍読者は非読者よりも死亡リスクが20%低かった。この「死亡リスクが20%低下」という効果は，書籍読者と非読者の2つグループそれぞれが，集団の死亡率が20%（生存率が80%）に到達するまでにかかる期間が23か月間違う――すなわち，約2年間もの長寿効果に等しいものである。**図5-1**は2016年論文のFigure 1

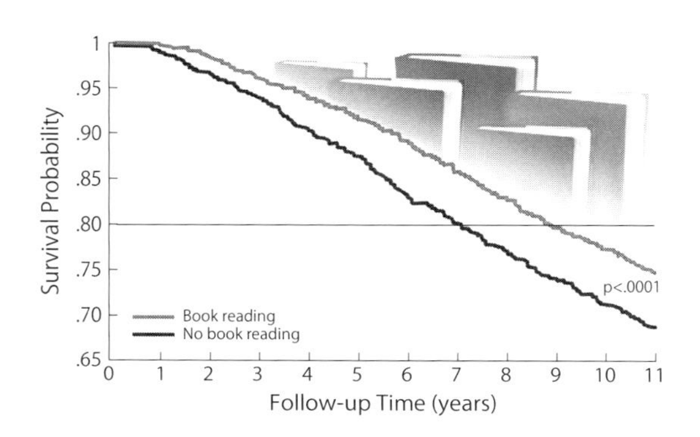

図5-1　本を読む人と読まない人の11年間の生存率の違い

縦軸が生存率（survival probability），横軸が追跡年数（follow-up time（years））である。追跡年数が長くなるほど生存率は下がっていくが，書籍読者（book reading）のほうが非読者（no book reading）よりも下がり方が緩やかである。これら2つのグループの生存率が80%になるまでの期間を比較しやすくするために，生存率80%の水平線を追加した。

出典：Bavishiらの2016年論文[98]のFigure 1

であるが，生存率80%のところに水平線を追加してある。書籍読者（book reading）は生存率が80%になるまでに約9年の猶予があるが，非読者（no book reading）は約7年で生存率が80%まで落ちてしまっており，これらの2つのグループの折れ線グラフに挟まれている水平線の長さ（すなわち，約2年間）が読書の「長寿効果」であることが分かるだろう。ちなみにこの結果は，個々の併存疾患（がん，肺疾患，心臓疾患，脳卒中，関節炎，糖尿病，高血圧），視力，富（報告された純資産），結婚の有無，仕事の有無，うつ傾向の有無，年齢，性別，人種，自己評価による健康状態，学歴を考慮した上で得られたものである。なお，死亡リスク低下効果は「新聞・雑誌」でも微弱に見られたが，その効果は「書籍」のほうが大きかった。

本研究の特徴の1つとして，なぜ読書によって死亡リスクが低減するのか，そのメカニズムを突き止めようとしたことがある。論文では3つの仮説が述べられている。1つ目は，読書によって生じる「読書した内容と他の要素とのつながりを見つける」という認知プロセスの要因である。本のテーマについての自問自答や，得た知識と別の知識との関連に気づいたり，自分の生活や人生への応用を見つけたりすることで，知的な能力が維持されるのではないか。そして知的な能力の維持が自身の健康への有益な活動の維持につながり，死亡リスク低下につながるのではないか，ということである。

2つ目は，第4章での研究を見てもらえれば深く納得できると思うが，読書（特にフィクション）が，社会的能力を向上させるためである。つまり，読書そのものは孤独で座位中心の活動であるが，そこで社会的能力が向上し，他の社会的場面でうまく他者と付き合えるようになるのである。そのことが死亡リスク低下につながっている可能性がある。

3つ目は，読書がストレス解消になっており，ストレスの低減が死亡リスク低下につながるというものである。

この研究では，最初の仮説について，知的能力を測定することで検証している。これは，名詞リストを提示した後，すぐにできるだけたくさん思い出す「即時想起」，名詞リストを5分後に思い出す「遅延想起」，100から7を引いて，その結果からまた7を引いていくことを繰り返す「シリアルセブン」，「20から10まで逆唱する」，「物の名前を答える」，「大統領の名前を答える」，「副大統領の名前を答える」，「日付を答える」といった課題のスコアに基づく要約変数である総認知スコアで評価された。

もしも読書をすることで知的能力が維持されて，知的能力が維持されていることが死亡リスクの低下につながっているならば，データは「読書→総認知スコア（知的能力の維持）→死亡リスク低下（長寿）」という媒介関係を示すはずである。媒介関係というのは，何かが直接的に別の何かに影響するのではなく，間に何かを経由して，別の何かに影響するような関係を指し，「媒介分析」という手法でそうした媒介関係があるかどうかを検証できる（5.1節のABCD調査データの分析にも用いられていた）。この場合で言えば，「読書→死亡リスク低下」という直接関係を仮定してデータ分析を行った場合と，「読書→総認知スコア→死亡リスク低下」という「総認知スコアによる媒介関係」を仮定してデータ分析を行った場合で，どちらのほうがデータへの当てはまりが良いかを比較するのが媒介分析である。

結果として，媒介分析は「読書→総認知スコア→死亡リスク低下」という媒介関係が存在すること示唆し，しかも「完全媒介」と呼ばれる状態であった。これは，「読書が持つ死亡リスク低下効果は，総認知スコアによって完全に説明される」ということである。すなわち，上記の3つの仮説のうち，1のみが妥当であることを示唆したのである。2つ目の仮説の「社会的能力」や3つ目の仮説の「ストレス」が読書による死亡リスク低下に深くかかわってくるのであれば，「完全媒介」にはならないはずだ，というわけである。ちなみに，「総認知スコアが高いから読書をすることができて，読書をすることが死亡リスクを低下させている」という逆の因果関係（総認知スコア→読書→死亡リスク低下）は，別の分析によって否定されている。

また，前節で紹介した2つの研究では，互いに矛盾する性別の効果——スウェーデン・パネル調査では女性で大きな読書効果が，エルサレム縦断調査では男性でのみ読書効果が見られていた——が見られていたが，この研究では性別はほぼ効果を持たなかった。すなわち，男女の違いに関係なく，上記の読書効果が得られていた。2.1節で紹介したフィンランド調査において，男児と女児で読書効果の違いがあることについて，その文化によって「男性が読むべきもの」「女性が読むべきもの」という性別による読書行動の違いが生じるためではないかと考察した。上記の3つの調査の性別における結果が食い違っていることも，そうした文化差が原因ではないかと考えられる。

この研究では，「書籍 vs. 雑誌・新聞」という対立軸で，ジャンルの効果について検討されている。しかし，第4章での研究知見を踏まえれば，「フィクション vs. ノンフィクション」という対立軸のほうがより興味深い。このことは論文著者本人も文中で指摘していることである。ただしこうした「フィクション vs. ノンフィクション」という対立軸は，2006年以降に出現してきたものであり，ここまで紹介してきたような長期縦断研究に組み込まれるには，もう少し時間が必要だということだろう。ぜひ期待したいものである。

長寿との関係は検討していないものの，2021年に報告されたChangらの論文[102]では，台湾加齢縦断研究（Taiwan longitudinal study on aging）に参加した64歳以上の高齢者1962人を対象として，読書が認知機能低下リスクを低減することが明らかにしている。週2回以上の読書を習慣とする高齢者は，読書習慣のない高齢者に比べて，6年後，10年後，14年後の認知機能（質問紙による測定）が低下するリスクが低かったのである。このことも，上記のBavishiらの論文の主張を補強している。

読書→社会的関与の実証データ

関連して，興味深い報告が2023年になされている。なんと58年前の読書経験が，現在の社会的関与（社会的な活動やコミュニティへ参加すること）の多寡に影響するというものである[103]。

プロジェクト・タレント（project talent）は，強いて訳せば「才能プロジェクト」という意味のプロジェクトで，1960年にアメリカの高校生44万人以上を調査した全国縦断研究である。全米1353校の生徒が2日間から4日間のテストに参加したという凄まじいものだが，さらに驚くべきことに，その追跡調査が現在も継続して行われているのである。

1960年調査に参加した，当時高校生であった分析対象の参加者約37万人（平均年齢15.8歳，青年期）のうち，58年後の2018年調査に参加して分析対象となったのは2017名（平均年齢73.5歳，高齢期）である。

青年期と高齢期のそれぞれで，読書経験と社会的関与について質問紙で尋ねた。読書経験についての質問は，青年期は「1年間の読書冊数」，高齢期は「1日の平均読書時間」であった。社会的関与についての質問は，青年期も高齢期も「友人や家族とのかかわりがどれくらい頻繁にあるか」であった。

結果として，青年期の読書が高齢期における友人及び家族との社会的関与の多さを予測するという結果となった。その逆の，青年期の社会的関与の多さが高齢期の読書経験を予測することはなかった。

先ほど紹介した読書が寿命を延ばすという研究と併せると，相補的に解釈ができそうである。先ほどの論文では，読書が知能を維持し，それが社会的活動を高めて，寿命が延びることを想定していた。このうち，「社会的活動を高めて」という部分に，実証的根拠をこのプロジェクト・タレントの研究は与えている。読書が社会的活動を促進するのだ。逆に，このプロジェクト・タレントの研究では，なぜ読書が社会的関与を高めるのか，という部分については実証的データが無かった。その点を，上記の寿命研究が知能維持という点でデータを与えてくれている。

この2つの研究により，若いうちからの読書習慣の形成が，人生全般にわたる健康維持に実際に寄与することをかなり説得的に主張してくれていると思われる。ただし，5.1節で紹介したアメリカのABCD調査などでは，「読書のしすぎ」に注意喚起をしている。なぜなら，基本的に読書というのは座って行うものであり，長時間の座位は健康を害することが知られている。また，あまりにも読書に時間を使いすぎれば，肝心の社会的関与も減ってしまうだろう。何事もすぎたるは及ばざるがごとし，である。寿命への読書効果を解釈するのに非常に重要なこの研究であるが，唯一，寿命データとの関係が報告されていないのが残念である。2023年の出版されたばかりの論文なので，寿命データについてはもしかしたら，現在分析中なのかもしれない。続報を期待したい。

超高齢期における社会的関与の有効性の低下

ここまで，「読書→知能維持→社会的関与→寿命が延びる」という全体像で読書が長寿に及ぼす効果を説明してきた。少し前のものになるが，そこに少しだけ別の絵を描くような研究があるので紹介したい。

それは2006年に報告されたSunらの中国縦断的健康長寿調査（Chinese longitudinal healthy longevity survey，以下「中国長寿調査」と呼ぶ）である[104]。この研究では，平均年齢92.27歳（80～105歳）で，1998年調査と2000年調査の両方に参加した7938名のデータに基づいている。同じ「高齢者」であっても，Bavishiらの HRS 調査（50歳以上が対象）のような幅広い高齢者とは異なり，日本における後期高齢者（75歳以上）よりも年長の「超高齢者」と呼べる年代が対象である点が特徴である。

調査期間中に，40.9%の参加者が亡くなった。その死亡リスクに及ぼす社会的活動（カードゲーム，麻雀，宗教活動に参加する頻度の合計得点），一人で行う活発な活動（家事，ガーデニングを行う頻度の合計得点），一人で行う座位中心の活動（読書，テレビ，ラジオを聴く頻度の合計得点），年齢，性別，運動，健康状態，認知機能，住む場所（都市か田舎か），結婚，家族状況，喫煙，飲酒の影響が検討された。

結果として，社会的活動や一人で行う活発な活動は死亡リスクを下げる効果があったが，過去の研究では有害という結果になることが多かった一人で行う座位中心の活動も死亡リスクを下げる効果があったことが分かった。

さらに興味深い点として，今回の参加者はもともと80歳〜105歳という超高齢者集団なのであるが，その中でも，さらに年齢が高い参加者ほど，社会的活動の死亡リスク低減効果が下がっていくことが明らかとなったのである。95歳を超えた参加者については，むしろ有害——社会的活動をしている人ほど死亡リスクが高い——という結果が得られたのである。一方，一人で行う活発な活動や座位中心の活動では，こうした現象は起こっておらず，読書を含む一人で行う座位中心の活動は年齢が上がっても依然として死亡リスクを下げる効果を持っていたのである。

これらの結果からSunらは，社会的活動から離れることは，より内省的で孤独な活動様式から多くの利益を享受するための超高齢期における適応過程なのかもしれないと結論している。徐々に社会的関与を減らすことが高齢期においてプラスの効果をもたらすと予測する心理学理論は複数存在する。例えば，「社会情緒的選択理論[105]」では，高齢になり，自分の将来の時間が少ないと認識されるほど，未来ではなく現在において，より確実に，より情緒的に満足できるような狭い社会的ネットワークを重視すると説明する。そこでは，広い社会的活動ではなく，パートナーのような安定的で情緒的な関係だけに資源を投入するという方略が，高齢者にとっては適応的であると予測する。

今回，「一人で行う活発な活動」「一人で行う座位中心の活動」は，それぞれ複数の活動の合計得点と言う形でしか分析されていなかった。特に「一人で行う座位中心の活動」が，死亡リスクに対してプラス効果を持つ読書と，マイナス効果を持つテレビ視聴が同じカテゴリに入れられてしまったのが残念である。もしかしたら，読書のみは年齢が上がるごとに死亡リスク低減効果を高めているのではないか……そんな予想もしてしまう。今後の研究を期待したい。

超高齢期における読書の役割は

この話題をもう少し深掘りすると，個別のケースでは，超高齢期にこそ読書が大きな役割を果たす，という事例も報告されている。2018年に報告されたRothbauerらの研究[106]は，カナダ在住の75歳から90歳の読者5人（女性4人，男性1人）に，Rothbauer本人が行った詳細なインタビューである。1.1節にて重要性を説いた「一般性の高いデータ」とは真逆のものだが，参加者一人一人に焦点を当てるこうした研究は，一般性の高いデータと相補的に用いることで，研究結果を解釈するための有益なヒントとなり得るものである。

参加者の中で最高齢90歳のモードという女性は，これまで多様な活動に関心を持ってきた。しかし年を重ねるにつれ，それらの活動が徐々に読書に置き換わってきたという。モードはここ数か月で車の運転ができなくなり，移動には歩行器が必要となった。移動能力の欠如は彼女の孤独感を高めたという。「あまり外出しないから」「他のことがあまりできないから」今は毎日読書をしているのだという。「バレエを観たとき，とても素敵だと思ったんだけど，私は聴覚に問題があるから，そういう舞台には行かないの」。また，彼女は病気による体の痛みがあるが，「私は痛みがひどいのですが，読書はとてもいいものです。読んでいるものにとても興味が湧くし，自分がどれだけ痛みを抱えているのか気づかなくなる」という。

最愛の妻を2年前に亡くしたエドガーは，マインドフルネス[2)]についての本を読むことで，その悲しみに徐々に対処できるようになったという。

84歳のヒルダは盲目である。しかし，オーディオブックによる読書を続けている。盲目となることについて，「恐ろしいことよ。ただそれだけよ。そして，やはり喪失感。ただ本を手に取り，ただ読むということができない。それは損失そのものよ。でも，84歳の私はとてもよく読めた。歩けるし，体操もするし，家の中

2）現在起こっていることに注意を向ける心のプロセスを指す用語で，瞑想などを通じて，精神的な問題を和らげる効果があるとされるもの。

では自立している。」とインタビューに答えている。

総じて，高齢になることにつれ生じてくる「喪失」に対し，様々な形態の読書が「喪失への対処」に役立っていることがうかがえる。一人でできること，身体の運動を伴わないこと，文字が読み取れる状況であれば継続可能である，という読書の「シンプルさ」が，高齢者の個々の状況の違いにうまく適応して，読書の継続につながっているようだ。本書の「はじめに」では，議論の分かりやすさのためにオーディオブックを読書の定義から除外はしたものの，視覚の喪失に対して「オーディオブックで読書を継続した」というヒルダの姿勢は，精神的な意味では「読書を続けた」としか言いようがないもののように思える。技術革新が高齢期においても読書を続けることを可能にするという側面もある，という好例であろう。

超高齢期における適応過程において読書はどのような役割を果たすのか。これは今後ますます重要性を増すテーマであると考えられる。

● 因果の逆転について――日本人では読書は長寿にマイナス効果がある

ここまで読書の長寿効果について話をしておいてなんではあるが，実は，Kobayashi らが 2022 年に報告した「日本老年学的評価研究（以下，「日本老年学調査」と呼ぶ）」という大規模縦断データ[107]では，**読書による長寿効果が見られず，むしろ死亡リスクを高めた**ことが報告されている。

日本老年学調査データは 65 歳以上の日本人を対象とした研究であり，サンプルサイズは 4 万 8216 名，平均追跡期間 5.6 年の縦断調査と，文句なしの大規模調査である。少し詳しくデータを説明してから，他国の結果との矛盾について考察しよう。

Kobayashi らによれば，小規模で不十分な測定による余暇活動と死亡率との関係を調べた研究はあるものの，日本での大規模縦断研究はこのデータが最初のものであるとのことである。全国 13 市町村在住の高齢者を対象に，2010 年より調査は開始された。分析対象となった参加者は先ほども述べたように 4 万 8216 名で，男性 46.0%，女性 54.0% である。年齢の分布は 65 〜 69 歳が 27.8%，70 〜 74 歳が 30.3%，75 〜 79 歳が 22.9%，80 歳以上が 19.0% であった。

余暇活動として，以下の余暇活動について，それを行うかどうかを参加者に回答してもらっている。すなわち，1. ゴルフ，2. ミニゴルフ，3. ゲートボール，4. 体操・太極拳，5. ウォーキング・ジョギング，6. 囲碁・将棋・麻雀，7. 読書，8. パソコン，9. 楽器演奏，10. コーラス・民謡，11. カラオケ，12. ダンス，13. 俳句・短歌・川柳，14. 書道，15. 茶道・華道，16. 手芸，17. 絵画・手描きはがき，18. 写真，19. ガーデニング，20. 作物栽培，21. 旅行，22. ハイキング，23. 釣り，24. パチンコ，25. その他，の 25 種類である。

さらにそれらを 2 種類の方法で分類して分析に用いている。1 つ目の分類は，「体を動かす余暇活動（1, 2, 3, 4, 5, 12, 19, 20, 22）」「文化的余暇活動（6, 7, 9, 10, 13, 14, 15, 16, 17, 18）」「その他の余暇活動（8, 11, 21, 23, 24, 25）」である（番号は上記の 25 種類の余暇活動と対応している）。2 つ目の分類は「集団的余暇活動（1, 2, 3, 6, 10, 11, 12）」「単独的余暇活動（7, 8, 9, 13, 14, 16, 17, 18, 23, 24）」「その他の余暇活動（4, 5, 15, 18, 19, 20, 21, 22, 25）」である。

2010 年から 2016 年までの期間において確認された死亡率は 11.6%（5575 例）であった。死亡リスクに及ぼす余暇活動の効果について，まず分類なしの余暇活動の総数（25 種類の余暇活動のうち，いくつの余暇活動を行うか）が多いほど，死亡リスクが低いという結果が得られた。

次に分類ごとの結果を見てみると，1 つ目の分類では，「体を動かす余暇活動の数」が，2 つ目の分類では「集団的余暇活動の数」が，死亡率の低下と最も強い関連を示した。一方，読書を含む「文化的余暇活動の数」と「単独的余暇活動の数」は死亡率とは関連していなかった。

さらにこの論文では，個別の余暇活動を行うか否かと死亡リスクとの関連も検討している。「読書」を趣味の一つとしてカウントした割合は全参加者のうち 15.9% であり，読書の有無は死亡リスクの低下に寄与しない……というよりも，**読書を趣味の一つであると選択している人のほうが，若干ではあるが高い確率で亡くなっている**という結果であった。

共変量の統制は十分に行われており，性別，年齢，学歴，世帯年収，雇用状況，生活状況，配偶者の有無，喫煙状況。アルコール摂取量，肥満度，日常動作，抑うつ症状などの精神的健康状態，その他，自己報告による様々な健康状態が統計学的に統制されている。

「読書が死亡リスク低下に寄与しなかった」という結果もそうであるが，「単独的余暇活動が死亡リスク上昇に寄与しなかった」という結果も先行研究と食い違う。なぜこのような結果が得られたのであろうか。

Kobayashi らはこれらの結果の説明についていくつかの仮説を提示しているが，要点としては「ある行動が死亡リスク低下につながるか，死亡リスク上昇につながるかは，その調査の参加者にとってその行動を取ることが何を意味しているかによる」という「個人と行動との相互作用」仮説によって説明をしている。

例えば，単独的余暇活動が死亡リスク上昇に寄与しなかったという結果について，日本人の単独的余暇活動には読書をはじめとする文化的な活動が多く含まれており，死亡リスク低下効果があったのではないかと考察している。つまり，日本人にとっては，単独的余暇活動の多さは知的能力の維持・増進につながるため，その観点からすれば死亡リスク低下効果がある。一方で，座位中心の単独的余暇活動は基本的に死亡リスク上昇効果があるため，これら 2 つの効果が相殺したのではないかと考えられるわけである。

読書が死亡リスク低下に寄与しなかったことについても，Kobayashi らは「因果の逆転（reverse causation）」の可能性を指摘している。読書効果の観点から言えば，「読書をするから心身が健康になり，死亡リスクが低下する」と考えてしまいがちだが，それはあくまでも「自由に選べる状況下で読書を選んだ」という前提での話である。まさに先ほどの Rothbauer らのインタビュー研究におけるモードの例のように「身体的不調により，読書しかできなくなった」という場合には話が変わってくる。上記の 25 種類の余暇活動をもう一度眺めてみてもらえれば明らかだが，読書というのは身体負荷の最も少ない活動の一つである。そのため，気力の衰えや身体的障害によって徐々に身体的負荷の大きな活動ができなくなっていったときの，最後の選択肢として残る可能性が高い。活動の選択肢として最後まで残ること自体は，読書の持つ極めて優れた点であるのだが，こうした調査研究においては「読書を趣味として選ぶ」ことが，実は「気力の衰えや身体的障害の大きさ」を反映することになるのである。

児童や健康な若年層においては,「自由に選べる状況下で読書を選んだ」という前提を参加者の大多数が満たせるため，解釈がしやすい。一方，高齢者を対象とした研究をする際には，この「因果の逆転」を考慮に入れた分析・考察が必要になる（精神的問題については，若年層でも「因果の逆転」が起こり得る)。もちろん統計的統制によってある程度はこの「因果の逆転」にも対処はなされているのだが，あくまでも診断を受けるような障害や自己報告の健康状態を統制したのみであり，無自覚な気力の衰えまで考慮に入れているわけではない。また，不調とは逆の「心身が充実したエネルギッシュな人は身体的な負荷の大きな活動を選びやすい」というポジティブな側面に対しても考慮しているわけではない。「心身が充実したエネルギッシュな人とまでは言えない人」が，読書のような負荷の小さな活動を選びやすい，といった関係は依然としてデータに残るのである。

本節で紹介したアメリカのHRS調査や中国長寿調査では，同じ高齢者研究でありながら，読書の死亡リスク低下効果が得られていた。ここからは筆者独自の解釈になるが，これは調査参加者における「身体的不調により，読書しかできなくなった」人の割合の問題なのかもしれない。「身体的不調により，読書しかできなくなった」人の割合が少なければ，読書の死亡リスク低下効果が大きく調査結果に現れる。一方で，その割合が大きくなるほど調査結果に現れる死亡リスク低下効果は小さくなり，最終的には死亡リスク低下効果が消える，あるいは，Kobayashiらの論文で得られたような「死亡リスク上昇効果」が出てきてしまう，と考えることは可能なのではないだろうか。この解釈によれば，アメリカのHRS調査や中国長寿調査には「身体的不調により，読書しかできなくなった」人の割合が少なく，日本の日本老年学調査データの参加者には多かった，となる。超高齢者を対象とした中国長寿調査において「身体的不調により，読書しかできなくなった」人の割合が少ない，というのがおかしな気もするが，文化的な差異が影響している可能性がある。もしかしたらこの調査に参加した年代の日本の高齢者は,「身体的不調が現れたときに，それでも読書をする」という傾向が強かったのかもしれない。あるいは，我田引水そのもので恐縮だが，本書の「『読みすぎ』は弊害を生む。目安は1日30分〜1時間」（原則2）という観点から解釈すれば，身体的不調が現れていても，ほどほどに読書をすれば，それはまだプラスの効果を持っていただろうが，身体的不調が現れて「生活時間の大半を読書で過ごす」ようになってしまえば，それはやはりマイナスの効果を持つだろう。もしかしたら日本人にはそうした傾向が強いのかもしれない。この仮説を検証するためには，国際比較を前提にした調査計画において,「読書時間」という形で読書活動を測定する必要がある。

いずれにせよ，読書の死亡リスク低下効果については，より読書効果に特化させた縦断調査が必要なように思われる。「読書」という大まかなくくりだけでなく，やはり「フィクション（物語文章)」か「ノンフィクション（説明文章)」かというジャンルの違いと,「読書をするか否か」という2分法というよりも,「読書時間」で測定するべきである。こうしたデータが蓄積され，言葉や人格の研究のようにメタ分析が行われることで，より明確な結論が下せるようになるだろう。

● 読書はそれぞれの読み手に合わせて長く続けられる活動である

ところで，Kobayashiらの日本老年学データの解釈の際に,「気力が衰えても読書ならできる」ということを述べた。しかしこれはあくまでも調査に含められた「身体的あるいは社会的に高負荷な活動が並ぶ25種類の活動の中では」という相対的な意味においてであることを確認しておきたい。

0.1節で述べたように, 認知的な側面においては読書はむしろ高負荷の「しんどい」活動だろう。例えば, 病気のときなどは読書よりもテレビを観るほうが楽だった，という経験がある読者の方も多いのではないだろうか。ただし，上記の25種類の活動の中にはテレビ視聴などの「身体的，社会的，そして認知的にも読書より低負荷な活動」は含まれていない。そのため,「気力が衰えても読書ならできる」という表現になったのである。

このように読書は認知的には高負荷な活動では確かにあるのだが，一方で，読書は「何を読むか」を読み手が自由に調整することができるメディアでもある。筆者自身の経験を思い返しても，確かに疲れているときや病気のときには，マンガ・時代小説・読みやすいエッセイのような軽く読めるようなものを読んでいたような気がする。上記の「読書よりもテレビを観るほうが楽」という話と矛盾するようだが，筆者の個人的な感覚としては，テレビを観るよりもそちらのほうが落ち着いて楽であった。もっと言えば，何もせずにいるよりも，むしろ軽く読めるようなものを読んでいるほうが気が紛れて楽なのである。Rothbauer らのインタビュー研究[106]でも，「どれだけ痛みを抱えているのか気づかなくなる」というモードの発言があった。

身体的負荷が小さいことが読書の大きな利点ではある，ということはすでに述べたが，読むものを調整することで精神的不調に対応できることも利点に数えることができそうだ。もちろん個人差があることだとは思うが，自らの好みを踏まえた上で，こうした柔軟な読書との付き合い方ができれば，例え気力が衰えたとしても，読書を長く続けられるのかもしれない。

5.3 日本人データにおけるマイナス効果について
――筆者自身に浴びせられた強烈な冷や水

この Kobayashi らの日本老年学調査データと，さらには 5.1 節で紹介した思春期の心理・行動的適応についてのマイナス効果を示した伊藤らの中部地域調査データを見つけたのは，実は本書の原稿もほぼ完成した頃であった。正直なところ，大いに困惑し，悩んだ。本書では，あまりに「読書が万能！」という印象を持たれないように，しばしば本書全体の主張と矛盾するデータも紹介してきた。それを「冷や水をかける」などと表現してきたが，これらの研究は，冷や水どころではない衝撃を筆者に与えた。日本人向けに本書を書いているのに，日本人には効果がない，と述べているわけであるから。

それでも平静なふりをして教訓を述べれば，心理学のような社会科学において，矛盾するデータが出てこないということも，またあり得ないことである。第4章の再現性問題のように，それは不健全ですらある。

むしろ，現在の日本における読書のあり方を見直し，改善する余地があるととることができる。それほど遠くない将来に，この矛盾がうまく説明される日は来るだろう。心身の健康に対して，どのような条件下で，読書がプラスとなり，マイナスとなるのか。海外ではプラス効果が報告されているわけであるから，それを日本に取り入れることも可能なはずである。

その一助として，上記で提案した本書の仮説の検討をいつかしてみたいものである。ひとまず，ここでは「今後の研究を期待する」という常套句でしめさせていただきたい。

5.4 3原則との対応関係
――自分にとって無理のないペースで気長に続けよう

本章では5.1節にて思春期における心理・行動的適応と読書の関係を，5.2節にて高齢期における心身の健康と読書の関係をそれぞれ見てきた。その両方で「平均的には効果は穏やか。気長に気楽に」（原則1）と「『読みすぎ』は弊害を生む。目安は1日30分～1時間」（原則2）とかかわる知見があった。

「平均的には効果は穏やか。気長に気楽に」（原則1）について，心理・行動的適応については，アメリカのABCD調査やイギリスのミレニアム・コホート調査における読書のプラス効果は比較的はっきりしたものであったが，スイス調査や日本の中部地域調査データでは（効果は小さいものの）マイナスの効果も得られている。高齢期の心身の健康については，スウェーデン，エルサレム，アメリカ（2研究），中国においては，読書は死亡リスク低下につながるという結果が出ているものの，日本の日本老年学調査データでは死亡リスク低下と関連しないという結果が得られていた。

メタ分析が行われていないためにはっきりとは言えないものの，どちらのテーマにおいても平均してしまえば，効果そのものはプラスに「なりそう」ではある。ある人にとっては，読書はとても大きな効果を持つかもしれない。しかしながら，別の人にとっては効果がない，あるいは，マイナスの効果を持つ場合もある。それらをすべてひっくるめて研究結果というものは出てくるので，「平均的には効果は穏やか」ということになる。読書効果が穏やかであることは織り込み済みで，自分にとってはその効果が期待したよりも大きいか，小さいか，少しずつ見極めていく，「気長で気楽な」姿勢が大切だろう。

「『読みすぎ』は弊害を生む。目安は1日30分〜1時間」（原則2）については，何といってもアメリカのABCD調査の逆U字現象である。このデータは，次章の学力データと共に，この原則2を着想する上での基盤的な知見になっている。このデータでは，週12時間の「楽しみのための読書」をしていた児童・生徒の認知スコア（結晶性スコアと総スコア）と精神的問題（注意の問題と総問題スコア）が最も高く，それ以上の長い時間読書をしている児童・生徒は，むしろこれらのスコアが下がったのである。週12時間なので，7日で単純に割れば，1日1時間40分程度となる。ただし，これは保護者報告であるし，本人の読書だけでなく保護者も一緒の読み聞かせも含まれていると考えられるため，「目安は1日30分〜1時間」としてある。中部地域調査データにおけるマイナス効果についても，60分を超えたところで集団全体の平均値を下回る結果が得られていることも参考にしてある。

「個人差は大きい。読書そのものが合わない人もいる」（原則3）についても，中部地域調査データや日本老年学調査データの際の「因果の逆転」についての考察のように，読書効果が個人の特性や置かれた状況によって異なる可能性は十分にあると思われる。一方で，第4章での考察と同様に，この領域では研究の進展が「効果があるのか，ないのか」を検証する段階に留まっているため，個人差についての十分な検討まで至っていないように感じられる。今後，「このような個人には読書による心身の健康向上効果が大きい/小さい」といった知見まで明らかとなれば，読書の教育的・高齢者福祉的な応用がますますしやすくなると思われる。

第6章

読書は学力や収入を伸ばすか

語彙力や文章理解力といった言語力の重要性を否定する者もいないと思われるが，より直接的に関心を惹くのは児童・生徒，保護者，教師にとっては「学力」であり，大学生や社会人にとっては仕事の成果である「収入」であろう。本章では，読書が学力・収入を伸ばすかについて，数多く存在する相関研究を概観し，その結果と効果の大きさを整理する。その上で，短期的に読書が学力や収入を伸ばすとは期待できないが，長期的視点に立てば十分に効果が期待できることを述べる。

6.1 「ほどほどの読書」をする児童・生徒が最も学力が高い

全国学力調査における学力と読書の関係

全国学力調査とは，文部科学省が全国の小学6年生および中学3年生の全員を対象として実施する「全国学力・学習状況調査」のことである。「全国学力テスト」「学テ」とも呼ばれる。

2007年より毎年4月に実施されている。令和5（2023）年度では，全国の18821

校（全国の小学校の 99.1%）・約 104 万人の小学 6 年生と，9702 校（全国の中学校の 94.3%）・約 108 万人の中学 3 年生が参加した。

国語と算数は毎年，理科と英語がおおむね 3 年ごとに実施される。出題範囲は，調査の前学年までの内容である。同時に児童・生徒の学習環境や生活環境のアンケート調査も行われており，この中に読書に関する項目があり，読書経験と上記の 4 科目のスコアの関係を検討することができる。

国立教育政策研究所のホームページ[1)]には，実施された調査の報告書と，平均値や相関係数などの簡単な分析結果が掲載されている。このうちの，児童（生徒）質問紙の中に読書関連の質問項目が入っているので，児童（生徒）質問紙と教科成績の関係について見てみよう。執筆時点での最新調査は令和 5（2023）年度調査であるので，主にその結果を参照する。この年の教科調査は国語，算数・数学，英語（中学校）であった。英語は 4 年ぶり 2 回目である。なお，理科は平成 24（2012）年度に初めて実施され，最新回は令和 4（2022）年度調査で 4 年ぶり 4 回目の実施がなされている。そのため，理科については令和 4（2022）年度調査の結果を参考にする。

児童（生徒）質問紙の項目から，読書関連の 5 つの質問を抜き出して，各教科との相関係数を一覧にしたものが**表 6-1** である。

表 6-1 を見てまず分かるのは，すべての相関係数が正の値であるということだ。すなわち，読書を多くするほど，全国学力調査の成績は高い傾向がある，ということだ。教科別に見てみても，中学 3 年生の「読書は好きですか」と国語の相関係数 $r = 0.28$ を筆頭に，やや国語が高い傾向は見られるが，他教科とそれほど大きく変わるものではない。

質問ごとの相関係数を見てみると，「家庭の蔵書数」と「読書は好きですか」の相関係数が比較的高いことが分かる。厳密に言えば蔵書数は「読書関連活動」の結果なのだが（1.2 節参照），そこには様々なものが反映されている。蔵書が多い家庭は，保護者が知的活動を好み，子どもにもそのような教育を施す可能性が高い。

1） https://www.nier.go.jp/kaihatsu/zenkokugakuryoku.html

表6-1　児童（生徒）質問紙と教科成績の相関係数

質問文	小学6年生			中学3年生			
	国語 (R5)	算数 (R5)	理科 (R4)	国語 (R5)	数学 (R5)	理科 (R4)	英語 (R5)
平日の読書時間*1	0.16	0.14	0.16	0.13	0.08	0.12	0.07
図書館の使用頻度*2	0.15	0.14	―	0.11	0.10	―	0.10
家庭の蔵書数*3	0.23	0.27	0.24	0.22	0.22	0.23	0.21
新聞を読んでいますか	0.15	0.17	0.15	0.10	0.13	0.14	0.15
読書は好きですか	0.24	0.21	0.27	0.28	0.20	0.24	0.18

R4は令和4年度，R5は令和5年度調査の結果であることを意味する。正式な質問文は，*1は「学校の授業時間以外に，普段（月曜日から金曜日），1日当たりどれくらいの時間，読書をしますか（電子書籍の読書も含む。教科書や参考書，漫画や雑誌は除く）」，*2は「昼休みや放課後，学校が休みの日に，本（教科書や参考書，漫画や雑誌は除く）を読んだり，借りたりするために，学校図書館・学校図書室や地域の図書館（それぞれ電子図書館を含む）にどれくらい行きますか」であった。*3については，小学生には「あなたの家には，およそどれくらいの本がありますか（雑誌，新聞，教科書は除く）」であり，中学生には「雑誌」を「一般の雑誌」として提示していた。また，*3の相関係数は負の値として報告されていたが，これは選択肢の並び順（冊数が最も多い選択肢を最初にするか最後にするか）によるものなので，分かりやすく正の値へ変換した。

また，経済的にも余裕のある家庭である可能性が高い。実際，国立教育政策研究所の分析において，「家庭の蔵書数」はその家庭の社会経済的地位の代替指標として用いられている。つまり，家庭環境全体の指標とみなすこともできるのである。一方で，「保護者が知的活動を好み」という一文があることからも分かるように，蔵書数には親から子どもへの遺伝的影響も反映されている（遺伝的影響については第7章で詳しく論じる）。要するに，児童・生徒本人の読書活動だけではなく，「遺伝の影響」と「家庭の影響」を総合的に掬い取っているのが「家庭の蔵書数」であり，そのために相関係数の値が高かった可能性がある。

一方，「読書は好きですか」は，読書行動全体を捉えている指標だと考えてよいだろう。読書活動を主に捉えている「平日の読書時間」と比べて，相関係数の値が高くなっている。この理由については3つ可能性が考えられる。1つ目は，「読書は好きですか」が読書活動を含めた読書行動全体を総合的に捉えているから，というものである。2つ目は,「平日の読書時間」の回答が不正確かつ最近の読書活動だけを反映しているのに対し,「読書は好きですか」はシンプルな質問であるため比較的正確で,かつ,その児童の長期的で安定的な性質を捉えているから,というものである。そして最後の3つ目は,「選択肢に極端な選択肢が含まれないから」というものであり,この後で詳述する。

● 逆U字現象と,効果の大きさ,みたび

次に,少々長くなってしまうが,5つの質問それぞれの詳細な結果も**表6-2**～**表6-6**として掲載する。これらの表には,質問に回答するための選択肢と,それぞれの選択肢を選んだ児童・生徒の人数,そしてそれぞれの選択肢を選んだ児童・生徒の国語と数学の平均正答率が示してある。表6-1の相関係数と,表6-2～表6-6の選択肢ごとの平均正答率を比較して見てほしい。相関係数の大きさを平均正答率の変化で把握することができるとともに,どこの選択肢とどこの選択肢で平均正答率の差が大きくなっているのかも分かるはずだ。

例えば,表6-2の小学6年生における「平日の読書時間」と国語の成績の関係を見てみると,「全くしない」と「10分より少ない」と「10分以上,30分より少ない」の間には,それぞれ大きな差が見られる。「全くしない」と「10分以上,30分より少ない」を比較すると,小学6年生では62.1%と69.0%であり,6.9%の差がある。一方,「1時間以上,2時間より少ない」と「2時間以上」は同じ71.3%という平均正答率であり,「10分以上,30分より少ない」と2.3%の差しかない。**要するに,平日の読書時間がゼロから30分程度までは国語の成績との関係が強いが,1時間以上は国語の成績との関係が弱い,ということになる。これら読書時間ゼロから2時間以上までの関係をすべて含んだ値が「相関係数 $r = 0.16$」という値なのである。**

同じ表5-2の中学3年生における「平日の読書時間」と国語の成績の関係では,それどころではない現象が起こっている。「全くしない」(65.6%)と「10分以上,30分より少ない」(74.1%)の間にはやはり8.5%の平均正答率の差があるが,これ

表 6-2　「平日の読書時間」質問への選択肢ごとの回答者数と国語・算数・数学の平均正答率

	選択肢	人数	割合 (%)	平均正答率 (%)	
				国語	算数・数学
小学6年生	2時間以上	74,312	7.7%	71.3%	66.2%
	1時間以上，2時間より少ない	106,196	11.0%	71.3%	66.3%
	30分以上，1時間より少ない	183,198	18.9%	70.7%	66.2%
	10分以上，30分より少ない	220,804	22.8%	69.0%	64.7%
	10分より少ない	148,674	15.4%	64.8%	60.2%
	全くしない	234,377	24.2%	62.1%	57.5%
中学3年生	2時間以上	49,645	5.4%	71.6%	50.4%
	1時間以上，2時間より少ない	76,732	8.4%	72.9%	52.5%
	30分以上，1時間より少ない	134,069	14.7%	73.9%	54.6%
	10分以上，30分より少ない	192,581	21.1%	74.1%	55.8%
	10分より少ない	120,601	13.2%	70.6%	52.6%
	全くしない	335,304	36.7%	65.6%	47.7%

表 6-3　「図書館の使用頻度」質問への選択肢ごとの回答者数と国語・算数・数学の平均正答率

	選択肢	人数	割合 (%)	平均正答率 (%)	
				国語	算数・数学
小学6年生	だいたい週に4回以上行く	24,570	2.5%	68.0%	63.7%
	週に1～3回程度行く	105,941	10.9%	71.7%	67.3%
	月に1～3回程度行く	190,707	19.7%	71.6%	67.5%
	年に数回程度行く	251,776	26.0%	68.7%	64.0%
	ほとんど，または，全く行かない	392,790	40.6%	63.4%	58.6%
中学3年生	だいたい週に4回以上行く	14,376	1.6%	70.1%	52.0%
	週に1～3回程度行く	49,692	5.4%	74.4%	55.7%
	月に1～3回程度行く	105,648	11.5%	75.3%	56.9%
	年に数回程度行く	193,371	21.1%	73.1%	54.4%
	ほとんど，または，全く行かない	544,792	59.6%	67.9%	49.2%

表 6-4　「家庭の蔵書数」質問への選択肢ごとの回答者数と国語・算数・数学の平均正答率

	選択肢	人数	割合 (%)	平均正答率 (%)	
				国語	算数・数学
小学 6 年生	501 冊以上	43,033	4.4%	72.9%	71.1%
	201 〜 500 冊	108,439	11.2%	73.7%	71.7%
	101 〜 200 冊	175,188	18.1%	71.2%	67.9%
	26 〜 100 冊	322,943	33.4%	68.9%	64.4%
	11 〜 25 冊	196,055	20.3%	63.4%	57.0%
	0 〜 10 冊	121,891	12.6%	57.1%	50.1%
中学 3 年生	501 冊以上	35,871	3.9%	75.4%	59.0%
	201 〜 500 冊	109,577	12.0%	76.5%	59.4%
	101 〜 200 冊	157,589	17.2%	74.3%	56.3%
	26 〜 100 冊	284,978	31.2%	71.7%	52.9%
	11 〜 25 冊	182,157	19.9%	67.5%	47.9%
	0 〜 10 冊	135,869	14.9%	59.8%	40.3%

表 6-5　「新聞を読んでいますか」質問への選択肢ごとの回答者数と国語・算数・数学の平均正答率

	選択肢	人数	割合 (%)	平均正答率 (%)	
				国語	算数・数学
小学 6 年生	ほぼ毎日読んでいる	42,848	4.4%	75.9%	74.3%
	週に 1 〜 3 回程度読んでいる	82,293	8.5%	74.0%	71.2%
	月に 1 〜 3 回程度読んでいる	136,197	14.1%	69.5%	65.2%
	ほとんど，または，全く読まない	705,407	72.9%	65.8%	60.7%
中学 3 年生	ほぼ毎日読んでいる	23,781	2.6%	76.5%	61.8%
	週に 1 〜 3 回程度読んでいる	52,387	5.7%	77.0%	61.1%
	月に 1 〜 3 回程度読んでいる	103,224	11.3%	73.2%	55.5%
	ほとんど，または，全く読まない	723,653	79.1%	69.2%	50.1%

表 6-6　「読書は好きですか」質問への選択肢ごとの回答者数と国語・算数・数学の平均正答率

	選択肢	人数	割合 (%)	平均正答率 (%)	
				国語	算数・数学
小学6年生	当てはまる	384,412	39.7%	72.9%	68.4%
	どちらかといえば，当てはまる	313,616	32.4%	66.3%	61.5%
	どちらかといえば，当てはまらない	170,143	17.6%	63.0%	58.5%
	当てはまらない	99,125	10.2%	57.4%	52.9%
中学3年生	当てはまる	322,941	35.3%	77.1%	57.5%
	どちらかといえば，当てはまる	281,286	30.7%	70.3%	51.4%
	どちらかといえば，当てはまらない	174,507	19.1%	65.4%	47.6%
	当てはまらない	124,597	13.6%	59.1%	42.8%

よりも読書時間が長くなると，「30分以上，1時間より少ない」(73.9%)，「1時間以上，2時間より少ない」(72.9%)，「2時間以上」(71.6%)，というように，なんと逆に国語成績が下がっていくのである。

よく見てみると，「この読書行動にかかわる指標をどんどん高めていくと，初めは教科成績が高まるが，どこかの時点で逆に教科成績が下がっていく」という「逆U字現象」は表6-3（図書館の使用頻度）や表6-4（家庭の蔵書数）の小学校6年生，中学校3年生の国語および算数・数学にすべて見られる。表6-5（新聞を読んでいますか）でも，中学校3年生の国語において見られる。実は，表6-2の小学6年生における「平日の読書時間」と算数との関係においても見られており，むしろ低下が無かった小学6年生における「平日の読書時間」と国語との関係が特別だったということが分かる。一方，表6-6（読書は好きですか）においては逆U字現象は見られず，読書が好きであるほど教科成績は上がっていく。

少し前に，なぜ教科成績との相関係数が，「読書は好きですか」が「平日の読書時間」よりも高くなるのかという理由について考察した際，3つ目を「選択肢に極端な選択肢が含まれないから」と述べた。逆U字現象が起こっている表6-2～

6-5の読書指標では，その「量」が捉えられており，選択肢の中には選択する人数の割合が10%を切るような極端な選択肢が含まれている。例えば，「平日の読書時間」では「2時間以上」（小学6年生：7.7%，中学3年生：5.4%。中学3年生では「1時間以上，2時間より少ない」（8.4%）も），「図書館の使用頻度」では「だいたい週に4回以上行く」（小学6年生：2.5%，中学3年生：1.6%。中学3年生では「週に1～3回程度行く」（5.4%）も），「家庭の蔵書数」では「501冊以上」（小学6年生：4.4%，中学3年生：3.9%），「新聞を読んでいますか」では「ほぼ毎日読んでいる」（小学6年生：4.4%，中学3年生：2.6%）と「週に1～3回程度読んでいる」（小学6年生：8.5%，中学3年生：5.7%）がこれに当たる。

一方で，「読書は好きですか」の選択肢は表6-6にあるとおり「当てはまる」「どちらかと言えば，当てはまる」「どちらかと言えば，当てはまらない」「当てはまらない」の4つであり，10%を切るような極端な選択肢は含まれていない。

極端な選択肢を選ぶ児童・生徒は「読みすぎ」なのだろう。まさに「『読みすぎ』は弊害を生む。目安は1日30分～1時間」（原則2）である。「平日の読書時間」が分かりやすいが，平日毎日2時間以上（3時間かもしれないし，4時間かもしれない）を読書に費やすと，その他の有益な活動に投じる時間が少なくなってしまう。特に中学生では部活の時間，塾や習い事の時間，読書以外の余暇活動の時間が小学生よりも増えると考えられ，読書時間を多く確保すれば，そうした活動の時間が無くなってしまう。

読みすぎによる逆U字現象は，相関係数での読書と教科成績の関係を見づらくさせている。例えば，表6-1の「平日の読書時間」と国語の相関係数において，小学6年生（$r = 0.16$）のほうが中学3年生（$r = 0.13$）よりもやや高いが，「全くしない」と「10分以上，30分より少ない」を比較すると，すでに述べたようにその差はそれぞれ6.9%（小学6年生）と8.5%（中学3年生）である。ここだけを見れば，「まったく読書をしない児童・生徒に，10～30分の読書習慣をつけさせる」教育の効果は中学3年生のほうが高いということになる。（教科成績との関係だけを見れば，）むしろ読書習慣は「10～30分」で十分であり，それ以上の読書習慣をつけさせるのは中学3年生には逆効果になるのである。

小学校6年生の読書時間データについて「これら読書時間ゼロから2時間以上までの関係をすべて含んだ値が「相関係数 $r = 0.16$」という値なのである」と述べたが,「読書の効果の大きさ」というものが単純に示すことができないという第1章での議論が，ここからも分かるだろう。読書の効果の大きさと言っても，ほとんどすべてのケースにおいて，読書活動の水準（読書時間であれば，0分～30分，30分～1時間，1時間以上，など）によっても，読書の効果は多かれ少なかれ異なるのである。学力における逆U字現象のように，場合によっては効果がマイナスになるケースさえ実際にある。そのため，読書の効果の大きさを「正確かつ単純に」示すことはできないのである。相関係数というのは「不正確だが単純に」効果の大きさを示したものであり，本書のように長々と文章で説明するのが「正確だが複雑に」効果の大きさを示したもの，と言えるかもしれない。

自分や学校への実践を考える際には，相関係数の値は大まかな絞り込みを行う際の参考程度に留めるべきである。表6-1のような相関係数に基づいて特定の関係に関心を持ったら，表6-2～6-6のような詳細なデータもチェックし，それが自分や自分の勤める学校等へ適用した際にどういった結果が得られそうか，想像力を働かせてみる。これが膨大な相関研究に溺れずに，そこから有益な情報を取り出すコツになる。

国語力はすべての教科成績を高めるか

加納らは2020年の論文[108]で，全国学力調査における小学生データについて，教科間の関係についての分析を行っている。その分析の結果，国語と算数は比較的互いに分離されているが，理科には国語と算数の両方の能力が関連しており，特に国語については，理科の問題の半数以上が「国語の学力が理科の学力を補完してしまう問題」となっていることを指摘している。このことそのものは,「理科の問題」として適切でないだけでなく,「理科の学力が高いにもかかわらず国語の学力が低いために理科の正答率が低くなってしまっている児童」と「理科の学力が低いにもかかわらず国語の学力が高いために理科の正答率が高くなってしまっている児童」の区別ができず，適切な指導（前者には国語の，後者には理科の補習的指導を行うべき）の妨げになるため，改善すべきことである。

一方で，個々の児童にとっての学力対策という意味では，問題作成者の努力に期待するというのはあまりにも消極的だろう。それよりは「従来から指摘されてきた『他教科学習の基盤としての国語』という主張に，全国学力調査という国内最大の学力調査の分析による根拠が示された」と受け取り，積極的に国語力を高める対策をすべきだろう。国語力が十分に高い児童であれば「理科の学力が低いときには理科の勉強する」というシンプルな対策で良いことになり，何を勉強するべきかについて迷うことがなくなるという意味でも合理的である。

そして読書と国語の相関関係，および，第3章で述べた読書と言葉の関連から考えれば，国語力を伸ばす要因の一つに読書があることはほぼ間違いないだろう。したがって，**「読書をすることで国語の力が伸び，国語の力が基盤となって学力が向上していく」というビジョンは，大きく間違った青写真ではない**と筆者は考える。

ただし，1つ重大な注意点がある。それは，「国語の力は読書だけで育つものではない」ということである。国語の力には，そもそもの遺伝的資質，読書以外の言語環境の豊富さ，授業から学ぶ国語知識や問題の解法，一般的知識の豊富さなど，様々なものが寄与している。読書は，その一部を構成するものにすぎないのである。また，逆U字現象のことを考えても，読書だけをしていれば良い，とはならないことはもう分かるはずである。読書を手段の一つとして「気長に気楽に」（原則1）捉えて，そこに「個々の児童に合わせた」教育を行うことは，依然として絶対重要なものである。

● 読書時間の逆U字現象は，勉強時間・睡眠時間とのトレードオフによるもの

2018年に出版された松崎らの『最新脳科学でついに出た結論　「本の読み方」で学力は決まる』（青春出版社）という書籍[109]に，読書と教科成績（国語・算数／

数学・理科・社会）の関係が示されている。

この書籍では，仙台市教育委員会が市内の小学３～６年生，中学１～３年生約６万人を対象として毎年度４月に行っている「仙台市標準学力検査・仙台市生活・学習状況調査結果標準学力調査」の結果を分析し，その成果をまとめたものである[2)]。

全国学力調査を用いた上述の分析に対するアドバンテージとして，小学５年生が含まれている点，「社会」が含まれている点，偏差値という分かりやすい指標で分析が行われている点が挙げられるが，興味深い結果が２点ある。

１点目は，逆Ｕ字現象は数学において激しい，ということである。読書時間における逆Ｕ字現象が４教科とも起きているが，その生じ方は国語・理科・社会ではほぼ同様の形で，成績の下降は「2時間以上」で初めて起きている。だが，算数・数学では成績の下降が「1～2時間」から始まっており，その落ち込みは他教科よりも激しい。この結果は上述の加納らの分析とも整合的である。国語と数学は異質であり，国語と理科は問題回答に必要な能力が共有される傾向にある。ここでの結果も踏まえると，社会も国語と理科と似た能力を反映する傾向があるのかもしれない。読書によって，これら３教科の回答に必要な能力は育まれるため，読書時間が長くなってもそれほどの成績下降は見られない。一方，数学の回答に必要な能力は読書で育まれる能力とは近くないため，読書をすることで数学の勉強時間が削られることで，成績がより大きく下落することということなのかもしれない。

本書の注目すべき点の２つ目は，勉強時間と睡眠時間について分析していることである。平日の勉強時間を「30分未満」「30分～2時間」「2時間以上」の３層に，睡眠時間を「6時間未満」「6～8時間」「8時間以上」の３層に分割し，勉強時間が「30分～2時間」かつ睡眠時間が「6～8時間」の中間層の子どものみを抜き出して分析すると，逆Ｕ字現象が消え，読書を長時間するほど成績が高くなるという「単調増加の関係」が現れた。この結果から，著者らは「読書をしすぎ

2）この書籍では，分析に小学５・６年生，中学１～３年生のデータを用いたと思われる。

ることが悪い影響を及ぼすわけではなく，読書時間を確保するために勉強や睡眠の時間を削ってしまうことが間接的に成績低下につながっている可能性が示唆された」としている。

睡眠時間も含めた分析から，著者らは小学5～6年生では「勉強30分～1時間，かつ，睡眠8時間以上，かつ，読書1時間以上」のグループが最も成績が高く，中学生では「勉強2時間以上，かつ，睡眠6～8時間，かつ，読書1時間未満（ただし，「全くしない」を除く)」が最も成績が高かったと報告している。

必要な睡眠時間には個人差もあるため，それぞれの時間の多寡はそれほど厳密になることはないと考えられるが，勉強・睡眠・読書の3要素のバランスで学力が変化するという知見は非常に価値があるものではないかと思われる。

6.2 縦断調査でも「読書は学力を高める」という結果が得られている

● アメリカとドイツにおける縦断データ

読書が学力に及ぼす縦断調査を海外で探すと，意外に見つからず，苦戦した。ここでは教育社会学の分野での2研究を紹介したい。2013年に報告されたGaddisらの研究[110]では，ビッグ・ブラザーズ・ビッグ・シスターズ・オブ・アメリカプログラム（Big Brothers/Big Sisters of America program, BBBSA）というアメリカの社会経済的地位の低い家庭への支援プログラムにおいて，1990年代における9歳から16歳までの959人の青少年から縦断データを収集した。そして，ベースラインとなる時点1でのデータと，フォローアップとなる時点2でのデータから，文化資本（cultural capital）として「美術館を訪れた回数」「演劇を観劇した回数」「学校外の文化的レッスン（音楽，美術，ダンス，言語）に費やした週時間」「読書に費やした週時間」を測定し，学業成績への影響を検討したものである。なお，この場合の学業成績はGPA（Grade Point Average）であり，学校での科目成績に基づいて算出される指標である。米国では学力成績の指標として一般的なものである。この研究では，参加者に GPA を自己申告してもらったものを用いている。

結果として，「美術館を訪れた回数」および「読書に費やした週時間」が学業成績に正の効果を持つことが示された。なお，この研究ではこれらの文化資本と学業との間を媒介するものとしてハビトゥス（habitus）というものを想定・測定し，分析しているが，ここでは詳細は省略する。

2019 年に報告された Ditton らの研究[111]では，ドイツの小学校の 2 年生 1425 名が 4 年生になるまでを追跡した縦断調査である。ここでの学業成績の指標は，成績として小学校から示される国語（ドイツ語），算数，歴史，理科の評定平均値であった。

4 年生時点での学業成績を説明するために，「保護者の学歴」，蔵書数などの「文化資本」，「子ども自身の教育的達成への期待」，「子ども自身の成功への期待」，「保護者が感じている子供の能力」，子供が感じている家庭と学校の違いである「家庭 - 学校関係」，自己概念が明確かどうか，学校からの支援を受けられると感じる程度などの「子どもの動機づけ特性」，そして読書がどれくらい好きで，どれくらい読書をするかという「読書行動」といった要因が用いられた。

結果として，読書行動は直接的には学業成績を説明しなかった。しかし，「読書行動→子どもの動機づけ特性→学業成績」「読書行動→子どもの成功への期待→学業成績」「読書行動→家庭 - 学校関係→学業成績」など，読書行動と学業成績の間に媒介する要因を挟むことで，間接的に読書行動が学業成績に影響することが示された[3)]。

ただし，このドイツの研究では，学業成績の指標が 4 年生時点でのものしかなく，ベースラインとなる 2 年生時点での学業成績が分析に含まれていない。そのため，データそのものは縦断データではあるものの，実質的には横断調査と同等の分析となってしまっている点が残念である[4)]。

3）媒介する要因が 2 つ以上のものも含めれば，上記以外にも影響経路はあった。

4）この点は，論文著者ら自身も研究の限界として指摘している。

日本の縦断データでプラスの効果が報告されている

ここまで，海外のプラス効果の結果を紹介した後に，日本でのマイナス効果を報告するというパターンを第4章と第5章で繰り返したが，今回は大丈夫である。本章ではダメ押しとして日本のデータを紹介できる喜びをかみしめながら，ここまで何度も言及している日本の親子調査データと中部地域調査データを紹介したい。

1つ目は，日本の親子調査データを用いた2022年のTajimaによる報告[112]である。この研究では，小学4年生755名，中学1年生714名，高校1年生673名が，それぞれ小学6年生，中学3年生，高校3年生になるまでの追跡データを分析している。その結果，高校生でのみ，「読書時間→勉強時間→学業成績」という経路の影響，すなわち，読書時間が多い高校生は勉強時間が長い傾向があり，勉強時間が長い傾向がある高校生は学業成績が良いという傾向が見られた。読書時間が直接学業成績に影響するという証拠は得られなかった。

ただしこの研究における「学業成績」は，小学生においては「あなたの今の成績は，クラスの中でどれくらいですか」，中学生と高校生においては「あなたの今の成績は，学年の中でどれくらいですか」と質問され，国語，算数・数学，理科，社会，英語（中学生・高校生のみ）において「下のほう」「真ん中より下」「真ん中くらい」「真ん中より上」「上のほう」という5段階で評定してもらったものである。論文著者自身も指摘しているが，他の多くの先行研究では，学業成績として，GPAや実際のテストスコアを用いることが多い。その点では，参考程度にすべき結果であろう。

2つ目は伊藤らが2021年に報告した中部地域調査データ[94]である。すでに三度目の紹介であり，詳細は4.3節を参照されたいが，小学4年生〜中学3年生までの5408名について，1年間2時点の縦断分析を行った研究である。学業成績について市販の学力テストを用いて測定を行い，国語，算数・数学，理科，社会という4教科の偏差値を平均したものを「学業成績」と定義した。ここまで「子どもの強さと困難さアンケート」によって「向社会的行動頻度」「仲間関係の問題」

「抑うつ」の 3 つについて，読書時間が長いほどマイナスの効果を持つことを報告してきたデータであるが，学業成績については「読書時間が長いほど学業成績が良い」というプラスの効果を見出した。

さらに伊藤らの補足的な分析において，読書時間のプラス効果は，読書時間が「0 分～ 30 分」のように低い水準の層において最も大きく，「30 分～ 1 時間」のような中間層では中程度に，そして「1 時間以上」のように長時間の層においてはほぼなくなるという曲線を描くことが報告されている。ちょうど，表 6-2 における小学 6 年生の読書時間と国語の成績のような軌跡である。縦断データにおいても，「『読みすぎ』は弊害を生む。目安は 1 日 30 分～ 1 時間」（原則 2）に合致した結果が得られたと言って良い。

この研究では学習時間（「学校の宿題や勉強をする」時間）も分析に含められており，上記の結果は学習時間を共変量に入れて統計学的に統制した上でも，読書は学業成績にプラス効果を持つ，という意味である。ただし，学業成績へのプラス効果の「大きさ」は，読書よりも学習時間のほうが大きかった。読書は学業成績にプラスの効果を持つものの，学業成績を上げるためには勉強をするほうがやはり効率が良い，ということもこのデータから示唆されることである。

6.3 読書と学力の間に存在する多様な要因

読書と学力についての縦断調査を概観した結果から言えることは，読書をすることが直接的に学力を伸ばすというよりも，色々な要因を経由して学力にプラスの影響を及ぼす可能性が高い，ということである。中部地域調査データの示唆するように，読書によって直接的にも学業成績は高まるかもしれないが，成績のことだけを考えるのであれば，読書よりも勉強をしたほうが手っ取り早いだろう。読書の結果としての学力向上は，短期的に期待すべきものではなく，長期的に，しかも他の要因に幅広く影響しながら，その複雑な影響の結果の一部として学力にも影響する，と考えるべきものである。

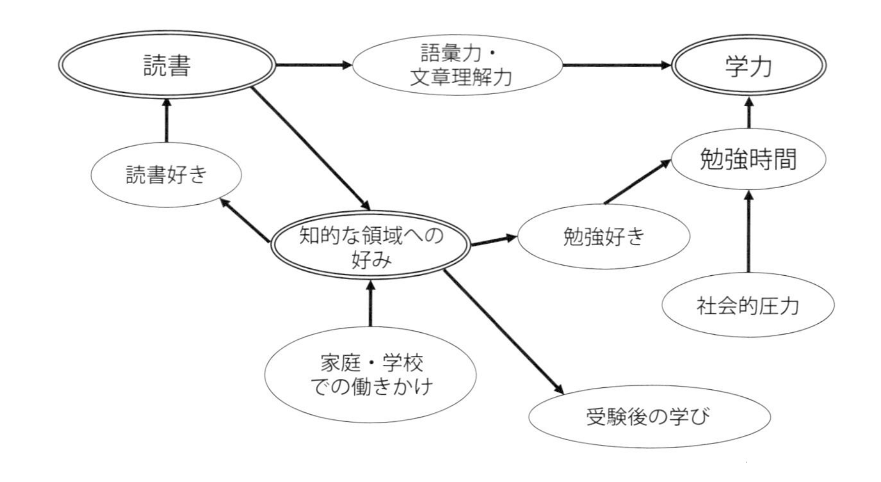

図 6-1　読書と学力の関係の一例

出典：猪原の 2018 年論文[113] を参考に筆者が作成

図 6-1 は以前に筆者が「読書は学力に影響するか」というテーマについて寄稿した雑誌に掲載した概念図[113] を手直ししたものである。読書と学力の間を様々な概念が経由する一例として，最新知見と照らしてもそれほど間違っていないと考えるので掲載する。

図 6-1 のように，読書は語彙力や文章理解力を高めるので，特に国語などについては「読書が学力を直接高める」と言えなくもない。しかし国語の学力を高めたいのであれば，国語の参考書を読んで問題集を解くほうが直接的である。すなわち，勉強時間を延ばすべきである。一方で，読書による学力向上効果を「気長に」（原則 1）期待するのであれば，読書と学力の間を媒介する多数の要因に想像力を働かせなくてはいけない。語彙力・文章理解力はもちろんのこと，上図では簡単に「知的な領域への好み」とくくってしまっているが，広範な知識や，5 教科とかかわるトピックへの興味・関心が涵養されること，さらには上述のドイツの研究で想定されている子ども自身の動機づけ特性にも読書が影響するかもしれ

ない。そうした総合的効果の一部として学力が高まる，それで良い，というような「気楽な」（原則 1）姿勢で読書を取り入れたいものである。

6.4 読書と収入（仕事）には正の相関関係はある

さて，ここまで，読書と学力の関係について見てきた。次に，読書と収入（仕事）の関係を見てみる。読書と収入との関係を見ることに若干の違和感（もしかしたら，怒り）を覚える読者もいるかもしれない。

しかしながら，日本においてはやや「下世話」な話題として忌避される収入だが，生活の基盤となる資金に直結する重要な指標である。本人にとって，あるいは保護者にとって，児童・青年期に何らかの活動に時間とお金を投入することは，将来的な生活の質を高めるための「投資」としての側面があるのは紛れもない事実だろう。

そして，「何らかの活動」の代表格が「勉強」であり，主に小学校 1 年生から高校 3 年生の間，児童・生徒本人と保護者の共同作業として，「勉強」には大量の時間・努力・資金が投入される。学力向上の目的のすべてが将来の収入だと言うつもりはないが，学力と収入との間に連続性を仮定するのが不自然だとも思わない。実際，学歴によって平均的な賃金に違いがあることは周知の事実である[114]。

何はともあれ，まずはデータを見てみよう。だが，読書行動と収入との単純な関係を報告した学術論文は，意外なことに見つけることができなかった[5)]。

日本における読書行動と収入との関係についての報告は，2009 年に報告されている「現代人の読書実態調査」[115] が行っている。世帯年収を「100 万未満」「100 ～ 300 万未満」「300 ～ 500 万未満」「500 ～ 700 万未満」「700 ～ 1000 万未満」「1000 ～ 1500 万未満」「1500 万以上」と 7 層に分けたときの，それぞれの層が 1 か月に平均的に読む冊数と割合が報告されている。

5）後述するように，より研究目的を絞った分析を行った研究は存在する。

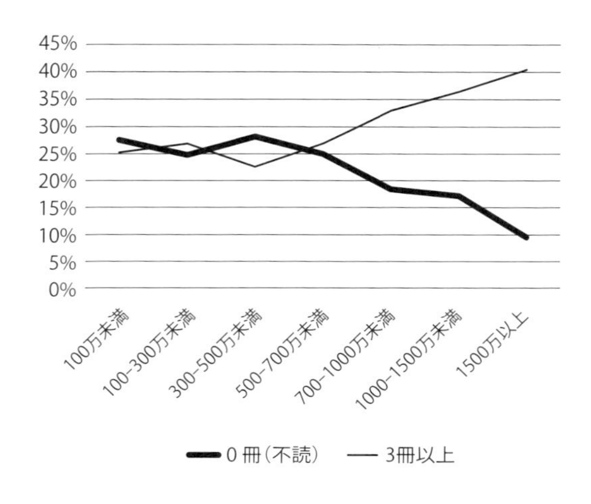

図 6-2　読書冊数と世帯年収（円）の関係

出典：出版文化産業振興財団による「現代人の読書実態調査」[115] を参考にして筆者が作成

このデータのうち，「本を読まない人の割合」として「0 冊（不読）」を，「本を多く読む人の割合」として「3 冊以上の割合」を取り出し，**図 6-2** に示した。このように，世帯年収が上がるにつれて，「0 冊（不読）」の割合が減り，「3 冊以上の割合」が増えていく傾向が明確に見られる。

上記の「現代人の読書実態調査」は現在利用できない状況となっており，その後，同財団による同種の報告はなされていない。民間企業による調査[116,117] も近年いくつか行われており，調査方法や分析方法はそれぞれであるが，全体としては「読書をする成人ほど，世帯年収が高い傾向がある」という結果が得られている。

念のため，日本以外での状況について，アメリカの Pew Research Center[118] が 2021 年にアメリカの米国の成人 1502 人に電話調査を行った結果も見ておこう。「過去 12 か月の間に，あなたは何冊の本を読みましたか。印刷物，電子書籍，オーディオブックなど，読んだもの，聴いたものをすべて含めてください」という質問に対して「全く読んでいない」と回答した「不読率」を算出し，年収別の結果をまとめている。その結果，年収が $30000 を下回る層では不読率が 31%，$30000 ～ $74999 の層では 24%，$75000 以上の層では 15% であり，年収が低い層ほど不読である割合が高いことを示している。

さて，カンの良い方は「読書をしたから年収が上がったのではなくて，年収が高いから本がたくさん買えた，なのではないか」という疑問を持ったのではないだろうか。要するに，図 6-2 の結果が「1 か月に 3 冊以上読書をすれば年収が増える！」という結果ではなく，「世帯年収が 700 万を超えると，1 か月に 3 冊以上本を買う余裕が生まれる」という結果なのではないかということである。前者と後者の両方が同時に成立していることはあり得るが，後者の効果が存在しないとは到底思えないので，これは無視できない説得力を持つ反論である。さらに言えば，読書量と年収の背後に第三変数がある可能性（例えば，知能や知的な領域への好み）も十分にある。

インターネットで検索すると，こうした横断調査による知見から「読書をすれば年収が上がる」と論じている web サイトが驚くほど多く見られる。データ解釈の知識が単純に不足している場合もあるだろうし，意図的に解釈を歪めている場合もあるだろうが，横断調査のみから上記の結論を出すのは，明らかに早計である。この問題に妥当な結論を出すためには，どうしても縦断調査が必要になる。

6.5 条件が整ったときに読書は収入を伸ばす

子どもの頃の読書が40〜50代での年収を伸ばす――濵田らの回顧調査

「どうしても縦断調査が必要」とは書いたものの，筆者の探す限り，「読書と収入の関係についての縦断調査」は執筆時点（2023 年秋）では報告されていなかった。考えられる理由についてはのちほど述べる。

一方，縦断調査ではないものの，現時点から過去を振り返って質問に回答する「回顧調査」と呼ばれる調査方法を採用した研究を 2 つ見つけることができたので，紹介する。どちらも日本の研究である。

2016 年に報告された濵田らの研究[119]では，20 代〜 60 代の全国の男女 5258 人について，現在から振り返って，就学前・小，中，高校，大学・大学院などのそれぞれの時期についての「子どもの頃の読書活動」を尋ねている。その上で，「現在の自己意識・意欲・行動」「現在の読書活動」との関係を検討している。

さらに「子どもの頃の読書活動」と「現在の自己意識・意欲・行動」の間をつなぐ媒介要因として「現在の個人年収」についても尋ねている。年収については，上記の5258人から，パート・アルバイト，大学生・大学院生・短大生・専門学校生，専業主婦・主夫，無職（家事手伝いを除く）を除いた計2589人（男性：1898人，女性：691人）を分析の対象としている。

2589人を対象に分析を行った結果，全年齢を含めた分析においては「子どもの頃の読書の充実」が高いほど「個人年収」が高く，「個人年収」が高いほど「現在の自己意識・意欲・行動」も高いという「子どもの頃の読書 → 個人年収 → 現在の自己意識・意欲・行動」という関係が見られた。

しかしより詳細に分析をしていくと，上記の結果がそのまま適用できるのは40・50代のみであり，20・30代には適用できないことが明らかになった（60代は定年退職の影響を除外するために分析対象外としている）。すなわち，「子どもの頃の読書の充実 → 個人年収」という関係は20・30代では仮定できず，40・50代でのみ仮定できることが示唆された。

論文著者の濱田らも指摘するように，これには2つの可能性が考えられる。1つは，20・30代の頃の年収は転職などにより不安定になりやすく，関連指標（この場合は，「子どもの頃の読書の充実」）から予測することが難しいが，40・50代になるとその個人の資質に対して年収が収束するため，予測することができるようになった，というものである。後ほど紹介するStrenzeらの論文[120]では，加齢に伴って個人の資質に対して年収が収束することを「重力仮説（gravitational hypothesis）」と表現していた。

もう1つは，世代効果（コホート効果）と呼ばれるもので，生まれた時期によって経験する社会的環境の違いによるものである可能性である。読書に関して言えば，同論文における分析で「20代が「趣味に関する本」や「実用書」を多く読んでいるのに対し，50代は「物語・フィクション」や「自然科学に関する本」を多く読んでいる」など，読書をするジャンルにも違いが表れている。そうした子どもの頃の読書経験の違いが，個人年収の予測に影響した可能性がある。

読書が大学時代の学びとキャリアを結び付けたときに収入は伸びる──Katoらの回顧調査

2021年に報告されたKatoらの研究[121]は，日本における上位の国立大学で経営・経済を学ぶ学部の卒業生677名にweb調査への参加を依頼したというものである。1996～2016年度に卒業した者であり，卒業後4～24年後であるから，仮に22歳で卒業したとすると26～48歳の会社員（公務員と失業者は除外した）に，主に在学時の回答者自身について尋ねた回顧調査，というわけである。

社会的に評価の高い大学で，かつ，経営・経済に関する学部の卒業生，という限定があるものの，読書量と卒業後の収入との関係をメインテーマにした研究として，非常に貴重なものである。

この論文における関心は，収入に対する大学教育の価値である。大学教育が培おうとするものとして，この論文では，ジェネリック・コンピテンシー，科目別コンピテンシー，そして読書習慣を挙げており，特にこのうちの科目別コンピテンシーと読書習慣が収入に及ぼす影響を明らかにしようとしている。ジェネリック・コンピテンシーとは，コミュニケーション，批判的思考，チームでの能力発揮などのことで，「よき市民や労働者」となるための属性や能力である。科目別コンピテンシーは，この場合は経営・経済を学ぶことで得られる能力のことである。読書習慣としては，卒業前と卒業後の読書習慣を尋ねている。卒業前の読書習慣については，大学在学時の1日あたりの読書時間について「0分」「1分～30分」「31分～60分」「61分～90分」「91分～120分」「121分以上」の6段階で評定させ，卒業後の読書習慣については「キャリアのために自分の意志で読書をしているかどうか」について「あてはまらない」「ややあてはまらない」「どちらともいえない」「ややあてはまる」「非常にあてはまる」の5段階で評定させている。

結果として，「卒業前の読書習慣は卒業後の読書習慣と正の相関がある」「卒業後の読書習慣→科目別能力が本人のキャリアにおいて重要だという認識→収入」という経路の正の効果が見いだされた。

このことは，卒業前・卒業後のどちらの読書習慣も直接的には収入に影響することはないが，読書習慣によって自らのキャリアに役立つ最新の知識や大学で学んだ科目固有の能力の重要性を再認識することで，それらを活かして収入増へつなげた可能性が指摘されている。

● 回顧調査の問題点と縦断調査が存在しない理由

これら2つの研究が採用する「回顧調査」という方法には，1時点のみの調査でありながら，時間差を取り込んだデータを得ることができる利点がある。一方で，数年から数十年前の自分の読書習慣等についての質問に正確に答えることが果たして可能であるか，そして，現在の状態によってその記憶が影響を受けることがないのか――現状がうまくいっていれば，それは過去に読書をたくさんしていたからだし，逆に現状が不満であれば，それは過去に読書をしていなかったからだ，というように，現在の結果の原因を過去の自分の努力（読書行動）へ帰属する心理が働けば，現在が過去の記憶に影響するということがあり得る――というかなり深刻な懸念を伴う調査法であるのも事実である。

また，回顧調査による大学生以前の読書行動データにおいても，横断調査の際に指摘した「読書量 → 年収」ではなく「年収 → 読書量」なのではないか，という反論は，今度は「保護者の年収」において出てくる。確かに子どもの頃や学生の頃であれば，本人が稼ぐという意味での「個人年収」は，読書量には影響しないであろう。しかしそれは単に，本を買うための資金が本人ではなく保護者に移った，というだけのことである。「子どもの頃に本をたくさん読んだから，大人になってからの年収が上がった」のではなく，「保護者の年収が高かったから，子どもの頃にたくさん本が読めたし，その他の文化資本やコネ就職などもあって，大人になってからの本人の年収も高い」のだ，という反論はかなり説得力のあるものであると思われる。

やはり，本書における他の章でふんだんに紹介されているような，保護者の年収を統計学的に統制した上での大規模縦断調査（複数時点での追跡調査）が必要である。……が，よく考えてみれば，これは容易なことではない。濱田らの研究の際に少し言及したように，年収が本人の資質に対して収束するのは 40・50 代と考えられ，幼年期の読書習慣から追跡調査をするとなると，約 40 年という期間が必要になってしまう。大学時代の読書に限っても，20 年は必要である。タイムマシンがほしくなるような時間的スケールの話である。

しかしながら，本書の「はじめに」でも指摘し，Kato らの研究[121] においても「読書の必要性は新しいメディアによって問われ，学生からも疑問視されている（"The need for reading is also challenged by the new media and questioned by students.", p.2)」と指摘されているように，「教育における読書の価値」の１つとして，縦断調査による読書が年収に及ぼす影響の検証を是非とも期待したい。

6.6 読書は学力・収入にどれほどの効果を持つのか
――長期的視野に立てば読書も選択肢の一つ

さて，ここまで読書と学力・収入の関係についての文献を見てきた。これらの研究テーマには縦断調査が少ない。実験研究や介入研究など望むべくもない。したがって，科学的データに基づいたしっかりとした議論は，他の章に比べると難しい。

そこでここでは現状で参照できるデータのみに基づく，筆者の私見を述べたい。一言で言えば，「長期的視野に立てば，読書は学力・収入を伸ばす手段として有望だ」ということになる。

読書は学力・収入を「長期的には」伸ばす

ここは重要なところなので，順序よく行きたい。**図 6-3** に読書と学力・収入との関係についての筆者の考えを示した。

まず，なぜ「長期的視野に立てば」という条件をつけるのか。それは，「学力を伸ばすならば勉強をしたほうが早い」し，「収入を伸ばすならば，サラリーマンな

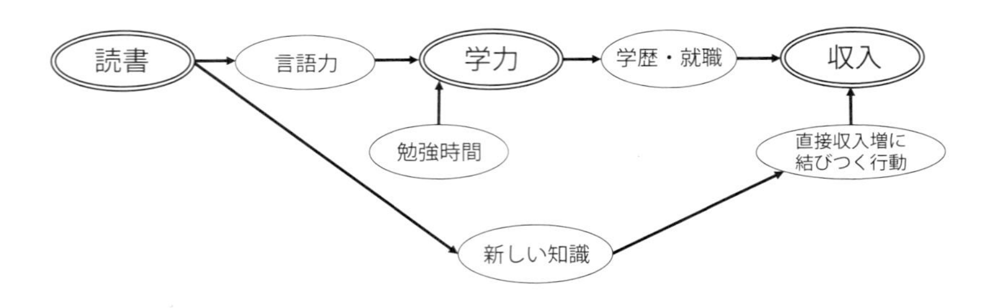

図 6-3 「読書が学力・収入を長期的には伸ばす」概念図

（知能・性格の影響を描いていない）

らば転職や副業を，自営業者ならば経営努力をするほうが早い」からである。図6-3ではこれを「直接収入増に結びつく行動」としている。読書は「読書→言語力→勉強」という影響経路により，間接的に国語の成績を高めたり，全教科の学習効率を高めたりするかもしれない。高校1年生の4月に，かなり国語が苦手な生徒がいたとして，中学生でも読める水準の本から読書をスタートさせて，1日30分程度，無理なく読書ができるくらいの読書好きであれば，高校3年生の頃までには国語以外の教科も含めて，学力にもかなりの好影響が期待できるかもしれない。こういった場合には，読書は学力を伸ばす手段として有望な方法の1つだろう。だからといって，大学受験を控えた高校3年生の秋に読書を勧めることはできない，ということである。

また，「読書→新しい知識→直接収入増に結びつく行動」により，その時代に合った適切な収入増に結びつく行動をとれるようにもおそらくなるだろう。このことはKatoらの研究がまさに示していることである。ただし，読書だけをしていても収入が伸びることはない。もしかしたら，第4章で述べたように，フィクション読書によって社会的認知能力が高まることで，サラリーマンであれば社内で出世することがあるかもしれない。ただし，少なくとも2024年現在の日本においては，多少社内で出世したところで収入が大きく伸びるわけではない。やはり，「直接収入増に結びつく行動」を取らなければ収入は伸びない。どういった行動が「直接収入増に結びつく行動」なのかを知るためには，読書は少なくない役割を果たすことになるだろう。つまり，読書をした上で「直接収入増に結びつく行動」をとることができれば，収入増が期待できる。一方で，誰もが読書から「直接収入増に結びつく行動」に至れるわけではないし，うまくいくケースにおいても読書によって「有望な」直接収入増に結びつく行動に出合うまでにはそれなりに時間がかかるだろう。そういった意味でも，やはり長期的視野に立った読書の利用が必要である。

ここまで「読書は短期的・直接的には収入を伸ばさない」ことを論じてきたが，それではなぜ「読書は学力・収入を伸ばす手段として有望だ」なのか。それは「長期的に見れば確かに効果があるし，同じような長期的効果を望めそうなものが他にない」からである。短期的・直接的には効果が期待できなくとも，長期的には確かに「読書→言語力→学力」で学力を伸ばすし，学力が伸びれば大学に進学できる可能性が高まり，大卒という学歴を得ることができる可能性が高まる。大卒の学歴を得れば就職できる確率が高まり，得られる賃金も高くなる[114]。後ほど紹介するが，Strenze ら[120] の縦断調査のメタ分析によれば，学業成績と収入の間には（関連は強くはないが）正の相関があることも分かっている。あくまでもサラリーマンのケースであると考えられるが，大卒か否かの決定因として，読書は長期的にはそれなりの影響を及ぼすと筆者は考える。

大学卒業後に収入の違いを生み出すのは，上記でも述べた「直接収入増に結びつく行動」であると考えられるが，それがうまく機能するためにはその前段階の「新しい知識」が必要である。「こんな収入増のための行動があり得る」と知ることで，行動する気になるという面もあるだろう。この知識は年々更新されていくものであり，継続的な習慣によって更新内容をフォローしていく必要がある。前段落では「大卒か否か」という観点でしか論じなかった学力や大学進学も，「新しい知識」および「新しい知識を身につけるための基礎知識」を身に付けるために大きな役割を果たしている。例えば，近年発展著しい AI についても，数学や情報科学の基礎知識があるかないかで吸収力は段違いになる。そして，普段の習慣として続けるもので，この「新しい知識」を得るために有効なのは，「読書」以外にはあまり考えられないのである。テレビ視聴をはじめとする「スクリーンタイム」は，調査においてはマイナスの影響を報告するものが多く，例えば2020年のDubucの縦断調査[122]では，中学生から高校生にかけての学業成績にスクリーンタイムが負の影響を与えることが分かっている。おそらくは教養につながるYouTubeなども「新しい知識」の入り口としては，もしかしたら読書以上に効果的であるかもしれないが，ある程度複雑なテーマを体系的に知ろうとすれば，どうしても「本」くらいの単位でまとまった情報がほしくなる。これからは，web上の情報と，電子書籍を含めた読書の2つが，「新しい知識」を得るための王道的手段となるのではないだろうか。

上記の話は，例えば，新入社員として入社した22歳頃から読書を始めていれば，収入が収束すると述べた40代頃までの間に，収入増という形で成果が出るのではないか，という話である。しかし第3章（言葉）・第4章（人格）・第5章（心身の健康）で述べたような知見を考えれば，子どもの頃からの読書を継続することで，言語力や共感力に少しずつ差がつき始め，それが学力・人間関係の差を生み，大学卒業後の「新しい知識」の差を生み，さらには「直接収入増に結びつく行動」の差を生む。そのようにイメージすれば，長期的に積み重ねた読書が，学力や収入に何の効果も持たないと考えるほうが不自然ではないか，と筆者は考えている。

● 果たしてそんなにうまくいくか

少々，読書の効果を大きく言いすぎたかもしれない。このあたりでまた少し水を差しておかなければならない。上記のように，「効果がある」と筆者は考えている。しかし，実際のところは，その最大の前提条件である「長期に読書習慣を続けられれば」という部分に，かなりのハードルがあると考えている。また，学力や収入は図6-3に書いた要因だけから影響を受けるわけではない。図6-3には，分かりやすさのためにおそらく最大の説明力を持つであろう要因が書かれていない。それは「知能や性格」である。

表 6-7　知能・性格（ビッグファイブ）と学業成績の関係

	知能	協調性 (agreeableness)	勤勉性 (conscientiousness)	神経症傾向 (neuroticism)	外向性 (extraversion)	開放性 (openness)
相関係数（統制なし）	0.25	0.07	0.22	−0.02	−0.01	0.12
相関係数（知能の影響を統制）	—	0.07	0.24	−0.01	−0.01	0.09
対象研究数	47	109	138	114	113	113
総サンプルサイズ	31955	58522	70926	59554	59986	60442

出典：Poropat, 2009 を参考にして筆者が作成

知能・性格と学業成績の相関関係

Poropat らは 2009 年の論文[123]において，性格・知能と学業成績との関係をメタ分析している。**表 6-7** にあるように，知能は学業成績と正の相関を持っている（$r = 0.25$）。思ったよりも相関が低い，と思われたかもしれないが，より最近の 2022 年に報告されたメタ分析である Lozano-Blasco ら[124]によれば，知能と学業成績の相関係数は $r = 0.37$ とされており，メタ分析に含める研究の集め方などにより推定値は異なってくる。知能と学業成績の関係の強さについては多少幅を持って捉えるほうが良いだろう。いずれにせよ，知能と学業成績の間に正の相関関係があることは間違いない。

次に性格の 5 因子（ビッグファイブ，4.1 節）を見てみると，神経症傾向と外向性はほとんど関係がない。協調性，開放性，勤勉性は正の相関があり，特に勤勉性と学業成績の正の相関（$r = 0.22$）が大きいことが分かる。学業成績と関連しそうな開放性よりも勤勉性のほうが学業成績と強く関連するという点が興味深い。「性格と学業成績が相関するのは，背後に知能の影響がある疑似相関なのではないか」という反論に対して，この研究ではきちんと知能の影響を統計学的に統制する処置を行っている。結果，勤勉性では相関係数が 0.22 から 0.24 へ微増し，反対に開放性は 0.12 から 0.09 へ微減した。協調性にはほぼ変化がなかった。やは

り，学業成績と性格（特に勤勉性）の間にも正の相関関係があると考えてよい。

● 知能・性格と仕事・収入の相関関係

Strenze らの 2007 年のメタ分析[120] は，知能が将来の教育的達成（主に最終学歴），職業的地位（職業の社会的評価をスコア化したもの），そして収入に及ぼす影響について検討した縦断研究のみを対象としたメタ分析である。なお，ここでの知能は，教育的達成，職業的地位，収入の測定よりも，少なくとも 3 年以上過去に測定されたものである。

結果として，知能と将来の教育的達成の相関は $r = 0.56$ と高いものとなった。知能と職業的地位の相関は $r = 0.45$，そして知能と収入の相関は 0.23 であった。比較のために，保護者の社会経済的地位（保護者の学歴・職業的地位・収入を総合的に反映したもの）と学業成績（主に高校での GPA）との相関係数についても**表 6-8** にまとめた。

知能と収入との相関が思ったよりも小さいと感じたかもしれない。これは実際その通りで，Strenze らの論文においても，先行研究が主張するほどは「知能による差が教育的達成・職業的地位・収入における圧倒的な差につながるということはなかった」（[120] p.415）としている。

一方で，本書の第 1 章でも触れたが，$r = 0.23$ という相関係数は心理学研究においては中程度の大きさであり，決して小さなものではない，とも Strenze は指摘している。なぜなら，教育的達成・職業的地位・収入のすべてにおいて，他のもっともらしい変数である「保護者の社会経済的地位」と「学業成績」よりも知能のほうが相関が高く，「結局のところ，知能の方が成功の予測因子として優れている」（[120] p.415）のである。

ちなみにやや余談だが，少し前に触れた「重力仮説」について，収入について測定した時の年齢ごとの知能と収入との相関係数を見ると，20 ～ 24 歳では $r = 0.06$，25 ～ 29 歳では $r = 0.16$，30 ～ 34 歳では $r = 0.21$，35 ～ 39 歳では $r = 0.25$，40 ～ 44 歳でも $r = 0.25$，45 ～ 49 歳で一度 $r = 0.21$ と下がっているが，50 ～ 78

表6-8　知能・保護者の社会経済的地位・学業成績と収入の相関係数

	教育的達成	職業的地位	収入
知能	0.56	0.45	0.23
保護者の社会経済的地位	0.55	0.38	0.18
学業成績	0.53	0.37	0.09

出典：Strenze, 2007[120] を参考にして筆者が作成

歳をまとめたグループでは再び $r = 0.24$ と上がっている。ここから，35歳以降で収入が安定し，知能を含めた能力に対して収束する「重力」が働いていると言って良いだろう。

ただしここでの議論に重要なのは，知能はやはり収入と正の相関を持つということである。

次に性格についてであるが，2023年にちょうどAlderottiらのメタ分析論文[125]が報告された。結論としては，個人の収入と勤勉性，開放性，外向性は正の相関を持ち，効果が最も大きいのはやはり勤勉性であった。勤勉性と開放性については，個人の認知能力や学歴を統計的に考慮した上でも，収入と正の相関があることが分かっている。逆に，協調性と神経症傾向は負の相関を持つことが明らかとなっており，その効果は同程度であった。

なぜこうした現象が起こるかについては，本書のテーマではないので深入りはしない。ただし，おそらく最も不可解であろう協調性の負の相関については，少し補足をしておく。Alderottiらは論文で，協調性の高い人が介護職といった協調性の高さと親和性が高いが収入の低い仕事に就くことなどで生じるかもしれない，としている（[125] p.2）。また，上記のメタ分析論文[125]では，国による差異があることも示しており，オーストラリア，イギリス，アメリカといった競争的な労働市場のある国では，協調性が高いことは個人の努力や才能がないとみなされることにつながり，負の効果が大きくなる（[125] p.10）ことを示している（反対に，勤勉性と外向性においてはこれらの国では正の効果が大きくなる）。このように，性格特性と収入の関係はやや複雑である。協調性の結果も，他者に協力する高収入の仕事（例えば，一部のコンサルタント）であれば，協調性が高いことは高収入につながると考えられるので，個別ケースによって性格特性が収入にどのように影響を及ぼすかは変わってくると思われる。

とはいえ，ここでの議論において重要なのは，前項と同じく，性格もやはり収入と関連するという点である。

より現実に近いと思われる読書と学力・収入の間の関係

さて，ここまで見てきたように，知能・性格といった「（個人が容易には）変化させられないもの」によって，学力や収入は影響を受ける。さらに，知能や開放性という性格は「新しい知識」の獲得に影響するであろうし，第4章でも述べたように，読書行動とも関係している。**図6-4**にこの影響を示した。

私たちが注目する概念である「学力」や「収入」は，この図のように，実に多様なものから影響を受けている。本書が述べているのは，このうちの，読書行動を起点とする変化のみである。そのため，読書行動のみによって，「すべての人に，大きな変化が起こるはずがない」ということが分かるだろう。

これには2つの側面がある。一つは，「まったく効果が現れない人もいるだろう」ということ，そして「大きく効果が現れる人もいるだろう」ということである。

上述したように，読書をすることで様々な影響が広がっていき，長期的には学力と収入にも影響が及ぶ。それは確かにそうだが，その背後には知能と性格の影響がある。あるとき，読書を習慣化しよう，と強く思い立っても，性格によっては読書行動を持続させることができないかもしれない。一方で，友人から軽く勧められただけで，読書が一生涯の習慣となる人もいる。また，読書によって言語力が高まっても，継続的に勉強できない性格から，十分な学力を得ることができない児童・生徒もいるかもしれない。反対に，読書によって言語力が高まったことが，その児童の弱点を埋めることになり，元々高かった知能が効果を発揮して学力を大幅に向上させることもあるかもしれない。読書によって共感性が高まっても，他者と競争することが重要な仕事に就けば収入にはつながらないであろうし，逆に（上記のコンサルタントの例でも述べたように）それを収入アップにつなげる人もいる。

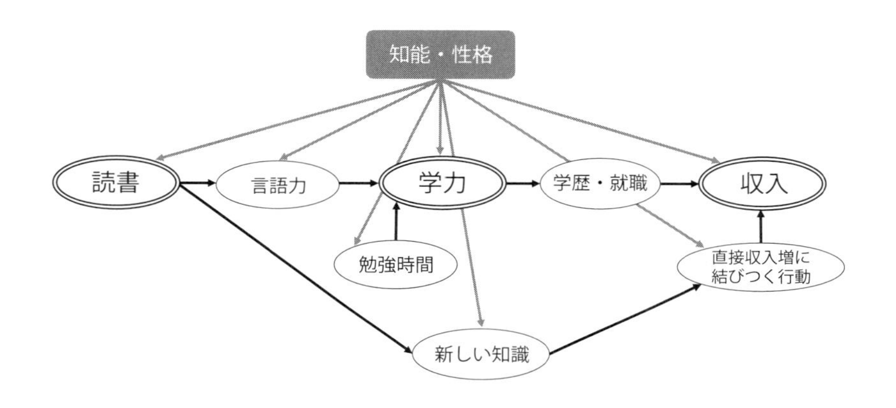

図 6-4　「読書が学力・収入を長期的には伸ばす」概念図

（知能・性格の影響を描いている）

このように，効果が現れない人もいるし，大きく効果が現れる人もいる。これらが「平均的には効果は穏やか。気長に気楽に」（原則 1）と「個人差は大きい。読書そのものが合わない人もいる」（原則 3）の所以である。

これらを踏まえた「学力・収入」を高めるために読書を使う，という際の適切な方略としては「まず読書を試してみる。習慣化ができなくても，一度や二度は再トライするといいだろう。しかしどうしても習慣化ができない，あるいは，『自分あるいは自分の子ども・生徒には読書をすることが学力・収入増につながらない』と確信できるのであれば，無理をせずスパッとやめてしまう」ということになる。というのも，読書は確かに効果がある場合もあるが，それは万人に効果があるということでも，万人が読書を習慣化できるということでもないからである。そもそも，文字を読むことに生来の困難を抱える児童（ディスレクシアと呼ばれる学習症を持つ児童[6)] など）もおり，その児童にまで無理やりに読書を勧めることはナ

6）もっと言えば，ディスレクシアの特性は少なくともある程度は連続的なものであり[126,127]，ある境で診断がつくか否かが分かれることがあっても，その特性自体は診断とは無関係につながっている。ディスレクシアと診断されるほどではないが，読書が苦手な児童というのは，ディスレクシアと診断された児童よりも何倍も多く存在するのである。

ンセンスであろう。**続けられて，効果がある人にはぜひ勧めたいが，続けられない，効果がない人にまで勧めたいとは思わない。**それが偽らざる筆者の気持ちである。

6.7 さらなる背景因子「遺伝」

さて，ここまででも十分に重い話になってしまったと思うが，これで終わりではない。知能と性格の背後には，「遺伝」がある。

安藤が2023年に出版した書籍『能力はどのように遺伝するのか：「生まれつき」と「努力」のあいだ』[128]で丁寧に解説をしているように，遺伝というのは私たちの活動によって変化することのない「出発点」である。知能も性格も私たちの意図通りに変化させることは難しい要因ではあるが，変化そのものは起こる。対して，遺伝というのは，私たちの活動によっては変化しない。それでいて，図6-4のあらゆる要素に大きな影響を与え続けるものなのである。

さらに，図6-4には描かなかったが，Strenzeらの2007年のメタ分析[120]のところで述べたように，「保護者の社会経済的地位」も教育的達成や収入に影響する。これは「環境」の影響である。したがって，図6-4の真の姿は，現在の図6-4にさらに遺伝と環境の影響を描いたものなのである。

遺伝と環境については次章で詳しく述べる。

6.8 3原則との対応関係
——成果はすぐには現れない。気長に構えた読書を

本章では，読書と学力・収入との関係について現在参照可能な科学的研究を概観し，その上で読書→学力・収入という因果関係と実践にどのように活かすかにについての筆者の私見を述べてきた。

「平均的には効果は穏やか。気長に気楽に」（原則 1）について，読書と学力・収入との関係は複雑で間接的であるため，その効果は「穏やか」である。「読書→学力」や「読書→収入」という因果関係は忘れるくらいでちょうどよく，思い出したころに効果が実感できれば御の字，というように構えて臨むのが読書習慣を続けるコツになるだろう。

「『読みすぎ』は弊害を生む。目安は 1 日 30 分～ 1 時間」（原則 2）については，全国学力調査データによく現れているように，読書時間を長くしすぎることは明確に有害である。学力というのは，勉強しなくては上がらないものである（どれくらい勉強すれば上がるのか，は個人差があるとしても）。したがって，勉強時間を圧迫するような活動は読書に限らず学力にはマイナス効果を持つことだろう。しかし読書と学力との正の相関関係はどの調査結果でも一貫して見られる頑健な現象であり，読書による長期的な学力向上効果はかなり大きなものになると期待できる。勉強だけでなく，読書にも少し時間を割いておくことは，長期的には賢い戦略となるかもしれない。

「個人差は大きい。読書そのものが合わない人もいる」（原則 3）については，本章の後半での「学力・収入には読書以外の多くの要因が関与する」という議論が深くかかわっている。性格・知能・遺伝により読書習慣を継続しやすい人もいれば，継続しにくい人もいる。読書をしなくても学力も収入も高い人はいる。しかし，読書によって学力を高めて収入も高まるという人もいる。まさに「個人差は大きい」のである。

第Ⅲ部

読書とうまく付き合うために

第 7 章

読書の行動遺伝学

知能や性格を直接変化させようとするのではなく，読書活動を奨励しようとする動機の一部は，「知能・性格は直接変化させられないが，読書をするかどうかは個人の裁量であるため，変化させることができる」という信念がおそらく前提となっている。しかし，この信念は正しいのであろうか。このように問いかければ，おそらく，「実際に子育て・教育に携われば，親や教師の働きかけで子どもがいかに大きく成長するかが分かる」という，実経験に基づいた反論がなされることが予想される[1)]。

この反論を完全に否定する気はないが，その「働きかけ」の成功確率は100%だっただろうか。働きかけが成功しなかった事例を無視していないだろうか[2)]。また，「働きかけ」が成功した事例においても，その成功のうち何割が働きかけそのものの効果であり，何割がその子どもの遺伝的資質によるもので，何割が子どもが過ごす家庭や学校といった環境の影響だろうか。

子育て・教育に携わる方々の努力にいちゃもんをつけるようになってしまって心苦しいが（筆者自身も子育て・教育に携わる身でもあるが），少し冷静になって，本

1） 筆者は実際に，学会での講演後の質問応答でこのように反論されたことがある。

2） これを心理学では「確証バイアス」と呼び，合理的な判断を歪める一般的傾向である。

章を読んでみてほしい。これは決して特定の方々の行動を貶めたり，非難したりするための文章ではない。子どもに対して読書を推奨する努力は必要だし，その子どもにとってはとても効果的な働きかけになり得る。成人の方が自分自身で「読書を習慣化しよう」と決意し，習慣化できるように努力することも，これ無しには決して読書が習慣化することはない大切なものだ。この点には筆者も100%同意する。

一方で，そうした働きかけや決意をしても，どうしても読書が続かないケースというのは，やはり存在する。そしてそれは，養育者，保育者，教育者が悪いわけでも，児童・成人を含めた本人が悪いわけでもない。**遺伝と環境の影響が大きく，そうした働きかけや決意が十分に効果を発揮できない状況がそこにあったというだけのこと**なのだ。他の児童への働きかけなら成功する可能性は十分にあるし，本人も読書以外の行動ならば習慣化できる可能性は十分にある。だから自らを責める必要はないし，無力感に陥る必要もない。個人個人に合ったことに出合えるように，日々の努力を続けるだけで良い。

行動遺伝学という分野は，読書行動を含め，心理学が対象とするような行動の背後にある遺伝的影響を解明していく学問である。筆者の感覚では，2024年現在においても社会にとってまだナイーブな部分に，刺激の強すぎる学問であると感じる。ここまで述べてきたように，現場の努力を否定する知見と解釈されかねず，人生は遺伝という運命にすべて決められてしまっているかのような無力感を助長しかねないからである。

しかしながら冷静になれば，**行動遺伝学の知見は謙虚で地道な教育を再び志向させる貴重な知見**であることが分かる。私たちにできることとできないことを見極め，できることに集中する，という考えを読書教育の世界に提案したい。

7.1 行動遺伝学と双生児法

遺伝・共有環境・非共有環境とは

読書行動についての行動遺伝学的研究について紹介する前に，理解の前提となる基礎知識を簡単に説明する。まず，行動遺伝学とは主に双生児（双子のことである）のデータを用いることで，様々な個人差における遺伝と環境の影響を推定する学問である。なぜ双子なのか。それは，双子が遺伝と環境の影響を推定するに当たって欠かせない2つの特徴を持っているからである。

1つ目の特徴は，一卵性と二卵性の違いによる遺伝子の共有率の差である。一卵性双生児は遺伝子をほぼ100％共有しており，二卵性双生児は平均的に50％を共有している。

2つ目の特徴は，共有された環境である。基本的には双子は同じ両親のもとで育つ。したがって，一卵性双生児にせよ，二卵性双生児にせよ，双子間で100％共有された環境が存在するということである。

この2つの特徴を元に，遺伝と環境が行動における個人差にどのような形で影響するかという「モデル」を仮定することで，遺伝と環境それぞれの影響力を推定することができる。ここでは，行動遺伝学的研究において最も頻繁に用いられているACEモデルについて説明する。

ACEモデルにおける仮定では，行動の個人差は「遺伝」「共有環境」「非共有環境」という独立な3つの要因によって生じる（ACEモデルのAが遺伝，Cが共有環境，Eが非共有環境をそれぞれ指している）。ここでの「独立な」というのは，要因間の相互作用が存在しないという意味であり，ある行動の個人差を説明する割合として「遺伝率」「共有環境率」「非共有環境率」を推定して，それら3つを足し合わせると説明率が100％になると仮定するということである。

このうち「共有環境」とは，双子の2つ目の特徴で述べた「双子間で共有されたすべての環境」である。典型的には家庭環境ということになるが，厳密には「遺伝とは別に双子を類似させる環境」[3] をすべて共有環境と呼ぶ。つまり，家の中における違い（例えば，家に置いてある本の数や視聴されるテレビの内容など）だけでなく，家の外で生じる出来事についても，双子を類似させる環境はすべて「共有環境」である。例えば，多くの場合には双子は同じ小学校に通うだろう。しかし，教育に熱心な両親であれば，評判の悪い公立小学校を避けて，評判の良い私立小学校へ双子を入学させるかもしれない。すると，双子の一方の児童は，同じ学区の他の子どもよりも，双子のもう一方の児童により似るようになるかもしれない。したがって，どのような小学校に通わせるかという要因も「共有環境」に含まれているのである。

ちなみに，ある双子が異なる小学校に通った場合は，それは次に説明する「非共有環境」となる。つまり，小学校は状況によって共有環境にも非共有環境にもなるということである。このように，ある双子にとっては共有環境であるものが，別の双子にとっては非共有環境になるかもしれないため，「共有環境とは○○のことである」と簡単に説明することは難しいのである。後ほど説明する，共有環境率の計算方法を知ってもらえれば，もう少し納得してもらえるはずである。

「非共有環境」とは，「遺伝と共有環境で説明されない個人差を生み出すすべて」である。非共有環境も共有環境と同様に，「非共有環境とは○○のことである」と簡単に説明することは難しい。それでもいくつかの例をあげれば，双子であっても出生順序によって兄・姉，弟・妹があること，そのこととも関連して家族のかかわり方が双子で異なってくる場合があること，双子の一方とだけ仲が良い友達がいること，小学校で双子が異なるクラスに入ること，双子で異なる習い事をすること，双子で異なる本を読むこと……などなど，いくらでも挙げることができる。しかしこれらは非共有環境のうちの，比較的分かりやすい部分にすぎない。上記で説明されてない非共有環境とは，表面的には共有環境を与えられているように見えるが，そこから生じる経験に違いが生じたり，経験が同じであってもそ

3）安藤の 2021 年の書籍『家庭環境と行動発達』[129] の表現（p.66）。安藤は「家族」と表現していたが，分かりやすく「双子」とした。

れに対する知覚・感情・解釈に違いが生じたりすることである。例えば，家族でキャンプに出かけたとしよう。双子はどちらも連れていってもらっているので，これは共有環境だと言える。しかし，そのキャンプから得るものは双子それぞれで異なる。双子の一方だけが，その時のキャンプで思わぬ出会いをするかもしれない（それは，同年齢の子どもかもしれないし，珍しくリスを見つけることかもしれない）。これは経験の違いである。特にそうした経験の違いがなくても，色鮮やかな青空と緑に触れることで，双子の一方だけが大きな感動を得るかもしれない。そしてもしかしたら，将来は自然を守る仕事をしたい，と考えるようになるかもしれない。このように，家族でキャンプに出かけて，双子の両方に同じ影響を与えたならば，それは共有環境である。しかし，そのキャンプが双子にそれぞれ異なる影響を与えたならば，それは非共有環境なのである。

こうした非共有環境の影響は，なんでもない日々の生活で常に起こり続けている。安藤[129]の表現を借りると，「あなたが自宅でこの本を読んでいるいま，あなたの家族は同じ屋根の下の別の部屋で，まったく違うことをしているだろう。いや同じ部屋にいてすら，すでに別々のことをし，別々にものを考えているはずである。同じ屋根の下で暮らしていても，環境は共有されていない。それが非共有環境の正体である」（[129] p.60）ということになる。

遺伝と環境が影響する割合の計算方法

次に，遺伝・共有環境・非共有環境の計算方法について説明する。ここでの計算方法は簡略なものであり，研究目的に合わせて構造方程式モデリングというやや高度な統計解析法を用いて計算されることが多くなってきているが，基本の考え方としては同じことである。

例えば，ある能力Aを測定するテストがあったとしよう。このテストを一卵性双生児100ペア（200名）と二卵性双生児100ペア（200名）が受けたとする。次に，一卵性双生児のペアのうちのどちらか一人を選んで，そのテスト得点100個分をデータセット1，ペアの残った一人のテスト得点100個分をデータセット2とする。そして，データセット 1 とデータセット 2 で相関係数を出す。二卵性双生児にも同じ手続きを行い，相関係数を出す。結果として，一卵性双生児の相関係数が $r = 0.80$ で，二卵性双生児の相関係数が $r = 0.50$ だったとしよう。

最初に算出できるのが,「非共有環境率」である。これは一卵性双生児の相関係数を見るだけで算出することができる。一卵性双生児というのは，前項で説明したように双子の間で「遺伝」と「共有環境」の両方が 100% 共有されている存在である。そして，ACE モデルによれば，能力 A の個人差は「遺伝」「共有環境」「非共有環境」という独立な 3 つの要因によって生じる。したがって，一卵性双生児の相関係数が $r = 1.00$ ではなく，$r = 0.80$ に留まっている理由は，唯一共有されていない「非共有環境」にあると考えるしかない。そこで，1.00 − 0.80 = 0.20 = 20% が「非共有環境」となるのである。

次に「遺伝率」を算出する。一卵性双生児は 100%，二卵性双生児は 50% の遺伝子を共有している。その差は 50% である。能力 A について見てみると，一卵性双生児の相関係数が $r = 0.80$ で，二卵性双生児の相関係数が $r = 0.50$ であるので，その差は 0.30 ということになる。遺伝の観点から言えば，0.30 という相関係数の差は，遺伝の影響力を 2 分の 1（50%）にしたときに得られたものだということになる。そこで遺伝の影響力を本来の 100% に戻すように，相関係数の差を 2 倍にすると，相関係数の差は 0.60 ということになる。これが遺伝率であり，能力 A の遺伝率は 60%（= 0.60）ということになる。

最後に「共有環境率」であるが，これはもう簡単である。個人差 100% のうち，遺伝率が 60% で，非共有環境率が 20% であるので，100% − 60% − 20% = 20% が共有環境率である。

遺伝率と共有環境率の部分は簡単な連立方程式にまとめることができ，以下のようになる。このとき，遺伝率が x，共有環境率が y である。

$$0.80 = x + y$$

$$0.50 = 0.5x + y$$

例えば，安藤[7] は青年期の知能指数の遺伝率について，一卵性双生児の相関係数が $r = 0.73$，二卵性双生児の相関係数が 0.46 であることから，遺伝率 54%，共有環境率 19%，非共有環境率 27% であることを紹介している。

ただし，この方法で正しく推定できるのは「二卵性双生児の相関係数が，一卵性双生児の相関係数の半分以上あること」が条件になる。この条件が満たされない場合には，そもそも ACE モデルを仮定することが妥当でない可能性があり，ACE モデルとは別のモデルを用いて推定するなどの対処を取ることになる。

また，推定の手続き上，測定の誤差などはすべて「非共有環境」に含まれる。そのため，もし能力 A を測定する上記のテストが信頼できないもので，測定誤差をかなり含むものであった場合には，非共有環境が不当に高く評価されることになる。この点は少し念頭に置いておくと良いだろう。

7.2 読書行動さえも遺伝によって影響されている

さて，本題に戻ろう。本書にとって重要なのは，行動遺伝学における双生児法はすでに読書行動に適用されており，ある程度研究が進んでいるという事実である。

表 7-1 に，5 つの研究によって検討された読書行動の遺伝率を共有環境率・非共有環境率と共に示した。遺伝率の幅は 10% ～ 67% とかなりばらつきがあるものの，読書行動も遺伝の影響を受けることは明らかである。

表 7-1　読書行動の遺伝率

研究	測定法	国	年齢	遺伝率	共有環境率	非共有環境率
Harlaar et al. (2007)	再認テスト法 (ART)	イギリス (双生児早期発達調査)	10歳	10%	49%	41%
Harlaar et al. (2014)			12歳	39%	32%	29%
Martin et al. (2009)	再認テスト法 (ART)	オーストラリア	平均18歳 (11～29歳)	67%	8%	25%
Sun et al. (2023)	保護者回答の質問紙 (早期の楽しみのための読書年数)	アメリカ (ABCD 調査)	0～10歳	32%	51%	18%
van Bergen et al.(2018)	保護者回答の質問紙 (読書冊数と読書頻度)	オランダ	7.5歳	50%	45%	5%

遺伝率・共有環境率・非共有環境率の値は四捨五入をしたものなので，合計が 100% とならない場合がある。

年齢による遺伝率の上昇

現在，読書行動を測定する標準的方法は ART・TRT（1.3 節参照）という再認テスト法であり，遺伝率についても最もよく研究されている。そこで ART の遺伝率研究を見てみよう。TRT の行動遺伝学的研究もあるのだが，研究実施の方法が明確に記載されていないため，ここでは割愛する。ただし，この 2005 年の Olson らによる報告[130] が，読書行動測定への最初の行動遺伝学的研究の報告のようだ。

ART については，Harlaar ら[131] が 2007 年に報告したイギリスの「双生児早期発達調査」データの 3039 組の双生児を対象とした研究にて，10 歳時点での ART の遺伝率を報告している。結果として，遺伝率は 10% と低く，共有環境 49%，非共有環境率 41% という結果であった。

さらに 2014 年の報告[132] では，同じく双生児早期発達調査の双生児が 12 歳になった時点での ART の遺伝率を報告しており，遺伝率は 39%，共有環境 32%，非共有環境率 29% という結果であった。

Martin ら[133] は，オーストラリアで行われた双生児研究の結果を 2009 年に報告している。646 組の双生児ペア（一卵性双生児 216 組，二卵性双生児 430 組）が参加し，年齢は約 11 歳～ 29 歳であった。その結果，ART の遺伝率は 67%，共通環境 8%，非共有環境率 25% であった。

もしかしたら混乱したかもしれない。同じ ART を用いた 3 つの研究の間で遺伝率がかなり異なるためだ。

この点については，年齢による効果が指摘されている。すなわち，最も遺伝率の低い Harlaar らの 2007 年の研究（遺伝率 10%）は，10 歳という低年齢に参加者の年齢が揃えられていた。それが 2014 年報告の 12 歳データでは遺伝率が増加（遺伝率 39%）し，最後の Martin ら（遺伝率 67%）は約 11 ～ 29 歳で，平均年齢は 18.0 歳である。

「年齢が高くなるほど，遺伝率が高まる」ことは，実は一般的な現象である。例えば，安藤[7] が整理しているように，知能における遺伝率は，児童期では 40% 程度，青年期では 50% 程度，そして成人期初期には 60% 程度，というように，年齢を重ねるごとに割合が高まっていく。この結果は直感に反する部分がある。経験（環境）を重ねていくうちに，人間形成がなされていくのではないのか，ということである。実際にはその逆であり，年齢が小さいときほど環境によって子どもの特性は左右され，年齢を重ねる中で様々な環境にさらされるうちに，その子どもが本来持っていた遺伝的資質が引き出されていく，というのが行動遺伝学が示唆する考え方である。

このことは，主に保護者や保育・教育者の作り上げる環境である共有環境において，特に示唆的である。共有環境を作るものは，何よりもその環境が子どもの「将来」に役立つことを願っているだろう。しかし実際には，共有環境が最も影響力を発揮するのは「現在≒子ども時代」なのである[4)]。このことが意味するものについては，のちほど少し詳しく述べたい。

---

4) 将来においても共有環境の影響が完全にゼロになるわけではないので，その意味では将来にも影響はするのだが，影響力は小さくなる。

● 早期の読書行動には共有環境の影響が大きい

次に，質問紙報告の読書行動の遺伝率を見てみよう。van Bergen らが 2018 年に報告した研究[134] は，オランダの双生児 6072 組を対象とした大規模データの結果を報告している。参加者の双子が 7.5 歳のときに，母親に「子どもの週あたりの読書冊数と読書頻度」を尋ねた。結果として，遺伝率 50%，共有環境率 45%，非共有環境率 5% であった。

さらに，5.1 節で紹介したアメリカの ABCD 調査データを分析した Sun らの研究[96] でも遺伝についての検討がなされており，711 組の双子（317 組の一卵性双生児，394 組の二卵性双生児）のデータから「遺伝率」を算出している。参加者の双生児たちの年齢は 9 ～ 11 歳なのだが，ここで報告されている読書量というのは，9 ～11 歳の児童がそれ以前にどれくらい長い期間読書に親しんだか，という保護者回答による「早期の楽しみのための読書年数」である。0 歳からでも読み聞かせによる読書ができると考えると，0 歳～ 10 歳の範囲でどれくらいの期間読書をしたか，ということである（実際，回答には「10 年」というものも含まれていた）。

結果を見てみると，楽しみのための読書の年数は遺伝率 32%，共有環境率 51%，非共有環境率が 18% であった。ちなみに，同時に測定されている認知スコアの遺伝率は，結晶性成分（学習された知識やスキル）が 46%，流動性成分（経験や学習に依存しない知能）が 61% であった。注意の問題スコアの遺伝率は 67% である。

楽しみのための読書年数の遺伝率は，32%。van Bergen ら（遺伝率 50%）に比べれば低いし，上記の認知スコアや注意の問題スコアの遺伝率よりは低い。ただし van Bergen らは読書冊数と読書頻度を尋ねており，Sun らは「早期の楽しみのための読書年数」を尋ねている，というように，そもそも測定法が違うので，研究間の比較は参考程度である。

注目すべきは，共有環境率の高さであり，51% という結果となった。表 7-1 のとおり，参加者の年齢の高い Martin らと Harlaar らの 2014 年の研究を除けば，共有環境率は 45% ～ 51% となる。一般に，共有環境率というのは低めである。先ほどは安藤[7] の知能の遺伝率を紹介したが，知能の共有環境率は児童期では 30%

程度，青年期と成人期初期には20％程度とされている。これらの値よりも，読書行動の共有環境率は高い値となっている。「早期の読書習慣においては，共有環境（すなわち，保護者，保育者，教育者）の影響は大きい」と言えるかもしれない[5)]。

「早期の読書習慣においては，共有環境の影響は大きい」と述べてしまうと，やや単純で一面的すぎるメッセージになってしまうかもしれない。そこで，別の解釈も考えてみたい。先ほども述べたように，Sunらのこの研究は「0歳〜10歳の範囲でどれくらいの期間読書をしたか」を測定している。6〜7歳の小学校入学以降ならいざしらず，それ以前の読書行動のほとんどは共有環境によって決定しそうなものである。すなわち，「早期の楽しみのための読書年数」の値は，本来，共有環境で100％近く決まるべきものなのではないか，ということである。しかし実際にはそうならず，遺伝率31.5％，非共有環境率が18.0％と，共有環境以外の成分が約5割ある。この観点から考えれば，上記の結果はむしろ，「保護者・保育者・教育者がどれだけ読書をさせようとしても，思い通りにならない部分が5割もある」という結果とも解釈することができる。

筆者自身の体験で恐縮だが，自分の娘に読み聞かせをしようと思っても，本人が乗り気でないときには読み聞かせなどできないものである。興味がなさそうにしたり，他のおもちゃへ注意が逸れたりする。これは娘が0歳のときからそうである。逆に，1歳半になった娘から「どうじょ！」（おそらくは，「どうぞ」の意）と本（それも，お気に入りの同じ本ばかり）を押し付けられれば，心身ともに疲労困憊の最中であっても，少しくらいは読み聞かせをしてやりたくなるものである。そして読み聞かせを始めれば，まだ数ページしか読んでいないのにどこかへ走り去ってしまう……。このように，保護者の意図通りにはならない部分が子どもには生まれつき備わっており，それが遺伝であったり，ある環境でその本人だけに経験される非共有環境の影響であったりするのだろう。

まとめると，読書行動でさえも遺伝の影響を受けている。ただし，年齢によっ

5）ただし，Martinらの研究を踏まえると，この影響力は成人になるまでに急速に下がっていくと予想される。

ても異なるが，共有環境・非共有環境もまた，読書行動には影響している，ということになる。

7.3 遺伝は環境に影響する——遺伝と環境の相互作用

このように，行動遺伝学的な知見は読書行動さえも遺伝の影響を受けることを示している。とはいえ，「遺伝の影響もあったけど，純粋な環境の影響もあったでしょう？」と思われるかもしれない。この考えは，「環境とは何か」を十分考察した上で述べる分には正しいが，素朴な意味で述べている場合には，間違っている可能性がある。

というのも，実は「遺伝は環境に影響する」のである。書き間違えではない。「遺伝は」「環境に」影響するのである。正確に言えば，「遺伝→環境→遺伝→環境→遺伝→……」というように，遺伝と環境は相互に影響しながら，本人の生来の遺伝的特性を（良きにつけ悪しきにつけ）強めるように働く。これを「**遺伝と環境の相互作用**」と呼ぶ。

直感に反するために，遺伝と環境の相互作用の考え方はなかなか飲み込みにくいものである。そこで最初に分かりやすい例として，読書行動ではなく読みの流暢性についての研究だが，2017 年に報告されている van Bergen ら[135] の研究を紹介したい。

家庭蔵書数に親の言語力が影響する

家庭の読書環境を示す分かりやすい指標として，家庭蔵書数がある。家庭蔵書数が高いほど子供の言語力が高いという正の相関関係が知られており，「家庭の読書環境が子どもの言語力を伸ばした」という因果関係がナイーブに仮定されることが良くある。しかし，van Bergen ら[135] は，蔵書数と子どもの言語力の正の相関は「親の遺伝的特性が親の言語力と子どもの言語力に正の影響を与え，親の

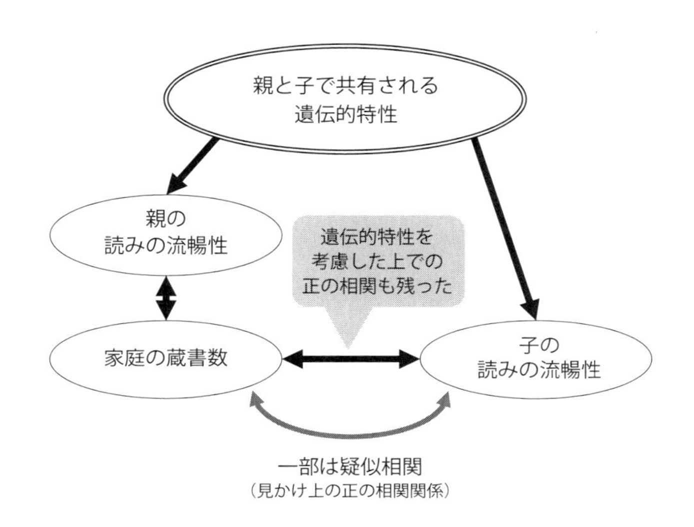

図7-1　蔵書数と言語力（読みの流暢性）の背後に存在する親の遺伝的特性

出典：van Bergen らの 2017 年論文[135] の Figure 1 を参考にして筆者が作成

言語力が家庭蔵書数を増やすことにつながっている」という親の遺伝的特性を第三変数とする疑似相関ではないかと考えた（**図7-1**）。

そこで，母親・父親・子どもの3人組101組を対象に，読みの流暢性（一定時間内に単語や疑似単語をどれだけたくさん正確に読めるか），両親の読書頻度，家庭蔵書数などを測定・質問した。子どもは7～17歳（平均11歳）であった。そして，両親の読みの流暢性のスコアと家庭蔵書数が，子どもの読みの流暢性のスコアを予測するかどうかを検討した（子どもの年齢の影響は統計学的に統制してある）。

まず，家庭蔵書数が子どもの読みの流暢性スコアと有意な正の相関を持つことを確認した。家庭蔵書数が多いほど，子どもの読みの流暢性スコアは高い傾向があったということである。次に，両親の読みの流暢性スコアも分析に含めたところ，両親の読みの流暢性スコアも家庭蔵書数もどちらも子どもの読みの流暢性スコアと有意な正の相関を持ったが，家庭蔵書数が独自に相関する割合がぐっと下がった（ただし，家庭蔵書数と子どもの読みの流暢性スコアの相関は有意のまま）のである。

すなわち，「家庭蔵書数の背後には，両親の言語力（読みの流暢性）の影響があり，そのさらに背後には両親と子どもに共通する遺伝の影響がある。この遺伝が両親と子どもの言語力に影響し，両親の言語力が家庭蔵書数に影響するので，家庭蔵書数と子どもの言語力には（見かけ上の）正の相関が生じるのだ」という van Bergen らの予測を一部支持する結果であった。

このことは，**一見「環境」とみなされるものの中に，実は「遺伝」の影響がある**ことを示している。しかし一方で，「小さくなったとはいえ，遺伝の影響を除いた家庭蔵書数の影響も言語力（読みの流暢性）にはある」ことも示している。この研究は双生児研究ではないため，分析が十分に遺伝の影響を捉え切れているかは疑問の残るところだが，ここでは「遺伝は環境に影響する」「遺伝を除いた環境の影響も，小さいがゼロではない」という 2 点を確認してほしい。

● 受動的相関，誘導的相関，能動的相関

遺伝と環境の相互作用について，理論的な説明も付け加えたい。遺伝と環境の相互作用には，少なくとも「受動的相関」「誘導的相関」「能動的相関」の 3 種類があると考えられている[136]。

受動的相関（passive genotype-environment correlation）とは，親は親自身が好ましい環境を作り，それを子どもに与えるが，親と子どもは遺伝的に類似しているので，その環境が子ども自身にとっても「好ましく，成長を促す」環境になる確率が高い，というものである。先ほどの van Bergen ら[135] の研究の説明において，「親と子で共有される遺伝的素因が親と子の言語力を高め，言語力の高い親が多くの本を購入して家庭蔵書数を増やしている。結果として，家庭蔵書数と子の言語力は正の相関を持つ」と述べたが，これがまさに受動的相関の例である。高い言語力につながる遺伝的資質を持つ子どもが，その遺伝的資質の開花を促す豊かな言語環境を得ることになる。ここでの「受動的」というのは，子ども自身の能

動的行動とは無関係に遺伝と環境の相互作用が生じている，という意味である。この後説明する誘導的相関と能動的相関では，子どもの能動的行動が環境の変化に影響する。

問題は，このときの「家庭蔵書数」は「遺伝」なのか「環境」なのか，ということである。すでに研究結果を見たように，結論から言えば「遺伝と環境の相互作用」ということになるわけだが，一般にはあまりにもナイーブに「家庭蔵書数」を「環境」だと捉えすぎている，というのがvan Bergenら[135]がまさに指摘していることなのである。

上記は受動的相関のポジティブな例であるが，ネガティブに働く例もある。例えば，アルコール依存症のリスクを高める遺伝的特性を持った親子がいて，親が作り上げた「いつでも酒が飲める環境」に，アルコール依存症のリスクの高い子どもが置かれる，といったケースである。

誘導的相関（reactive genotype-environment correlation）とは，親を含めた周囲の人間が，子どもの様子を見て環境を調節することを指す。例えば，「音楽に興味がありそうな素振りを見て，親がピアノ教室に通わせる」，「学力テストの成績が良いことに教師が気づいて，その生徒に教育内容が良いと評判の私立高校を進める」，そして，「児童が熱心に本を読んでいる様子を見て，親が児童が好きそうな本を買ってきたり，親戚が図書カードをくれたり，学校の先生が本を紹介してくれたりする」，といった現象がこれに当たる。

心理学では「ピグマリオン効果」としてよく知られている現象だが，一般に，人は「この子は期待できる」と感じると，その子どもに視線を送る量が増えたり，実際に支援を増やしたりなど，陰に陽にその子どもをサポートしてしまうものである。始まりである「子どもの様子」そのものが遺伝によってもたらされたとしても，その影響は環境（周囲の大人からのサポート）に影響し，その子ども自身に再び影響する。これが誘導的相関というわけだが，このときのサポートもまた，「遺伝」なのか「環境」なのかは判然とせず，「遺伝と環境の相互作用」ということになる。

能動的相関（active genotype-environment correlation）は，周囲の人間ではなく，子

ども自身が自らの特性に応じて環境を選ぶ，というものである。例えば，先ほどの例を引き継ぐと，「ピアノ教室で自分にはピアノの才能があると感じ，音楽大学へ進学する」，「教師の勧める高校では満足できないと感じ，より教育環境の良い海外の高校へ留学することを決意する」，「本が好きでたまらないので，学校図書館や地域の図書館へ足繁く通って，司書に質問をしたり，本を紹介してもらったりする」などである。子どもの特性が遺伝によってもたらされているとすると，上記のような**環境の選択にも遺伝の影響がある**ことになり，上記の 2 つと同様に，「遺伝と環境の相互作用」が生じていると言える。

ちなみに，「遺伝と環境の相互作用」は遺伝率，共有環境率，非共有環境率のいずれに含まれるのか，と疑問に思われたかもしれない。しかしこれは結果から後付けでしか解釈することはできない。「遺伝と環境の相互作用」によって生じた環境の変化が，一卵性双生児に類似性をもたらしているならば「遺伝率」に，一卵性双生児に非類似性をもたらしていたならば「非共有環境率」に，一卵性双生児ではなく二卵性双生児に類似性をもたらしているならば，「共有環境率」をそれぞれ高めるように作用しているはずである。

7.4 読書行動に純粋な共有環境の影響は存在するのか
――日本における読書行動についての双生児研究

これまでは素朴に「環境の影響」と考えられてきたものも，遺伝と環境の相互作用の観点から考えると，純粋に環境の影響とは言えない，ということを説明してきた。しかし，ここまで「穿って」考えてしまうと，「では一体何が，純粋に環境の影響と言えるのか」と問いたくなるかもしれない。特に，保護者・保育者・教育者にとって努力できる部分である「純粋な共有環境」とは何か，と。

この点について検討した安藤の研究が，2021 年出版の『家庭環境と行動発達』[129] に掲載されている。この研究は，分析法が複雑で，かつ，結果も単純ではないので，正直なところかなりややこしい。しかし「日本における読書行動についての双生児研究」は非常に稀であり，今後もどの程度報告されるか分からない，とても貴重なものである。本書の読者の方には，ぜひ知ってほしい。できる限り分かりやすく説明するので，少し我慢して読んでみてほしい。

まずは「純粋な共有環境の影響」を知るためのロジックである。ここまで，読書行動の個人差を「遺伝」「共有環境」「非共有環境」に分解する発想（ACEモデル）を説明してきた。一卵性双生児と二卵性双生児を比較する双生児法によって，その分解が可能になる。そうであれば，読書行動の個人差だけでなく，これまでは「環境」側だと考えられてきた「親が与えてくれた読書環境」も，双子それぞれの認識する「親が与えてくれた読書環境」を尋ねることで，双子法による「遺伝」「共有環境」「非共有環境」への分解が可能となる。

例えば，「子どもの頃に母親や父親が図書館へどれくらいの頻度で連れて行ってくれたか」について，一卵性双生児と二卵性双生児にそれぞれ尋ねる。双子間で回答はある程度は一致すると思われるが，本人の主観的回答なのでズレも生じる。回答の一致度として，双子間で相関係数を算出する。後は7.1節で述べた手続きと同じ手続きで「遺伝」「共有環境」「非共有環境」に分解する。このようにすれば，これまでは「環境」側だと思われた「親が与えてくれた読書環境」の影響であっても，一卵性双生児ペアに違いをもたらすものであれば「非共有環境」であるし[6]，一卵性双生児と二卵性双生児の共有する遺伝子の割合の違いから説明できる部分については，環境のように見えても実は「遺伝」なのである（前項の「遺伝と環境の相互作用」がまさにその代表格となるケースである）。

そして，一卵性双生児と二卵性双生児の共有する遺伝子の割合の違い以上に二卵性双生児を類似させている成分こそが，「親が与えてくれた読書環境」の中の「共有環境」であり，上記の「純粋な共有環境の影響」とみなせる部分なのである。

安藤は，平均年齢20.55歳の成人の双子292組を対象とした回顧調査の結果を紹介している。ややこしいので，ここでは，回答者である約20歳の成人の双子の

6）双子に異なるかかわりがなされていたり，同じ環境が与えられていても双子で受け止め方が違ったり，というケースが考えられる。

ことを「回答者」,回答者の親のことを「親・母親・父親」と呼ぶことにする。「子どもの頃」という用語が出てくるが，これは「現在約20歳である回答者が，自分が幼いときのことを振り返った」ということである。

調査では，回答者の現時点での読書行動や，子どもの頃の親や家庭環境について質問をした。分析においては,回答者自身の読書行動として「調査時点での，読書量，読書時間，読書への好意度や意欲を集約した値」を用いた。親が与えてくれた読書環境については，母親と父親それぞれについて「間接環境」と「直接環境」に分けた。具体的には，間接環境として「子どもの頃の，親自身の読書量と読書への好意度を集約した値」を，直接環境として「子どもの頃の，親が図書館や本屋に連れて行く頻度や読み聞かせの頻度を集約した値」をそれぞれ分析に用いた。

安藤はこれらのデータについて，上記のロジックを背景として，回答者の性別による違いも含めて，コレスキー分析モデルと呼ばれる手法を用いて分析している。分析方法・結果ともにかなり複雑であるので，詳しくは原典[129]を当たっていただき，ここでは要点のみを述べる。

回答者が女性である場合の子ども自身の読書行動について，純粋な共有環境の影響は，データのばらつきの1.7%を説明するというわずかな効果ではあるが，存在していることが示された。男性についても，同じくわずかな効果ではあるが，純粋な共有環境の影響によってデータのばらつきの1.5%が説明されるという形で，存在することが示された。その影響の内訳を見てみると，回答者が女性である場合には，母親の直接環境（母親が回答者を図書館や本屋に連れて行く頻度や子供に読み聞かせをする頻度）からの影響が大きく，回答者が男性である場合には，直接環境とともに，間接環境（父親の読書量と読書への好意度）の影響も大きいことが分かった。また，親の与える読書環境を経由して生じる「非」共有環境の影響はないことが分かった。

この結果について安藤は「やや乱暴なまとめ方をすると，親の作りだす読書環境の「環境からの」影響は，女性では母親との面と向かった直接的な，男性では父親の背中を見ての間接的なかかわりが，それぞれ優勢であり，ロールモデルのあり方が男女で異なることが描かれているように思われる」としている（[129] p.76）。

さて，この結果をどう解釈すべきか。2つの解釈の仕方があり，どちらが正解というわけでもないと筆者は考える。

1つ目の解釈は，純粋な共有環境の影響が小さいことに着目し，「これまで環境の影響だと思っていた部分の大半が，実は環境による影響ではなかった。家庭環境によって子どもの読書行動が変わる，と思っていたのは，幻想だったんだ」という解釈である。家庭環境への過度の期待・プレッシャーを抱かない，という意味では，この解釈もまた有用である。

2つ目の解釈は，「これほどまでに精緻に分析しても，共有環境の影響はゼロではないことが分かった。説明できる読書行動の個人差が1%だとしても，20歳の回答者の読書行動に，子どもの頃の親の与える読書環境が影響しているという事実は心強い。やはり子供のために読書環境を整えてあげたい」という解釈である。ちなみに，安藤は文中で，この研究の限界点として，親自身による評定が得られていない点——そのため，回答者の評定が，親の与える読書環境を正確に反映していないかもしれない——，そして親の与える環境（子どものときの回想）と実際の行動（およそ20歳）との年齢の開きが大きい点を挙げ，純粋な共有環境の影響が過小評価されている可能性がある，としている（[129] p.77）。したがって，「説明できる読書行動の個人差が1%」というのは，「少なくとも1%」と解釈することもできるだろう。

7.5 遺伝の影響はある
——冷静に考えれば，それは当たり前のこと

さて，ここまで行動遺伝学的な研究をいくつか紹介してきた。複雑な結果のものもいくつかあったが，その意味するところは単純で，冷静に考えれば，当たり前の結論である。すなわち，**読書行動にも遺伝の影響はある。そして，遺伝だけ**

で100%説明されることもないということだ。家庭教育等を含む共有環境も，個人個人の人生経験としての非共有環境も，読書行動に影響する。

唯一驚くべきことがあるとすれば，それは「純粋な」共有環境の影響の小ささかもしれない。安藤の研究では純粋な共有環境の影響を1～2%と推定していた。だが安藤[129]も「もし逆に子どものころに与えた環境が人生全般にわたって永続的な，言い換えれば取り返しのつかない結果をもたらしてしまうものだとしたら，それはそれで残酷なことである」（[129] p.77）と述べているように，親や保育・教育者が用意した共有環境によって，子どもがどのようにでも変化してしまうとすれば，それはむしろ恐怖でしかない。筆者も含めた親や保育・教育者は，自らの働きかけが子どもに影響することを願いながら，一方で変わらない子供の姿に安堵してもいる。遺伝は個性である。親や保育・教育者が意図したとおりには子どもは変わらないが，親や保育・教育者が作り上げた場において，子どもはその個性にしたがい，一人一人に特有の非共有環境を経験している。親や保育・教育者の仕事は，そうした意図しない個別の経験が起こる場を作ること，とも言えるかもしれない。

第8章 読書効果をうまく利用するために

ここに至って，ついに読書効果についての科学的研究知見と行動遺伝学の知見を，読者の方々と共有することができた。ここから，第II部で紹介した研究の大部分を占める「読書の有用性を主張する」研究知見と，行動遺伝学的知見を筆頭に「読書効果に疑問を投げかける」研究知見との整合性を取りつつ，読書効果を児童・教師/保護者・社会に有益なものとするための提案を行う。

はじめに，行動遺伝学的知見が投げかける「疑問」とはどんなものかを確認し，読書効果の実在性や大きさの程度についてどのように考えれば良いかを述べる。そののち，読書効果をうまく利用するための3原則について改めて整理を行い，最後に読書教育への提案を行う。

8.1 行動遺伝学が問いかける疑問

第7章で説明してきた行動遺伝学的知見は，「読書行動さえも遺伝によって影響されている」「読書を促すように用意した環境でさえ，遺伝の影響を受けている」ことを示唆していた。ここから読書効果の研究へ投げかけられる疑問とは，以下の2つである。

1. 一過性の変化ならばともかく，持続性の変化は，読書からは起こり得ないのではないか
2. 読書効果が実在するとしても，教育によって読書行動は変化しないのではないか

● 1つ目の疑問：持続性の変化は読書からは起こり得ないか

1つ目の疑問「一過性の変化ならばともかく，持続性の変化は，読書からは起こり得ないのではないか」について考えてみよう。

ここまではあまり問題にしてこなかったが，これまでの議論の中心であった「読書効果の有無」という論点のほかに，実は「**読書効果の持続性**」の問題がある。ごく短期的な変化で良いのであれば，第3章（言語力）や第4章（人格）の実験研究で読書効果が実在する証拠は十分だろう。本を読めば，少なくとも**本を読んだ直後は**言語力や社会的認知能力は高まっているのである。しかし一般の方がイメージする「読書の効果」とは，ドーピングのような一時的効果ではなく，ベースとなる力そのものが高まる持続的な効果のことだろう。

すなわち，1つ目の疑問は**一般的な意味における読書効果の実在そのものに疑問を向けている**のである。先ほども述べたように，実験研究においては実験操作の直後に変化が起きたかどうかを問題にする。心理学における実験では，実験直後の変化に加えて，フォローアップとして一定期間経過後にも変化が持続しているかを調べるような研究デザインのものもあるが，そもそもフォローアップを行う研究自体が少ないことに加えて，フォローアップ期間も短いことがほとんどである。例えば，読書→語彙の偶発的語彙学習実験のメタ分析[47]に含まれた研究の中で，最長のフォローアップ日数はNagyらが1987年に出版した論文[137]の「6日後」であった。この研究では6日後も統計学的に有意な語彙学習が生じたことを報告しているが，これで1つ目の疑問がきれいに消え去るというものではない

だろう。「恒久的に」変化が起こるかどうかはほぼ確かめようがないにしても，せめて「1年」や「2年」といった年単位での「持続的な」変化が望まれるところである。

そういった点でも重要になってくるのは，本書で多く引用している「縦断調査」である。多くの縦断調査では年単位の時点間間隔を空けて複数回の調査を行い，「ある時点で読書活動の多かった児童は，次の時点で○○のスコアが高い」といった結果を報告している。例えば，3.1節における2023年の筆者の研究[54]では，3年間の時点間間隔を空けた2時点の縦断分析を行い，統計学的に有意な「読書→語彙」の効果があることを報告した（図3-2参照）。これはまさに年単位での「持続的な」変化と呼べるだろう。

しかし実験研究ではない調査研究に対して，行動遺伝学の指摘は鋭く突き刺さる。それは，「**調査研究は常に未知の第三変数を見逃す可能性があり，少なくともこれまでの縦断研究のほとんどは遺伝的資質という究極の第三変数を共変量に含めることができていない**」というものである。4.2節では「無作為割り当ての実験では，参加者数さえ十分に確保できれば，『未知の第三変数まですべて』を統制できる。これが実験の強みだ」と述べたが，まさにこの実験研究の強みを縦断調査がもたないが故に，縦断調査で得られた結果が「疑似相関」なのではないかと指摘されているわけである（第三変数，疑似相関，共変量については1.1節を参照されたい）。

遺伝的資質による疑似相関とは一体何かと言えば，要するに**「読書活動が○○を伸ばした」という「活動の効果」なのではなく，「元々○○が予想以上に伸びる個人がいて，そういう個人はより若い時期（より早い調査時点）に読書活動を多くするものだ」という「個人差の効果」にすぎない，**というものである（「予想以上に」についてはすぐあとに説明する）。

この点はややこしいので，具体的に「○○」の部分に「語彙」を入れて，先ほど例に挙げた2023年の筆者の研究のうちの，時点1が小学3年生，時点2が小学6年生のデータだけに絞って考えてみよう（**図8-1**）。この研究では確かに，時点1（小3）の読書時間が長かった児童は，時点2（小6）の語彙力が予想以上に高い傾

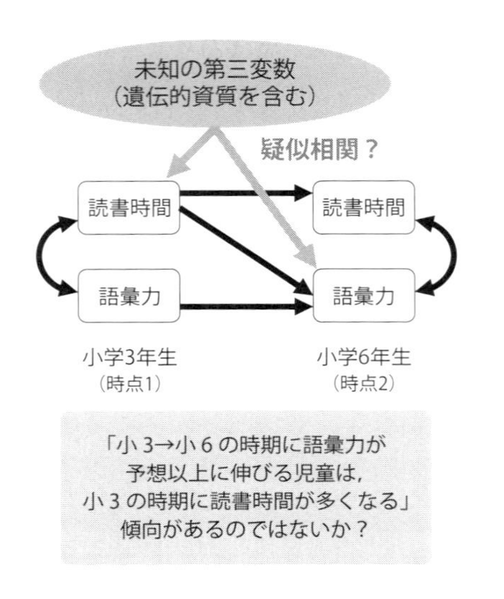

図 8-1　「未知の第三変数」によって「読書→語彙」という疑似相関が得られるロジック

向があった。ここでの「予想以上」とは，「小 3 時点の語彙力から予想される小 6 時点での語彙力」以上に，ということである。これまでの解釈では，この「予想以上の伸び」は「読書時間」によってもたらされていると考えているわけだが，これが「未知の第三変数」（図 8-1 中の灰色矢印）によってもたらされていると考えるのが「疑似相関」の考え方である。

筆者は現在，このデータを再分析して学術誌に投稿中だが，そこでは「性別・保護者の学歴 / 年収・家庭蔵書数・児童の睡眠 / ゲーム / パソコン / 勉強 / テレビに費やす時間」を共変量に加えて分析を行い，同様の結果（統計学的に有意な「読書→語彙」の効果）を得ている。しかし，これだけ共変量を加えても，なお「未知の第三変数」はあり得るし，中でも特に「遺伝的資質」を捉えていないのは致命的な欠陥だ，という指摘なのである。

難しいので，もう一度整理したい。この考え方によれば，遺伝的資質を代表格とする「未知の第三変数」の働きにより，ある児童は「小 3 の時期に熱心に読書をする」傾向と，「小 3 →小 6 にかけて，予想以上に語彙が伸びる」傾向の 2 つを持つと考える。結果として，「未知の第三変数」によって，「時点 1（小 3）の読書時間が長かった児童は，時点 2（小 6）の語彙力が予想以上に高い傾向」が生じる。つまり，元々「小 3 →小 6 にかけて，語彙が予想以上に伸びる」児童がいて，そういった児童は「小 3 の時期に熱心に読書をする」傾向を持つものだ，という考え方をすれば，「読書活動が語彙を伸ばした」という「活動の効果」ではなく，

「元々語彙が予想以上に伸びる個人がいて，そういう個人はより若い時期に読書活動を多くするものだ」という「個人差の効果」なのだという「未知の第三変数」による疑似相関のロジックが成り立つわけである。

もしかしたら屁理屈のようにも聞こえるかもしれない。しかし実際にデータを扱う研究者としては，この指摘はそれほどリアリティのないものではない。告白するが，このデータを報告している筆者自身，「この読書→語彙のデータを含めて読書効果の研究全体は，単に『できるやつはできる。そしてできるやつは若いうちほど熱心に読書をするものだ』という「個人差の話」をしているにすぎないのではないか」とビクビクしているのだ。読書は確かに広範なプラス効果を持つかもしれないが，それは「できるやつ」の加速装置になっているだけなのではないか，と。

しかしながら，このような怯えを感じているのはどうやら筆者だけではなかったようである。というよりも，もっと前向きに，疑似相関ではないかという主張を真正面から受け止め，それを乗り越えるための分析法を適用した研究が存在する。

「活動の効果」と「個人差の効果」を分離する研究

その研究とは，3.2節で紹介し，図3-3に結果も示してあるフィンランドのTorppaらの2020年の論文[41]である。この研究では「読みの流暢性」と「文章理解力」の2つの言語力を扱っているが，ここでは分かりやすさのために，「文章理解力」だけに話を絞って続けよう。Torppaらは「読書活動が文章理解力を伸ばした」という「活動の効果」と「元々文章理解力が予想以上に伸びる児童がいて，1つ前の時点で読書活動を多くしていた」という「個人差の効果」について，「活動の効果」と「個人差の効果」を分離することのできる分析法を用いたのである。3.2節にて，Torppaらの分析について「分析手法としては，親子調査データを用いた筆者の分析で用いたクロスラグ分析の発展的手法で，3時点以上のデータについて適用できるランダム切片クロスラグ分析という手法である。ここではクロスラグ分析と同様に解釈してみよう」と述べた。まさにこの発展型のランダム切片クロスラグ分析が,「活動の効果」と「個人差の効果」を分離することのできる分析法なのである。筆者を含めて多くの研究者が用いてきた従来型のクロスラグ分析は,「活動の効果」と「個人差の効果」を混在させてしまっている分析法なのである[1)]。

ランダム切片クロスラグ分析について,「活動の効果」と「個人差の効果」の分離,という部分についてのみ概念的な説明を行う。あるAさんという児童がいたとして,小3(時点1),小4(時点2),小5(時点3),小6(時点4)のときに縦断調査に参加したとする。そして全調査時点にて,読書時間測定と語彙力測定が行われたとする。Aさんは読書好きな女の子で,調査参加者の中でも読書時間が長いほうであった。これは,Aさんの時点1,時点2,時点3,時点4のそれぞれの読書時間を平均して「平均読書時間」を算出してみれば分かる。Aさんの平均読書時間の長さは,調査参加者の中でも上位に位置するだろう。同じことを語彙力についても行い,「平均語彙力」を出してみると,Aさんはやはり調査参加者の中でも上位の語彙力を持っていた。Aさん以外の調査参加者も含めて,平均読書時間と平均語彙力の相関係数を見てみると,有意な正の相関があったとする。おおざっぱにいえば,こちらが「個人差の効果」を示しているのである。

では**「活動の効果」とは何かと言えば,「Aさんにとって,ある時点で他の時点よりも読書時間が長かった/短かった」という活動の多寡と,「Aさんにとって,その次の時点で予想以上に語彙力が高かった/低かった」という語彙力の高低の連動関係**である。全体的には読書好きのAさんだが,小3(時点1)のころはそれほど読書時間が長くなく,徐々に読書熱が高まって,小5(時点3)のときに読書時間はピークを迎えた,という読書時間のパターンを持っているかもしれない。すると,各時点のAさんの読書時間は,小3(時点1)ではAさんの平均読書時間よりも少なめ,小4(時点2)はAさんの平均読書時間と同じくらい,小5(時点

---

1) 2時点の縦断分析ではランダム切片クロスラグ分析はできないので,その場合はやむを得ない。

3) ではAさんの平均読書時間よりも多め，ということになるはずである。このとき，読書という「活動そのもの」が語彙力向上をもたらすのであれば，Aさんの語彙力は小3（時点1）の次の時点である小4（時点2）では，Aさんの平均語彙力よりも低め，小4（時点2）の次の時点である小5（時点3）ではAさんの平均語彙力と同じくらい，そして小5（時点3）の次の時点である小6（時点4）ではAさんの平均語彙力よりも高くなっているはずである。また，別のB君という児童がいたとして，小3（時点1）ではB君の平均読書時間よりも多め，小4（時点2）はB君の平均読書時間と同じくらい，小5（時点3）ではB君の平均読書時間よりも少なめ，だったとする。このときは，読書という「活動そのもの」が語彙力向上をもたらすのであれば，B君の語彙力は小3（時点1）の次の時点である小4（時点2）では，B君の平均語彙力よりも高め，小4（時点2）の次の時点である小5（時点3）ではB君の平均語彙力と同じくらい，そして小5（時点3）の次の時点である小6（時点4）ではB君の平均語彙力よりも低くなっているはずである。これが「連動関係」ということである。こうしたAさんやB君のような調査参加者全体において，この連動関係が存在するということが分かれば，「活動の効果」もある，ということになる。

さて，このようなランダム切片クロスラグ分析が用いられたTorppaらの研究結果は，「個人差の効果」および「活動の効果」の両方において，有意な効果があったことを報告している。すなわち，Torppaらの分析したフィンランド調査について，余暇の読書頻度が「個人差の効果」だけでなく「活動の効果」としても，文章理解力を伸ばすことを示唆する結果を得たのである。図3-3に示した結果は，実は「活動の効果」の結果を掲載したものだったのである。文章理解力（そして，読みの流暢性）が，余暇の読書という「活動の結果」として，1年生〜9年生の間に相互促進的に伸びていく様子をぜひもう一度図3-3で見てもらいたい。

ここまでをまとめると，行動遺伝学的知見からの1つ目の疑問として「持続性の効果がある根拠として縦断調査があるが，縦断研究の結果は遺伝的資質を含めた未知の第三変数による疑似相関である可能性がある」という指摘があった。筆者自身，「できるやつはできる。そしてできるやつは若いうちほど熱心に読書をするものだ」という「個人差の効果」が存在するのではないかとビクビクしている，ということであった。しかし「できるやつは若いうちほど熱心に読書をする」という傾向が仮にあったとしても，個人差の効果を考慮した上で，その個人の平均的な読書活動の水準よりも多く / 少なく読書をしたことと，次の時点でのその個人の平均的な語彙力水準よりも語彙力が伸びた / 伸びなかった，という個人内の連動関係があるなら，やはり読書の「活動の効果」はある，と考えられるのではないだろうか。読書効果は「個人差の効果」でしかないのでは，と怯えた筆者も，それが語彙力との連動関係を捉える「活動の効果」なのであれば，ましてやその「活動の効果」が Torppa らの研究のように 1 年生から 9 年生という長期間にわたってのものなのであれば，遺伝的資質がそこまで器用に連動関係を生み出すことはないのではないかと感じる。もちろん，大半の縦断調査は Torppa らの研究のように「個人差の効果」と「活動の効果」を分離できておらず，調査の時点数も少ないため，改めて検討しなおす必要があるだろうが，いずれ時点数の多い縦断調査研究の報告も増えてくるだろう。したがって，当面は縦断調査の結果にそこまで疑心暗鬼に陥る必要もなく，**「読書効果は，少なくとも縦断調査で検討されている数年単位の持続性は持っている」と考えても良いのではないか**，というのが筆者の現時点での考えである。

なお，「個人差の効果」に意味がないわけではない。「元々語彙が予想以上に伸びる個人」にとって，読書が彼らの語彙を伸ばすことに寄与している可能性は十分にある。そのため従来型のクロスラグ分析の結果が誤っているということではないのだが，ただしそれは，「元々語彙が予想以上に伸びる個人」に限定された話かもしれない，ということである。「活動の効果」としての読書効果は，同一個人内のある時期の読書活動の多い / 少ないと，次の時点の語彙力の伸びた / 伸びていないの連動関係を見ており[2)]，「読書をすれば語彙が伸びます！」と社会に向けて自信を持って言うためには「活動の効果」単独でも有意な効果が確認されてい

2）そのため，ここで「活動の効果」と呼んでいるものは，正確には「個人内の効果」と呼ばれるものである。

るほうがより良い，という話である。少なくとも Torppa の研究が「活動の効果」単独でも有意な効果を示してくれているおかげで，小心翼翼たる筆者のような研究者にも，多少の自信をもたせてくれるわけである。

遺伝的資質を直接測定しようとする研究

しかし，Torppa らの研究はあくまでも「遺伝的資質は測定できない」という前提の中で，どのように縦断調査への批判を解決するかを模索したものであった。もしも遺伝的資質そのものを測定できるのであれば，それに越したことはない。

実は，それに近づく研究もすでになされている。5.1 節で紹介した，アメリカの ABCD 調査の Sun らの 2023 年の研究[96] である。

9 ～ 11 歳の 1 万 1878 名が 11 ～ 13 歳になるまでを追跡する大規模縦断調査である ABCD 調査であるが，5.1 節にて「このうち 4445 名には SNP と呼ばれる遺伝的個人差の指標を用いた統計解析を適用することで，調査研究でありながら因果関係の特定に近づく努力がなされている」「さらにこの『早期の楽しみのための読書が，知能スコアの向上と注意の問題の減少につながる』という因果関係について，遺伝的個人差の指標（SNPs）を用いた統計解析を適用し，『遺伝的要因を考慮した上でも，上記の因果関係が存在することは否定できない』という結論を出している」と述べた。この点がまさに，「遺伝的資質という究極の第三変数を共変量に含めることができていない」という批判への対応だったのである。

ここのところをもう少し具体的に解説すると，メンデルのランダム化（Mendelian Randomization, 以下 MR）解析という手法が用いられた。順を追って説明する。まず，同じ生物種であっても，DNA の塩素配列は個体によって違いがある。この違いの大半は 1 つの塩素だけが他の塩素と置き換わるという形で起こり，そのことを SNPs と呼ぶ。ゲノムワイド関連解析（Genome-Wide Association Study, 以下 GWAS）という手法は，ある特性（例えば，読書頻度や語彙力）の高い集団とそうではない集団などを比較して，その特性と関連する SNPs を特定する手法である。MR 解析では，この GWAS によって特定された SNPs を「遺伝的資質」と仮定して，統計学的に統制することによって，「遺伝的資質という究極の第三変数を共変量に含めることができていない」という批判をかわし，縦断調査を実験のように因果関係により強く言及できるものへと昇華させる手法である。このようにいうとあまりに理想的すぎるようだが，もちろん制約はある。ABCD 調査のように何千人もの参加者に縦断的に SNPs 測定を行うことは並大抵の労力ではないし，その上，MR 解析に用いることのできる SNPs にはいくつか満たさなくてはならない前提条件がつく。それでも，持続性の変化を捉えるための縦断調査が，因果関係の証拠能力において実験に近いものを持ちうるというのは，大変な魅力である。

MR 解析の結果についてもう一度述べると，早期の楽しみのための読書年数が長いほど，左上側頭皮質領域（left superior temporal cortical area）の脳体積増加と知能スコアの向上が見られ，さらに発達障害の１つである注意欠如・多動症（Attention Deficit Hyperactivity Disorder, ADHD）と関連する注意の問題も少ないという傾向があったのである。

本書で述べる読書効果と広くかかわる Sun らの研究において MR 解析が実施され，読書効果の存在を支持する結果が得られていることは心強い。上記でも述べたように，MR 解析の欠点はその莫大な研究実施コストであり，当面は国家レベルのプロジェクトでないと行うことは難しいだろう。しかしいずれ，SNPs の測定が今よりももっと簡便にできるようになり，MR 解析を用いる研究が増えてくるのかもしれない。そうすれば読書を含む多くの教育実践の科学的効果がより明確になってくるだろう。Sun らの研究は，そうした研究手法の未来も垣間見させてくれる，極めて先進的な研究である。

● 2つ目の疑問:教育によって読書行動は変化しないか

さて，１つ目の疑問についてずいぶん紙面を取ってしまった。次に行動遺伝学の指摘する２つ目の疑問について考えてみよう。１つ目の疑問は読書効果の実在についてのものであったが，２つ目のこの疑問はさしずめ**読書効果の教育的意義についての疑問**と言えるかもしれない。いくら読書効果が実在すると主張したところで，そもそもの読書行動が変化しないのであれば，教育実践においては意味がない。その意味では，こちらも根本的な疑問である。

１つ目の疑問のときと同じく，ごく短期的な変化で良いのであれば，これは可能だろう。例えば，教師がある児童にお勧めの本を紹介して，次の日に児童がその本を読んでいれば，それは読書行動に変化があったと言って良い。しかし問題は，長期的な変化である。読書教育に熱心な小学校とそうではない小学校があったとして，熱心な小学校で育った児童は，熱心でない小学校で育った児童に比べて，中学校に行っても，高校に行っても，大学でも，そして社会人になってからも，読書行動が増えたままの状態を維持するのだろうか。これが問題となる。

さらには，どんな児童・生徒に対して可能であるか，という観点もある。児童・生徒には，元々読書好きの素質を持っている児童・生徒から，少し読書好きという生徒・児童，なんとなく読書が合わないと感じている生徒・児童，ディスレクシアのような生来的に文字を読むのが苦手という児童・生徒までいる。機会さえ与えられれば一生熱心な読書家になるべく生まれてきたような児童・生徒がいたとすれば，学校図書館へ招待するだけでその児童・生徒の読書行動は増加し，そのまま一生維持されることだろう。その意味ではこの児童・生徒については「可能」であるが，生来的に読書が合わない児童・生徒についてまで可能だと言えるのか。これも同じく問題なのである。

この疑問についての筆者の現時点での考えは，「半分可能で，半分不可能。短期的にはどんな児童・生徒でも読書行動を変化させ得るだろうが，長期的にはその効果は徐々に減衰し，本人の元々持っている特性にしたがった読書行動の水準に収束するのではないか。そして，その収束するまでの期間は，読書が合う児童では長いが，読書が合わない児童ほど短くなり，すぐに読書教育の効果が消えてしまうのではないか」というものである。

この考え方の背景には，第２章で説明した「その児童の持つ読書行動の多寡は，小学校低学年のような早期から，その兆候が現れている」という知見と，第７章で説明した読書行動の遺伝率についての行動遺伝学的知見がある。

前者について，親子調査データ（図 2-4）や，フィンランド調査データを分析したUlvinenらの研究[40]（図2-5）では，小学校1年生段階での読書行動の多寡でさえ，中学生の時期の読書行動の多寡を予測する情報となり得るということだった。もしも読書教育によって児童・生徒の読書行動が大きく変化し得るのであれば，小学校ごとに異なる読書教育の影響をそれぞれの児童・生徒が受けることで，小学校1年生の頃の読書行動の傾向などはかき消されて，中学生の頃の読書行動などは予測できなくなっているだろう。しかし実際にはそうなっていない。これは読書教育によって児童・生徒の読書行動を自由自在に変えることなどできないことの傍証となっている。さらに後者の読書行動についての遺伝率（表7-1）は，読書行動が遺伝的要因によってある程度（最も割合が低いもので10%，最も高いもので67%）は説明できることを示しており，児童・生徒の本来の特性（遺伝的特性）を上書きするような根本的変化は起こり得ないことを示している。これらが「半分不可能」という回答の根拠である。

一方で，読書行動についての遺伝率は100%ではない。それどころか，研究によっては10%や30%台の遺伝率を報告し，30～50%程度の共有環境率を報告するものもある。つまり，**読書教育が読書行動をまったく変化させられないかというと，それはそうでもなさそうだ**，ということになる。これが「半分可能」の根拠である。そもそも，いくら遺伝的資質があったとしても，本が豊富にある環境にいなければその資質は読書行動として結実はしない。その意味で，「遺伝的資質を発揮し得る環境を用意した」というだけでも，児童・生徒には絶大な恩恵があるはずなのである。それ以上の，質的に高い読書教育も，そうした質的に高い教育が合う児童・生徒であれば，さらなる恩恵にあずかることができるだろう。

「短期的にはどんな児童・生徒でも読書行動を変化させ得るだろうが，長期的にはその効果は徐々に減衰し，本人の元々持っている特性にしたがった読書行動の水準に収束するのではないか」と述べたのは，すでに第7章で述べたように読書行動の遺伝率も含めて「一般的に遺伝率は年齢と共に上昇するもの」だからである。小学校での読書教育の効果は，小学校で読書教育を受け続ける限りにおいては，比較的大きな効果を持つかもしれない。しかし中学，高校，大学と進学するにつれて読書教育を受ける機会が減少し，社会人となって読書教育を受けることが無くなれば，読書教育の効果は減衰せざるを得ない。そうなれば，当然ながら本人の持つ変わらない遺伝的資質が前面に出てきて，その人の読書行動を規定していくはずである。

最後の「そして，その収束するまでの期間は，読書が合う児童では長いが，読書が合わない児童ほど短くなり，すぐに読書教育の効果が消えてしまうのではないか」という部分は，データとしての直接的な根拠があるわけではないが，7.3 節で述べた「遺伝と環境の相互作用」を考えると，そうなりそうだと思える。読書が合う児童がひとたび読書教育を受ければ，どんどん自ら読書をすることで，周囲はその姿を見て何かと読書を薦めるようになり，本人も自らが読書好きであることを自覚して，読書を続けやすい環境へ移動したり自ら作り上げたりする。そのことが読書教育の持続性を高めることにつながるだろう。一方で，読書が合わない児童には，周囲も本人もそのことに気づいて，読書を続けやすい環境へ移動することは少なくなる。このことは読書教育の持続性を下げることになるだろう。

まとめると，2 つ目の疑問である「教育によって読書行動は変化しないのではないか」については，小学校なら小学校という限られた期間の読書教育が，高校や大学を卒業して以後も読書行動を変化させ続ける，ということについては疑問符がつく。一方で，短期的な変化や継続的に読書教育を行っている期間中であれば，教育によって読書行動を変化させることは可能であると考えられる。しかしその「変化」の大きさや持続性は，児童・生徒本人が生来的に持っている「相性」によって変わる。このようなやや複雑な回答となる。

このテーマは「個人差は大きい。読書そのものが合わない人もいる」（原則 3）と深くかかわるものであるので，8.4 節にてもう少し深く議論をしたい。

8.2 【原則1】平均的には効果は穏やか。気長に気楽に。

筆者としては，8.1 節の議論によって，第Ⅱ部でみた読書効果の粗削りな輪郭を，行動遺伝学的知見を中心とした「読書効果への疑問」によってよりくっきりと削り出すことができた，と考えている。ただ一言「読書は〇〇を伸ばす」というだけのために，多くの研究の蓄積と議論のぶつかり合いがなされていることを感じ取っていただけたのではないだろうか。

ここからは，なるべくそのような厳密で複雑な話は無しにして，教育実践に活かすためには読書効果というものをどう捉えるのが有益なのか，という観点から話を進めたい。そのために，本書では読書効果をうまく利用するための3原則という形で，主張をまとめてきた（図 0-2）。

本節ではその1つ目,「平均的には効果は穏やか。気長に気楽に」（原則 1）について述べる。

まず科学的研究知見から言えることは,「読書をし始めて1か月で学力が目に見えて上がった！」というような「短期での劇的な効果」は読書には無い，ということである。そのような劇的な効果が生じる個人はいるかもしれないが，それは単に読書を始めた時期とその個人の学力向上のタイミングが一致しただけかもしれないし，そうでなかったとしても，それが他の大多数の人々にも起こるわけではない。

ある特定の個人ではなく一般的な人々について，おおざっぱに言ってしまえば，平均的な読書効果は穏やかなものである。それは第II部で示した多くの研究の相関係数などを眺めてみれば分かるだろう。とても劇的とは言えないし，一度読書をすれば一生涯その影響が残るというわけでもない。

しかし読書習慣を長期に維持すれば，言葉，人格，心身の健康，学力，仕事にプラス効果が出る。そのプラス効果の出方は，読書習慣を長期に維持するほど出やすい。それは読書の経験が蓄積されていくために効果が目に見えやすくなるという意味でもそうであるし，3.3 節で説明した読みのマタイ効果によって,「早期に語彙力が高まっていれば，読書が楽になって読書が好きになり，読書をすることでもっと言葉の力が高まる」という語彙力と読書の相互促進関係や,「早期に言語力が高ければ教科学習に有利になり，早期に教科学習がうまくいって学力の基礎ができていれば，その後の学力向上にも有利になる」という言語力と学力の相互促進関係があるためでもある。そのため，鉄則は「なるべく早く，なるべく長期に」である。

では,「なるべく早く，なるべく長期に」読書を続けるためにはどうすればよいか。児童・生徒によって読書との「相性」が違うことを考慮した上で，児童・生徒本人も，読書教育を行う教師や保護者も，なるべく「気長に気楽に」やるしかないだろう。その児童・生徒に読書が「合う」のか「合わないのか」試すつもりで，本人も教師・保護者も，気楽に読書を行ってみる。もし「合う」なら児童・生徒本人が自然と続けるだろう。もし児童・生徒が読書を嫌がったとしたら，無理強いすることはせず，本人が忘れたころにまた本を薦めてみたら良いだろう。それを何度か繰り返して，本人も教師・保護者から見ても「読書が合わないな」と思えば，読書以外のメディアを物語・情報を取り入れる主要な手段とすれば良い。こうした「相性の合うメディアを探す」ということについては, 8.6 節にて改めて述べる。

児童・生徒の例ばかりを述べたが，これは自分自身の読書を考える場合にもそうである。物語・情報を取り入れる手段は読書ばかりではない。読書は有益なので，相性が合うならば読書を習慣化すると良いだろう。だが，合わないと判断されるならば別の手段を探すべきである。もしかしたら，年を重ねることで相性が変わってくることもあるかもしれない。かつては活発に体を動かすことが好きだった人も，体の自由が十分に効かなくなれば，その時点から読書が続けられるようになるかもしれない。または，遺伝的な資質が加齢とともに顕在化してくることで，好みが変わることもある。その意味では,「自分は今，読書と相性が合うのか」をチェックすることも「気長に気楽に」やっていくものだ，ということになるだろうか。

本書は読書効果についての本であるので,「読書にはこのような良いことがあります！」ということを基本的には述べているわけだが，そうした効果の恩恵を十分に受けるためには，**読書効果のことなど忘れて気楽に読書と付き合う**ことが極意のようである。

8.3 【原則2】「読みすぎ」は弊害を生む。目安は1日30分～1時間。

2つ目の原則である「『読みすぎ』は弊害を生む。目安は1日30分～1時間」（原則2）について述べる。

前半部の「『読みすぎ』は弊害を生む」について，主に2種類のデータがこの原則を支持している。その1つは「基本的には読書はプラス効果だが，平日1日1時間を超える読書時間になったあたりから，読書効果がプラスからゼロあるいはマイナスに転じる」という逆U字現象である。5.1節の思春期の子どもの心理・行動的適応についてのデータや，第6章の学力データにこの逆U字現象が見られた。1日が24時間と決まっている以上，1つの活動だけにあまりに時間を使いすぎることは，他の活動時間の減少につながる。このことは何も読書に限ったことではないが，他者とのコミュニケーション，勉強や仕事への注力，食事や睡眠など，生活のために必要な活動を削るほど読書をすることは，やはり健全ではないのだろう。

この原則を支持するもう1種類のデータは，「読書のマイナス効果」についてのデータである。第4章の向社会的行動頻度のデータや第5章の心理・行動的適応と長寿について，このマイナス効果がしばしば見られた。なぜこうしたマイナス効果が生じるかについてもデータごとに解釈を書いてきたが，逆U字現象と同様に，こちらも，生活のバランスを欠く形で読書が行われると，マイナス効果が生じるのではないか，というのが第一候補の可能性となる。健全な生活が送られていて，その中で「あえて好きだから読書をする」という形であれば，読書がマイナス効果を生むことはそれほどないのではないだろうか。一方で，様々な問題によって生活が十全な状態になく，読書を「選んだ」のではなく「読書しかできなかった」ために読書時間が長くなっているのであれば，その読書時間の長さは心身の健康とはやはり負の相関を持つのだろう。

ごくごく平凡な結論になってしまって恐縮なのだが，「健全な生活の一部として，ほどほどに読書をしよう」というのがこの原則2の意図するところである。きっとそれが最も読書効果が大きくなるコツなのだ。

後半の「目安は1日30分～1時間」については，主に逆U字現象のデータから決めた時間設定である。具体的な時間設定を原則の中に入れるかどうかは正直迷った。しかし読書効果をうまく利用するための実践的指針，という目的を考え，踏み込んで目安の時間を入れることとした。逆U字現象を報告するどの研究も，不読（読書時間が0分）の状態から読書時間30分くらいまでがもっとも効果が大きい。さらに，学力データなどを見ると，1日1時間を超えたあたりで読書のプラス効果がゼロもしくはマイナスに転じる傾向があった。そのため，「現在不読の人は，30分程度を目指すのが費用対効果の点で効率が良い。一方，読書に入れ込みすぎていると思われる人には，1日1時間程度までにするほうが生活全体を考えたときには効果的だ」というメッセージを込めて，「目安は1日30分～1時間」を原則2に組み込んである。

一方で，この時間設定はあくまでも目安である。次の「個人差は大きい。読書そのものが合わない人もいる」（原則3）ともかかわってくる話ではあるが，「どのくらいの時間読書をすることが，自分にとっては効果的なのか」についても，個人差は必ずある。

例えば，発達段階の影響は確実にあると思われる。全国学力調査についての表6-2を見ると，小学6年生では「30分以上，1時間より少ない」までは読書時間が伸びるごとに学力（国語と算数・数学の成績）がグングン伸びたが，1時間以上に読書時間が伸びても国語と算数・数学の成績はほとんど伸びなくなっている。一方で中学3年生では早くも「10分以上，30分より少ない」でピークが訪れ，それ以降は学力はむしろ下がっている。

おそらくは，小学生までは読書に1時間を充てても，主要な活動（この場合は，勉強や睡眠）に悪影響が出ない時間の余裕があったものが，中学生になると読書に30分以上を充ててしまうと，主要な活動を圧迫するようになってしまうのだ。

その意味では，幼稚園や小学校の児童は，1日平均1時間以上の読書時間があっても，それほど気にすることはないかもしれない。実際，Sunらが分析したアメリカのABCD調査データ[96]においては，週12時間の読書時間，すなわち1日1時間40分程度の読書時間が認知スコアと精神的問題の減少には最も効果的であるという結果が出ていた。ただしこれは休日まで含んだものであるため，平日の目安としてはおそらくもう少し短い読書時間に読書効果のピークがあるものと思われる。また，このデータはあくまでもアメリカのデータであり，日本の中部地域調査データでは読書時間は「仲間関係の問題」や「抑うつ」といった精神的問題についてマイナス効果が報じられてもいるので，やや保守的に「1時間程度」を上限としておくのも悪くはない。自分自身や，自分の子ども，担当クラスの児童・生徒の生活状態や性格などに応じて，最終的には調整すべき部分である。

一方で，中学生や高校生には，あまり長時間の読書は勧められない。勉強もそうであるし，多感な思春期には読書以外にすべきことも多数ある。1日30分程度を目安に，読書もしつつ，その他の活動もしていくというバランスを取ることが，直感的にも良いような気がするし，科学的データに基づいた読書効果の面で推奨される，ということになる。

大学生については，どのような学生生活を過ごすかが個人によってかなり異なるため，一般論を述べることは難しい。単位取得に精一杯，という学生には，中高生と同様のアドバイスが当てはまるだろうし，将来を考えるためのモラトリアム期間，という学生には，長時間の読書も有益だろう。第2章で述べたが，ここ十数年の変化として，大学生の不読者が増える一方で，1日1～2時間を読書に投じる「読書家」の割合も増えている（図2-10）。言いたいのは，ここで「不読や読書家のような極端な形ではなく，その間をとった1日30分～1時間の読書をみんな一律でするようにしよう！」というようなことではない。そうではなくて，**自分の生活や性格，そして今の目標などに照らして，読書活動に投じる時間を意識的に調整するのはどうだろうか**，ということなのである。

大学生以降の若年・中年層についても，大学生と同様に人によって生活が違いすぎて，一概には言えない。このうち，若年層の社会人でこれから仕事のキャリアを作っていくという人には，第6章後半の内容を踏まえた上で，読書が合いそうならば，少し長い目で読書時間を30分程度取る，というのは悪くないかもしれない。読書本来の知識（教養的知識も含む）を身に付けつつ，言語，人格，心身の健康を養って，仕事と直接関連する知識と結びつくことで，キャリア形成にも役立つことが予想される。中年層には高齢期に向けた読書が有用かもしれない。心身の健康にプラス効果が出るような無理の無い読書時間（やはり，30分程度だろうか）を設定しつつ，仕事以外の生活へ目を向ける意味でも，フィクションの読書が役立つかもしれない。

退職後の高齢者には，それなりに自分の時間ができるだろう。そこでは長時間の読書も可能かもしれないが，むしろ「1時間以内」のように，あまり読みすぎないことを意識するほうがいいかもしれない。読書をしつつ，家事をしたり，地域のコミュニティに参加したり，バランスを保てると良いだろう。ただしここにも個人差があるので，一概には言えない。そもそも人とかかわることが嫌いという場合には，ゆったりと1時間以上読書に時間をかけつつ，散歩などの運動と組み合わせると良いと思われる。

それぞれの発達段階について少しずつコメントをしてきたが，要点は「どのくらいの時間読書をすることが，自分にとっては効果的なのか」についての意識である。個人差は必ずある。「1日30分〜1時間」を目安に気楽に読書を始めつつ，自分・子ども・児童・生徒の個性に合わせた調整を行っていくと良いだろう。

8.4 【原則3】個人差は大きい。読書そのものが合わない人もいる。

そして最後は「個人差は大きい。読書そのものが合わない人もいる」（原則3）である。

原則1と2はどちらも「読書をする」という前提での，どのような姿勢（原則1）と分量（原則2）が良いのか，という話であった。原則3はそもそも「読書をするかどうか」という段階から考えよう，という話である。

「2つ目の疑問：教育によって読書行動は変化しないか」で議論したことと重な

るが，読書行動が遺伝の影響を受ける以上，読書が合う人と合わない人がいるのは事実である。100% 遺伝によって「決まっている」などと言うつもりはなく，読書教育の影響によって読書行動が変化することはあるだろう。しかし読書が合う児童には，ちょっと本を薦めるだけで読書行動が変化するかもしれないが，読書が合わない児童には，同じ変化を引き起こすのに，保護者・教育者の多大な労力と，なにより本人への大きなストレスが発生するだろう。

果たして，そこまでの苦労をしてまでも，読書でなくてはならない理由はあるだろうか。筆者にはそうは思えない。図 0-2 に示した広範な読書効果は確かに魅力的である。読書本来の「楽しさ」「知識獲得」という目的を果たしながら，言葉，人格，精神的健康という読書以外では高めることが難しい領域についても直接効果を持ち，間接効果として学力，仕事（収入），身体的健康へのプラス効果が見込める。図書館の利用など，工夫をすれば経済的負担も小さく，身体的に自由が利かない人にも親しむことができる。そういった意味で読書は社会にとって他の活動にない意義を持つと言える。

しかしそれは，あくまでも「読書が合う人にとっては」という前提がつくものである。読書そのものが合わない人にとって，上記のメリットはすべて絵に描いた餅にすぎない。読書は社会にとって有益で，教育の中心として存在して良い活動であると筆者も考えるが，読書が教育の中心にあることで，読書が合わない児童・生徒を苦しめたり，除外したりすることになるのであれば，いずれ読書は教育から追いやられるであろう。

したがって，読書が合う人に対しては，原則 1 と 2 に基づいた読書のススメを行えば良い。むしろそれ以上の手出しは不要である。本人が自分が読みたいものを読み，楽しみのための読書をすることが，読書活動の習慣化と読書効果の享受においてプラス効果を最大化させる方法なのである。

一方で，読書が合わない人に対しては，その程度に合わせて読書の比率を下げ，「はじめに」で言及した本書で「読書とみなさない」他のメディア――映画，動画，授業・講義，オーディオブック，写真やイラストが主体の書籍，メタバース，VR――で，合うものがないかを模索すべきだろう。例えば，物語を取り入れるためには映画を観ることができるし，知識を得るためにも最近は動画が充実している。大学での講義や講習会などの授業・講義ももちろん有効である。5.2 節でのRothbauer らによるインタビュー研究[106] では，84 歳で盲目となったヒルダが，オーディオブックで読書を継続したという事例も紹介した。読書以外の「合う」メディアで，読書効果の代替をすることは，ある程度は可能ではないかと思える。

ただし，100% 代替することは難しいだろう。その理由は主に 2 つあり，1 つは，少なくともまだしばらくの間は，他メディアよりも本がカバーする物語・情報の範囲が圧倒的に大きい，ということである。例えば，「物語を取り入れるためには映画を観ることができる」と述べたが，小説のうちの大半は映画化されたものではない[3)]。もう 1 つの理由は，「はじめに」では「言葉だけから物語の登場人物の表情・動き・心情を想像したり，説明文章の複雑な内容を思い浮かべて理解するのも『疲れる』。しかしながら，こうした『しんどい』『疲れる』が言わばトレーニングとなって，読書効果が生じている可能性が高い」と述べた。特に言葉のうちの「書かれた文字を目で読み取って，意味を理解する」という学力にも直結する能力については，読書が「文字中心の媒体を通して」行われるが故に読書効果が生じている可能性が高いため，代替の難しい部分ではある。一方で，オーディオブックは「書き言葉」を朗読するものなので，「話し言葉よりもフォーマルな言葉の使い方や語彙を学ぶ」といった部分は補うことができる。「言葉だけから物語の登場人物の表情・動き・心情を想像したり，説明文章の複雑な内容を思い浮かべて理解する」という部分も重複していると考えられるので，言葉の一部，そして人格と精神的健康については，オーディオブックでも読書効果が得られるのではないだろうか。現在ではまだオーディオブックの利用者は少数派だと考えられるため，調査するのは困難であると思われるが検証してみたいテーマである。

まとめると，この原則 3 は，読書が合わない人には，合うメディアを見つけるという柔軟さも必要だ，ということになる。では，児童・生徒は「読書の合う，合わない」をどのように判断し，合わない場合に具体的にはどうような行動を取れ

3)　映画のすべてが小説を原作としたものではないので，逆もまた然りではあるが。

ば良いのだろうか。次節では，その部分をサポートするような読書教育の提案を行う。

8.5 本書から提案できる読書教育とは

本書の内容を踏まえた上で，どのような読書教育が可能なのであろうか。本章のまとめに代えて，この点について考えてみたい。

本書でこれまで繰り返し言及してきた読書効果の3原則に，その答えはほぼ出ている。概念的には，以下のようにまとめられる。すなわち，

- 読書は他の活動に比べて**特別に効果的**であり，教育には**絶対不可欠**である
- 子どもはみんな読書をするべきで，保護者・教師の情熱と創意工夫さえあれば，子どもは**誰でも**読書を喜んでするようになる

という**科学的には妥当と言えない信念を少し譲り**，

- 読書は確かに効果的であるが，その効果は穏やかなものであり，合わない児童・生徒に無理強いするほどではない。他のメディアでの代替もある程度は可能である（原則1に対応）
- 読書が好きだとしても，子ども時代の貴重な時間は有限である。読書もしつつ，他の活動にも目を向けよう（原則2に対応）
- 読書が苦手だという児童・生徒は必ずいる。程度に応じて読書への依存度を下げ，他のメディアでの代替を勧める。そのことが自分の得意なメディアを探すことにつながる（原則3に対応）

という新しい信念を少し取り入れてみる，ということである。

もう少し具体化すれば，読書教育に中心的に携わる，保護者・学校教員（司書教諭を含む）・学校図書館司書（支援員・ボランティアを含む）が，「物語や，ある程度の分量を持つ整理された情報を取り込む」という目的を持つ児童・生徒とかかわる際に，「本以外のメディアを利用すること」も選択肢として持つということである。

もちろん，「物語や，ある程度の分量を持つ整理された情報を取り込む」ための手段として，本を中心に据えるのは妥当である。学校図書館に話を限定すれば，蔵書の質に気を配り，児童・生徒が関心を持ちやすいようにディスプレイすることは重要であり，実のところ，「それだけで十分」という児童は多い。教育実践について考えようとすると，どうしても読書が苦手な児童ばかりを想定してしまうが，小学校などでは読書好きの児童のほうが多数派である。表6-6を見れば，最高学年の小学校6年生であっても「読書は好きですか」の質問に対して「当てはまる」「どちらかと言えば，当てはまる」を選択する児童が7割以上である。中には，読書が好きで，家庭でも質の高い読書教育を受け，自分自身でどんどん新しい本や様々なメディアを試す児童もいるだろう。そうした児童には，必要以上の手出しは必要ないものと思われる。

一方で，本があまり好きではなく，集中力が保てていない児童がいることにも気づくだろう。保護者にしてみれば，自分の子どもが読書に対してどういった傾向を持つのかを観察する，ということになる。学校では，教員がこのことには気づきやすいかもしれない。朝読，読書指導，読み聞かせ，調べ学習，総合的な学習の時間，自由読書時間など，やはりかかわる時間が多いからだ。教員と学校図書館司書で十分に情報を共有しつつ，「この児童には，動画や映画を提案してみよう」といった他メディアの導入を勧めてみる。そして反応を見て，再び読書教育の方針を練り直すことを続けるのだ。学校図書館においては，このとき，本を読まずに他メディアを利用することが学校図書館の中で「浮く」行為とならないような雰囲気づくりが必要である。その第一歩は先ほども言った「新しい信念を少し取り入れてみる」ということだと考える。

読書教育の最終目標としては，児童・生徒本人が，「物語や，ある程度の分量を持つ整理された情報を取り込む」際に，その内容と自らの特性を勘案して，最適なメディアを選択できる力を身に付けることである。1日にどれくらいの時間を読書に充てるか，という読書習慣も，そうした力の育成の中で自分で調整できるようになるのが理想である。

どれくらいの時期に「読書に合う / 合わないを判断するか」については，小学校1年生などのあまり早期には性急に決めることはできない。しかし第2章でも見たように，ある程度早期から大まかな読書傾向は現れ始めると考えられるので，図 2-4 などを参考とすれば「小学3年生以降に徐々に判断」ということになるだろうか。

この提案は，望ましい読書教育としてこれまで提案されてきた内容と，それほど大きく異なるものではない。2015 年出版の『読書教育の方法』[138] にて分かりやすく整理されている読書教育方法においても，個人差の認識，発達段階ごとのかかわりの違い，動画やインターネットの利用の推奨（[138] pp.5 ～ 6，pp.11 ～ 17，図 1-1）などは含まれている。それでも同書の方法は基本的に「いかに児童に本を読んでもらうか」に焦点を当てたものであった。本書の提案の新奇点は，言わば「読書を諦める」という選択肢も含めて読書教育を行うことを想定していること，そして科学的知見に基づいて読書効果を過大視しすぎず，どれくらいの時間行うべきなのかという「上限」の設定にも言及している点だろう。

読書推進という国を挙げてのアクセルにブレーキをかけるような提案だとは筆者自身も感じてはいるが，まさに**「適度なブレーキ」が必要な時期に来ている**のではないだろうか。そうでないと，読書が合わない児童・生徒や技術革新とうまく折り合うことができずに，読書という車自体が大破してしまう。適度なブレーキとして筆者は3原則を提案した。児童・生徒本人の生活や特性を考慮した上での読書教育により，児童と教師 / 保護者に益があり，技術革新との共存もできるために社会としても受け入れやすい。こうした読書教育がなされることで，最終的には図 0-1 の「児童・教師 / 保護者・社会の「三方よし」の構造」につながると筆者は考える。

おわりに
――読書の“穏やかな”力を享受していくために

ちょっと，本書には色々と詰め込みすぎたかもしれない。「はじめに」に書いたように，本書執筆には「読書効果についての科学的研究が世界各国で行われ，いよいよその成果をまとめるべきタイミングで，技術革新の嵐により，読書そのものの存続に危機を感じるようになった」という背景がある。その焦りのせいか，読書効果についての科学的研究知見を概観するという内容と，社会の中で読書をどのように活かしていくかという内容が，入り乱れるようになってしまった。

この「おわりに」では，これら2つの内容を切り分けて，なるべくシンプルに整理してみたい。

読書効果の本質とは

まず「読書効果についての科学的研究知見を概観する」について，シンプルに「読書効果の本質とは何か」を考えてみたい。

筆者が読書効果の文献を調べてみて感じるのは，その「個別性の高さ」である。研究対象となっている人の年齢や属する社会の文化，読書行動を測定するための指標，読書効果を測定するための指標，そして一見比較可能な研究間での結果の不一致……。中には数千から数万という十分なサンプルサイズを備えた研究であっても，結果が収束するどころか，研究すればするだけ発散していくような，そんな印象である。しかし個々の研究を丁寧に見ていくと，少なくとも解釈上は，そうした結果の不一致にも納得できることが多い。

つまり，研究結果がアテにならない，というよりも，そもそも研究間で異なるものを測定していた，と思わされることが多いのだ。第1章にて，図1-6を使って読書行動の量的・質的な複雑さについて語り，「読書行動には量的側面と質的側面があり，それらは組み合わさることで，読書行動を捉える無数の切り口を生み出し得る」「研究者たちが日夜全力で取り組んでも，読書について湧き上がる疑問に答え尽くすことができないのはこのためである」と述べたが，まさにそのことを本書執筆の最後にも噛みしめている。

このような個別性の高い研究知見に振り回されながら，ある日，とある発表の場での質疑応答で，ふと出た答えがある。その質問は「マンガやライトノベルのような『軽い読書』でも，同様の読書効果が得られるか」というものであった。2009年のPISA調査（国際学習到達度調査）の読解力について，OECD平均では「コミック」を「読まない」ほうが「読む」よりも読解力が高かったのに対し，日本では「読む」のほうが「読まない」よりも読解力スコアが高かったことを念頭に，「国によって読まれるマンガの内容が異なる。そのため国によって読書効果は異なり，日本ではマンガはある程度は読書効果を持つかもしれない。しかしより本質的だと思うのは，そのマンガの内容や使われている言葉が，読者一人一人にとって有益であったかどうかだ。日本のマンガであっても，ある読み手には有益で，別の読み手には有益でない。それを平均して出てきたものがPISA調査の結果なのであって，**本質は，ジャンルという括りよりも，その読書が本人に益になるかどうかという本人と読書との相互作用だ**」という意味の返答をした。

この返答をしたときにはすでに本書は執筆中であったので，おそらく本書執筆の過程であれこれと考えた内容がスッと出たものだと思うが，今吟味してみても，これは案外悪くないアイディアだと思った。少し話が飛ぶが，スピノザという哲学者についての入門書で，2020年出版の『はじめてのスピノザ：自由へのエチカ』[139] という読みやすい良書がある。著者の國分は「自然界にはそれ自体として善いものや悪いものはないけれども，うまく組み合わさるものとうまく組み合わさらないものが存在する。それが善悪の起源だとスピノザは考えている」([139] p.47) と述べている。筆者は哲学はまったくの専門外なので，これはまさに「クラシックな趣味としての読書」として読んでいた本なのだが，「善」を「私とうまく組み合わさって私の『活動能力を増大』させるもの」([139] p.50) と定義する部分が気に入って，時々そのことが生活の中で思い出されたりしていた。ここにも発想の源があるかもしれない。

何が言いたいかというと，**読書が「自らにとっての善なる刺激」になるとき，読書効果が生じる**，とその本質をまとめることができるかもしれない，というわけである。逆に，**読書が「悪なる刺激」となっていれば，自らの力を減少させたり阻害したりする，本書では「マイナス効果」と呼んでいた現象が生じる**わけである。「読書」という表面的な行動に注目するのではなく，結果として生じる相互作用のスピノザ的「善悪」に着目する。**本質は個々の読み手の中で主観的・相対的に何が起こったかであり，科学的な研究はそれを客観的・行動的に捉える目の粗い網**なのだ。

研究結果の個別性の高さもこれで説明できるかもしれない。

読書と語彙力の関係についての偶発的語彙学習の研究は，すでにこの発想を「未知語率」という概念で取り入れていた。未知語率とは，あるテキストを読んだときに，**その読み手にとって**未知語がどれくらいあるか，という相対的な指標である。読書をしたときに得られる語彙の学習率は，この未知語率によって変動する。そして文中の未知語率が 0.7 ～ 1.9% となる難易度の本が語彙学習には最適[140] なのである。つまり，**その読み手本人にとって**「少し上のレベルの本」にチャレンジしたときに，その読書は「善なる刺激」となり，「易しすぎる本」も「難しすぎる本」も，その読み手には「善なる刺激」にはならないというわけである。

読書によって自分に足らない社会的刺激を受けることができれば，それは「善なる刺激」となり，社会的認知を高めるかもしれない。一方で，単純な勧善懲悪の物語だけを読み続けてもそこから得るものはないばかりか，1つのものの見方に縛られるという意味で「悪なる刺激」ともなり得るかもしれない。

読書が緊張の続く毎日の中での癒しという「善なる刺激」になっているのなら，精神的健康にも寄与するかもしれない。しかし，本当は他者とコミュニケーションを取りたいのに気後れしてできないでいる鬱屈の現れが読書なのであれば，それは「悪なる刺激」となって心身に悪影響をもたらすだろう。

教科の知識は十分でも国語力に欠けている児童・生徒が読書を始めれば，「善なる刺激」として学力は大きく伸びるかもしれない。しかし今は苦手な算数・数学に時間を使うべき児童・生徒の，苦手科目からの逃避の結果が読書なのであれば，それは「悪なる刺激」としてマイナスの効果もあろう。

読書をすることがそのビジネスマンにチャンスを与えるように作用するならば，読書は「善なる刺激」として収入増にもつながるだろう。しかし，ビジネスチャンスに直結しないのであれば，収入を上げるという意味では成果は上がらないだろう。

読書以外のメディアとの比較にも言及できよう。テレビ視聴時間は多くの調査ではあまり望ましくない効果が報告されることが多いが，それは平均的な話であり，あるテレビ番組がガチっとはまった児童には，そのテレビ番組はかけがえのない「善なる刺激」になったはずである。

読書が望ましい効果をもたらすことが多いのは，平均的に見て，テレビよりも多くの読者にとっての「善となる刺激」となることが多いように作られてきたからかもしれない。仮にそうだとすれば，それはこれまで本を作ってきた著者・出版関係者の歴史的偉業である。反対に，もしも今後「書籍内容の劣化」が起これば，徐々に読書効果は落ちていくかもしれない。筆者の本が多くの人にとっての「善なる刺激」となることを祈りつつ，本節での考察を終えたいと思う。

読書の未来予想――読書だけが持つ魅力とは

本書の最後に，どうせ当たりはしないのだが，読書はどのように社会で生き残っていくかという未来予想をしてみたい。その際にポイントになるのは，技術革新によって出現した新メディア――映画，動画，授業・講義，オーディオブック，写真やイラストが主体の書籍，メタバース，VR――になくて，読書にだけあるものはなにかということ，つまり「読書だけが持つ魅力」とは何なのかということである。

筆者が考えるに，少なくとも以下の5点は指摘できる。

- 文字表現の独自性
- コンテンツの差異
- 文字主体に起因する負荷
- 主体的で自己ペース
- 整然・静謐性

「文字表現の独自性」とは，複雑で抽象的な知識伝達において，文字だからこそ整理して精緻に議論できる，という部分を指している。物語の伝達においても，文章だからこそできる表現がある。

「コンテンツの差異」とは，世の中にある物語・情報の中で，書籍化のみされているもの，他メディア化されているもの，どちらのメディアにもなっているもの，があるということである。まだしばらくは，「書籍にあって他メディアにない」物語・情報が多い状態が続くので，優越性と言えるかもしれない。ただし，社会の要望があるものは順次他メディアに移植されていくので，そのうち優越とは言えなくなり，「書籍にあって他メディアにない」というマニアックな物語・情報は，一部の人が求めるのみとなるかもしれない。

「文字主体に起因する負荷」とは分かりにくいが，これが魅力になる理由は2つある。1つは，読書が文字中心の媒体を通して行われるために負荷が生じて，その負荷が「トレーニング」として読書効果となることである。本書で提案する6つの効果のうちのどこまでがここに含まれるかは定かではないが，言葉や知的能力の維持などについては，この影響が強いと思われる。もう1つは「読了の達成感」とでもいうべきものである。負荷があるが故に，それを乗り越える達成感が生じるのである。

「主体的で自己ペース」とは，自分でページを捲る / スクロールするという意味で主体的であり，自然と自己ペースになるメディアであるということである。よく対面授業に対するオンライン授業（オンデマンドで録画を視聴する形式）の利点として，「動画を一時停止・巻き戻しができる」ことが挙げられるが，その意味での「自己ペース」ではなく，自分で進めるが故の「本当の意味での自己ペース」である，という意味である。

「整然・静謐性」とは，視覚的にごちゃごちゃとしておらず簡素で，聴覚的に騒がしくなく落ちついているメディアである，ということである。文字が整然と並び，無音のメディアである書籍に比べれば，映画や動画などは視覚的に雑然としており，音響がやかましいと捉えることもできる。

「はじめに」では，「クラシックな趣味として「紙の本を読む」という習慣は細々とは生き続けるであろう」とも述べた。その根拠に考えていたのは，上記の5点である。少なくとも，筆者は上記の5点があるために，読書習慣を続けるつもりで（現在のところは）いる。

最初の3つの「文字表現の独自性」「コンテンツの差異」「文字主体に起因する負荷」については，多くの人が意識する部分ではないかと思われるが，読書という形態の独自性はむしろ最後の2つ「主体的で自己ペース」「整然・静謐性」にあるのではないかと筆者は感じる。誰にも急かされることなく，自分のペースで，落ち着いた気分で，草を食むようにじっくりと，物語や情報を取り入れたい。そんな人は筆者のほかにもいるはずである。「紙の」とつけたのは，紙のページを捲るほうがスクロールするよりももっと「主体的」な実感がある気がするし，紙面のほうが明るすぎるディスプレイよりももっと「整然としていて静謐」な感じがする気がしたからだ。ただし，これらは電子端末の設定でどうにでもなるかもしれない（実際，筆者は電子書籍でも多く読む）。

問題は，こうした5つの**「読書だけが持つ魅力」が，どれだけ多くの人に支持されるかによって，読書の未来の様相は変わってくる**だろう，ということである。筆者の想定で，最も支持者が少ない未来のパターンが先ほどの「クラシックな趣味として「紙の本を読む」という習慣は細々とは生き続けるであろう」である。もはや紙の本が出版されなくなっても，すでに出版された本で，古典などの普遍的な価値を持つものは，紙の本のまま保存・使用されていくのではないだろうか。

これとは逆の，最も支持者が多い未来のパターンは，読書の持つ価値が社会から大いに認められ，他のメディア（もちろん，今後もどんどん新メディアが登場してくるだろう）と並列する形で読書が残る，というパターンである。「**ある物語や情報は，動画や映画で取り入れても，文字で取り入れてもいい。しかし，動画や映画が良いという人も，文字で取り入れるほうが良い人も，どちらもいるので，どちらのメディアでもアクセスできるようにする**」という未来があれば，読書は現在とそれほど変わらない規模で社会や教育の中に生き残ることができるだろう。

「はじめに」の繰り返しになるが，筆者はやはり「教育や自己成長の手段として，読書には他に替えられない意義があるのであれば，意義に応じた規模で残すべきだ。もしも意義がないというのなら，技術革新の嵐の中でスパッと散ってしまえ」と思っている。しかし，読書にどの程度の意義があるかを社会に問うためにも相応の努力が必要である。本書はその一環として，読書効果についての現在までの文献をまとめ，読書効果をうまく活用するための3原則を提示した。本書が少しでも，読書が本来持つ価値そのままに評価されていく未来に寄与することを願いたい。

引用文献

[1] Krashen, S. D. (2004). *The power of reading: Insights from the research* (Second edition ed.). ABC-CLIO.

[2] Krashen, S. D., 長倉美恵子，黒澤浩，& 塚原博．(1996). *読書はパワー*．金の星社.

[3] 津野海太郎．(2016). *読書と日本人*．岩波書店.

[4] 猪原敬介・上田紋佳・塩谷京子・小山内秀和. (2015). 複数の読書量推定指標と語彙力・文章理解力との関係：日本人小学校児童への横断的調査による検討. *教育心理学研究*，*63*，254-266.

[5] 気象庁．(2017). *平成 28 年度 気候情報を活用した気候リスク管理技術に関する調査報告書*. https://www.data.jma.go.jp/risk/pdf/H28drink_rep_all.pdf

[6] Silverman, M. P. (2022). Exact Statistical Distribution and Correlation of Human Height and Weight: Analysis and Experimental Confirmation. *Open Journal of Statistics*, *12*, 743-787.

[7] 安藤寿康．(2016). *日本人の 9 割が知らない遺伝の真実*．SB クリエイティブ.

[8] 小塩真司・阿部晋吾・カトローニ・ピノ．(2012). 日本語版 Ten Item Personality Inventory (TIPI-J) 作成の試み．*パーソナリティ研究*，*21*，40-52.

[9] Cohen, J. (1988). *Statistical power analysis for the behavioral sciences* (2nd ed.). Lawrence Erlbaum.

[10] Gignac, G. E., & Szodorai, E. T. (2016). Effect size guidelines for individual differences researchers. *Personality and Individual Differences*, *102*, 74-78.

[11] Brydges, C. R. (2019). Effect size guidelines, sample size calculations, and statistical power in gerontology. *Innovation in aging*, *3*, igz036.

[12] Harrer, M., Cuijpers, P., Furukawa, T., & Ebert, D. (2021). *Doing meta-analysis with R: A hands-on guide*. Chapman and Hall/CRC.

[13] Hattie, J. (2009). *Visible learning: A synthesis of over 800 meta-analyses relating to achievement*. routledge. (ハッティ , J. 山森光陽（監訳）. (2018). *教育の効果：メタ分析による学力に影響を与える要因の効果の可視化*．図書文化．)

[14] Mol, S. E., & Bus, A. G. (2011). To read or not to read: a meta-analysis of print exposure from infancy to early adulthood. *Psychological Bulletin*, *137*, 267-296.

[15] 猪原敬介．(2016)．*読書と言語能力：言葉の「用法」がもたらす学習効果*．京都大学学術出版会．

[16] Dunst, C. J., Simkus, A., & Hamby, D. W. (2012). Relationship Between Age of Onset and Frequency of Reading and Infants' and Toddlers' Early Language and Literacy Development. *Center for Early Literacy Learning*, *5*, 1-10.

[17] Payne, B. R., Gao, X., Noh, S. R., Anderson, C. J., & Stine-Morrow, E. A. L. (2012). The effects of print exposure on sentence processing and memory in older adults: Evidence for efficiency and reserve. *Aging Neuropsychology and Cognition*, *19*, 122-149.

[18] 山森光陽・岡田涼・山田剛史・亘理陽一・熊井将太・岡田謙介・澤田英輔・石井英真．(2021)．教育研究の知見の統計的統合は何をもたらすのか．*教育心理学年報*，*60*，192-214．

[19] 猪原敬介．(2021)．読書量と語彙力の相関関係：子どもの生活と学びに関する親子調査と国内先行研究との比較．*SSJ Data Archive Research Paper Series*，*77*，30-41．

[20] Locher, F. M., & Philipp, M. (2023). Measuring reading behavior in large-scale assessments and surveys. *Frontiers in Psychology*, *13*.

[21] Wimmer, L., & Ferguson, H. J. (2023). Testing the validity of a self-report scale, author recognition test, and book counting as measures of lifetime exposure to print fiction. *Behavior Research Methods*, *55*, 103-134.

[22] 平山祐一郎．(2017)．読書量の測定方法に関する一考察：保育系大学生の読書教育に向けて．*東京家政大学博物館紀要*，*22*，53-62．

[23] 国立教育政策研究所．(2019)．*生きるための知識と技能 7 OECD 生徒の学習到達度調査 (PISA) 2018 年調査国際結果報告書*．明石書店．

[24] Conradi, K., Jang, B., & McKenna, M. (2014). Motivation Terminology in Reading Research: A Conceptual Review. *Educational Psychology Review*, *26*, 127-164.

[25] 秋田喜代美．(1992)．大学生の読書に対する捉え方の検討：読書量と捉え方 , 感情の関連性．*読書科学*，*36*，11-21．

[26] Greaney, V., & Neuman, S. B. (1990). The functions of reading: A cross-cultural perspective. *Reading Research Quarterly*, *25*, 172-195.

[27] 平山祐一郎．(2005)．大学生の読書動機の分析．*東京家政大学研究紀要*，*45*，117-122．

[28] 平山祐一郎．(2015)．大学生の読書の変化 2006 年調査と 2012 年調査の比較より．*読書科学*，*56*，55-64．

[29] Martin-Chang, S., Kozak, S., Levesque, K., Calarco, N., & Mar, R. (2021). What's your pleasure? exploring the predictors of leisure reading for fiction and nonfiction. *Reading and Writing*, *34*, 1387-1414.

[30] 福田由紀．(2009)．私たちは文章を正確にとことん読んでいるだろうか？：文章理解

モデルに関する浅い処理の視点. *法政大学文学部紀要, 58,* 75-86.

[31] Anderson, R. C., Wilson, P. T., & Fielding, L. G. (1988). Growth in Reading and How Children Spend Their Time Outside of School. *Reading Research Quarterly, 23,* 285-303.

[32] Greaney, V., & Hegarty, M. (1987). Correlates of leisure - time reading. *Journal of Research in Reading, 10,* 3-20.

[33] Stanovich, K. E., & West, R. F. (1989). Exposure to print and orthographic processing. *Reading Research Quarterly, 24,* 402-433.

[34] Cunningham, A. E., & Stanovich, K. E. (1990). Assessing print exposure and orthographic processing skill in children: A quick measure of reading experience. *Journal of Educational Psychology, 82,* 733-740.

[35] Mar, R., Oatley, K., Hirsh, J., dela Paz, J., & Peterson, J. B. (2006). Bookworms versus nerds: Exposure to fiction versus non-fiction, divergent associations with social ability, and the simulation of fictional social worlds. *Journal of Research in Personality, 40,* 694-712.

[36] West, R. F., Stanovich, K. E., & Mitchell, H. R. (1993). Reading in the real world and its correlates [Article]. *Reading Research Quarterly, 28,* 34-50.

[37] 飯田一史. (2023). *「若者の読書離れ」というウソ：中高生はどのくらい, どんな本を読んでいるのか.* 平凡社.

[38] ベネッセ教育総合研究所. (2023). *子どもの読書行動の実態：調査結果からわかること.* https://berd.benesse.jp/special/datachild/datashu04.php

[39] 東京大学社会科学研究所・ベネッセ教育総合研究所. (2020). *子どもの学びと成長を追う：2万組の親子パネル調査から.* 勁草書房.

[40] Ulvinen, E., Psyridou, M., Lerkkanen, M.-K., Poikkeus, A.-M., Siekkinen, M., & Torppa, M. (2024). Developmental leisure reading profiles and their association with reading skills across Grades 1-9. *Learning and Individual Differences, 109,* 102387.

[41] Torppa, M., Niemi, P., Vasalampi, K., Lerkkanen, M. K., Tolvanen, A., & Poikkeus, A. M. (2020). Leisure reading (but not any kind) and reading comprehension support each other—A longitudinal study across grades 1 and 9. *Child Development, 91,* 876-900.

[42] 国立教育政策研究所. (2019). *OECD 生徒の学習到達度調査 2018 年調査（PISA2018）のポイント.*

[43] 全国大学生活協同組合連合会. (2023). *CAMPUS LIFE DATA 2022.* https://www.univcoop.or.jp/press/life/report.html

[44] 毎日新聞社. (2020). *読書世論調査 2020.* 毎日新聞社.

[45] 上田修一. (2019). どのような大人が本を読んでいるのか OECD 国際成人力調査のオープンデータに基づく多国間調査. *日本図書館情報学会研究大会発表論文集*, *67*, 53-56.

[46] Saragi, T. (1978). Vocabulary Learning and Reading. *System*, *6*, 72–78.

[47] Swanborn, M. S. L., & de Glopper, K. (1999). Incidental word learning while reading: a meta-analysis. *Review of Educational Research*, *69*, 261–285.

[48] Carver, R. P., & Leibert, R. E. (1995). The effect of reading library books at different levels of difficulty upon gain in reading ability. *Reading Research Quarterly*, *30*, 26–48.

[49] Lee, S. (2007). Revelations from three consecutive studies on extensive reading. *RELC journal*, *38*, 150–170.

[50] Pfost, M., Hattie, J., Dörfler, T., & Artelt, C. (2014). Individual differences in reading development: A review of 25 years of empirical research on Matthew effects in reading. *Review of Educational Research*, *84*, 203–244.

[51] Echols, L. D., West, R. F., Stanovich, K. E., & Zehr, K. S. (1996). Using children's literacy activities to predict growth in verbal cognitive skills: A longitudinal investigation. *Journal of Educational Psychology*, *88*, 296–304.

[52] Cain, K., & Oakhill, J. (2011). Matthew effects in young readers: reading comprehension and reading experience aid vocabulary development. *Journal of Learning Disabilities*, *44*, 431–443.

[53] 上田紋佳・猪原敬介・塩谷京子・小山内秀和. (2017). 語彙力・文章理解力の発達に及ぼす読書のジャンルの影響：小学生 3 年生を対象とした縦断研究. *読書科学*, *59*, 121–133.

[54] 猪原敬介. (2023). 日本の児童・生徒における語彙力・読解力の個人差と読書時間との関連についての縦断的検討：「子どもの生活と学びに関する親子調査」に基づく検討. *日本心理学会第 87 回大会, 2A–067–PL*.

[55] 文部科学省. (2022). *令和 4 年度学校基本調査 年次統計 就園率・進学率の推移（図）*. https://www.e-stat.go.jp/stat-search/file-download?statInfId=000031852308&fileKind=2

[56] Orth, U., Meier, L. L., Bühler, J. L., Dapp, L. C., Krauss, S., Messerli, D., & Robins, R. W. (2022). Effect size guidelines for cross-lagged effects. *Psychological Methods, Advance online publication. https://doi.org/10.1037/met0000499*.

[57] Dormann, C., & Griffin, M. A. (2015). Optimal time lags in panel studies. *Psychological Methods*, *20*, 489.

[58] Kim, J. S., & Quinn, D. M. (2013). The Effects of Summer Reading on Low-Income Children's Literacy Achievement From Kindergarten to Grade 8: A Meta-Analysis of Classroom and Home Interventions. *Review of Educational Research*, *83*, 386–431.

[59] Elleman, A. M., Steacy, L. M., Olinghouse, N. G., & Compton, D. L. (2017). Examining Child and Word Characteristics in Vocabulary Learning of Struggling Readers. *Scientific Studies of Reading, 21*, 133-145.

[60] Elleman, A. M., Oslund, E. L., Griffin, N. M., & Myers, K. E. (2019). A review of middle school vocabulary interventions: Five research-based recommendations for practice. *Language, Speech, and Hearing Services in Schools, 50*, 477-492.

[61] Perfetti, C. A. (2007). Reading ability: Lexical quality to comprehension. *Scientific Studies of Reading, 11*, 357-383.

[62] Perfetti, C. A. (2017). Lexical quality revisited. *Developmental perspectives in written language and literacy: In honor of Ludo Verhoeven*, 51-67.

[63] 猪原敬介. (2024). 語彙クオリティ仮説：その理論的位置づけと教育実践への示唆. *北里大学一般教育紀要, 29*, 41-62.

[64] Stanovich, K. E. (1986). Matthew effects in reading: some consequences of individual differences in the acquisition of literacy. *Reading Research Quarterly, 21*, 360-407.

[65] 上田紋佳・猪原敬介. (2021). 日本における児童・生徒の書く力の測定方法についての考察：全国学力・学習状況調査と全米学力調査の比較から. *北里大学一般教育紀要, 26*, 43-60.

[66] Hayes, J. R., & Flower, L. S. (1980). Identifying the organization of writing processes. In L. W. Gregg & E. R. Steinberg (Eds.), *Cognitive Processes in Writing: An Interdisciplinary Approach* (pp. 3-30). Lawrence Erlbaum.

[67] Fitzgerald, J., & Shanahan, T. (2000). Reading and writing relations and their development. *Educational Psychologist, 35*, 39-50.

[68] Birnbaum, L., & Kröner, S. (2022). A Review on Antecedents and Consequences of Leisure Reading and Writing in Children. *Sage Open, 12*, https://doi.org/10.1177/21582440221113823.

[69] Jouhar, M. R., & Rupley, W. H. (2021). The reading–writing connection based on independent reading and writing: A systematic review. *Reading & Writing Quarterly, 37*, 136-156.

[70] 上田紋佳・猪原敬介. (2023). 小学生を対象とした縦断調査のための作文課題の作成. *北里大学一般教育紀要, 28*, 61-77.

[71] EducationNorthwest. (2018). *6+1 Trait Writing Rubrics*. https://educationnorthwest.org/resources/61-trait-rubrics

[72] 上田紋佳・猪原敬介. (2023). 作文スキルと語彙力・読解力の相互的関係における発達的変化の検討：小学生を対象とした縦断調査. *日本心理学会第 87 回大会, 1D-064-PL*.

[73] 小塩真司．(2020)．*性格とは何か：より良く生きるための心理学*．中央公論新社．

[74] 杉浦義典・丹野義彦．(2008)．*パーソナリティと臨床の心理学：次元モデルによる統合*．培風館．

[75] Fong, K., Mullin, J. B., & Mar, R. (2013). What you read matters: The role of fiction genre in predicting interpersonal sensitivity. *Psychology of Aesthetics, Creativity, and the Arts, 7,* 370.

[76] Mar, R., Oatley, K., & Peterson, J. B. (2009). Exploring the link between reading fiction and empathy: Ruling out individual differences and examining outcomes. *Communications, 34,* 407-428.

[77] Baron-Cohen, S., Wheelwright, S., Hill, J., Raste, Y., & Plumb, I. (2001). The "Reading the Mind in the Eyes" Test revised version: a study with normal adults, and adults with Asperger syndrome or high-functioning autism. *The Journal of Child Psychology and Psychiatry and Allied Disciplines, 42,* 241-251.

[78] Adams Jr, R. B., Rule, N. O., . . . Ambady, N. (2010). Cross-cultural reading the mind in the eyes: an fMRI investigation. *Journal of Cognitive Neuroscience, 22,* 97-108.

[79] Mumper, M. L., & Gerrig, R. J. (2017). Leisure reading and social cognition: A meta-analysis. *Psychology of Aesthetics, Creativity, and the Arts, 11,* 109.

[80] Fincher-Kiefer, R. (2019). *How the body shapes knowledge: Empirical support for embodied cognition*. American Psychological Association.（望月正哉・井関龍太・川﨑惠里子（訳）(2021)．知識は身体からできている：身体化された認知の心理学．新曜社．）

[81] Mar, R., & Oatley, K. (2008). The Function of Fiction is the Abstraction and Simulation of Social Experience. *Perspectives on Psychological Science, 3,* 173-192.

[82] Mar, R. A. (2011). The neural bases of social cognition and story comprehension. *Annual Review of Psychology, 62,* 103-134.

[83] Mar, R. (2018). Evaluating whether stories can promote social cognition: Introducing the Social Processes and Content Entrained by Narrative (SPaCEN) framework. *Discourse Processes, 55,* 454-479.

[84] Kidd, D. C., & Castano, E. (2013). Reading literary fiction improves theory of mind. *Science, 342,* 377-380.

[85] Camerer, C. F., Dreber, A., . . . Wu, H. (2018). Evaluating the replicability of social science experiments in Nature and Science between 2010 and 2015. *Nature Human Behaviour, 2,* 637-644.

[86] Kidd, D., & Castano, E. (2018). Reading Literary Fiction and Theory of Mind: Three Preregistered Replications and Extensions of Kidd and Castano (2013). *Social Psychological and Personality Science, 10,* 522-531.

[87] Kidd, D., & Castano, E. (2018). Reading literary fiction can improve theory of mind. *Nature Human Behaviour, 2,* 604-604.

[88] Dodell-Feder, D., & Tamir, D. I. (2018). Fiction reading has a small positive impact on social cognition: A meta-analysis. *Journal of Experimental Psychology: General, 147,* 1713.

[89] Quinlan, J. A., Padgett, J. K., Khajehnassiri, A., & Mar, R. A. (2023). Does a brief exposure to literary fiction improve social ability? Assessing the evidential value of published studies with a p-curve. *Journal of Experimental Psychology: General, 152,* 723.

[90] Takahashi, Y., Himichi, T., Masuchi, A., Nakanishi, D., & Ohtsubo, Y. (2023). Is reading fiction associated with a higher mind-reading ability? Two conceptual replication studies in Japan. *PloS One, 18,* e0287542.

[91] Johnson, D. R. (2012). Transportation into a story increases empathy, prosocial behavior, and perceptual bias toward fearful expressions. *Personality and Individual Differences, 52,* 150-155.

[92] Koopman, E. M. E. (2015). Empathic reactions after reading: The role of genre, personal factors and affective responses. *Poetics, 50,* 62-79.

[93] Lenhart, J., Richter, T., Appel, M., & Mar, R. A. (2023). Adolescent leisure reading and its longitudinal association with prosocial behavior and social adjustment. *Scientific Reports, 13,* 1-19.

[94] 伊藤大幸・浜田恵・村山恭朗・髙柳伸哉・明翫光宜・辻井正次. (2021). 小中学生の自由時間の活動が心理社会的適応に及ぼす影響に関する縦断的検証. *発達心理学研究, 32,* 91-104.

[95] Mak, H. W., & Fancourt, D. (2020). Longitudinal associations between reading for pleasure and child maladjustment: Results from a propensity score matching analysis. *Social Science and Medicine, 253,* 112971.

[96] Sun, Y.-J., Sahakian, B. J., . . . Feng, J. (2023). Early-initiated childhood reading for pleasure: associations with better cognitive performance, mental well-being and brain structure in young adolescence. *Psychological Medicine,* 1-15.

[97] Murray, A., Errington, P., Yang, Y., Mirman, D., Obsuth, I., Booth, T., Ribeaud, D., & Eisner, M. (2023). Is reading for pleasure in adolescence good for mental health? A counterfactual and within-person analysis in a large longitudinal study. https://doi.org/10.21203/rs.21203.rs-2636095/v2636091.

[98] Bavishi, A., Slade, M. D., & Levy, B. R. (2016). A chapter a day: Association of book reading with longevity. *Social Science and Medicine, 164,* 44-48.

[99] Menec, V. H. (2003). The relation between everyday activities and successful aging: a 6-year longitudinal study. *Journals of Gerontology. Series B: Psychological Sciences and*

Social Sciences, 58, S74-82.

[100] Agahi, N., & Parker, M. G. (2008). Leisure Activities and Mortality:Does Gender Matter? *Journal of Aging and Health, 20,* 855-871.

[101] Jacobs, J. M., Hammerman-Rozenberg, R., Cohen, A., & Stessman, J. (2008). Reading Daily Predicts Reduced Mortality Among Men From a Cohort of Community-Dwelling 70-Year-Olds. *The Journals of Gerontology: Series B, 63,* S73-S80.

[102] Chang, Y.-H., Wu, I.-C., & Hsiung, C. A. (2021). Reading activity prevents long-term decline in cognitive function in older people: Evidence from a 14-year longitudinal study. *International Psychogeriatrics, 33,* 63-74.

[103] Kannan, V. D., Peters, K., & Chapman, B. P. (2023). The relationship between adolescent reading habits and older adult social engagement–A longitudinal cohort analysis. *Social Science and Medicine, 334,* 116174.

[104] Sun, R., & Liu, Y. (2006). Mortality of the oldest old in China: The role of social and solitary customary activities. *Journal of Aging and Health, 18,* 37-55.

[105] Carstensen, L. L. (1993). Motivation for social contact across the life span: A theory of socioemotional selectivity. *Nebraska Symposium on Motivation, 40,* 209-254.

[106] Rothbauer, P., & Dalmer, N. (2018). Reading as a lifeline among aging readers: Findings from a qualitative interview study with older adults. *Library & Information Science Research, 40,* 165-172.

[107] Kobayashi, T., Tani, Y., Kino, S., Fujiwara, T., Kondo, K., & Kawachi, I. (2022). Prospective study of engagement in leisure activities and all-cause mortality among older Japanese adults. *Journal of Epidemiology,* 32(6), 245-253.

[108] 加納圭・後藤崇志・塩瀬隆之. (2020). 全国学力・学習状況調査「小学校理科」の教科横断的分析. *科学教育研究, 44,* 77-85.

[109] 松﨑泰・榊浩平・川島隆太. (2018). *最新脳科学でついに出た結論「本の読み方」で学力は決まる(青春新書インテリジェンス).* 青春出版社.

[110] Gaddis, S. M. (2013). The influence of habitus in the relationship between cultural capital and academic achievement. *Social Science Research, 42,* 1-13.

[111] Ditton, H., Bayer, M., & Wohlkinger, F. (2019). Structural and motivational mechanisms of academic achievement: a mediation model of social-background effects on academic achievement. *The British Journal of Sociology, 70,* 1276-1296.

[112] Tajima, S. (2022). Effects of Digital Media Use on Academic Achievement: A Three-Wave Longitudinal Study. *International Journal for Educational Media and Technology, 16,* 5-15.

[113] 猪原敬介. (2018). 読書好きが学習のベースをつくる：教育・発達心理学的観点から.

児童心理，7月号，87-91.

[114] 厚生労働省. (2023). 令和4年賃金構造基本統計調査の概況. https://www.mhlw.go.jp/toukei/itiran/roudou/chingin/kouzou/z2022/dl/2013.pdf.

[115] 出版文化産業振興財団. (2009). *現代人の読書実態調査*. http://www.jpic.or.jp/press/docs/2009JPIC_research_R.pdf

[116] マイナビキャリアリサーチ Lab. (2021). *「読書量が多いと年収は高い」は本当か：過去調査との2時点比較で見る傾向*. https://career-research.mynavi.jp/

[117] 株式会社オトバンク. (2022). *おとなの読書習慣調査*. https://prtimes.jp/main/html/rd/p/000000260.000034798.html

[118] PewResearchCenter. (2021). *Who doesn't read books in America?* https://www.pewresearch.org/short-reads/2021/09/21/who-doesnt-read-books-in-america/

[119] 濵田秀行・秋田喜代美・藤森裕治・八木雄一郎. (2016). 子どもの頃の読書が成人の意識・意欲・行動に与える影響：世代間差に注目して. *読書科学，58*，29-39.

[120] Strenze, T. (2007). Intelligence and socioeconomic success: A meta-analytic review of longitudinal research. *Intelligence, 35,* 401-426.

[121] Kato, M., & Nagira, A. (2021). The impact of subject-specific competencies and reading habits on the income of Japanese business and economics graduates. *International Journal of Educational Development, 81,* 102346.

[122] Dubuc, M.-M., Aubertin-Leheudre, M., & Karelis, A. D. (2020). Lifestyle habits predict academic performance in high school students: The adolescent student academic performance longitudinal study (ASAP). *International journal of environmental research and public health, 17,* 243.

[123] Poropat, A. E. (2009). A meta-analysis of the five-factor model of personality and academic performance. *Psychological Bulletin, 135,* 322-338.

[124] Lozano-Blasco, R., Quílez-Robres, A., Usán, P., Salavera, C., & Casanovas-López, R. (2022). Types of Intelligence and Academic Performance: A Systematic Review and Meta-Analysis. *Journal of Intelligence, 10,* 123.

[125] Alderotti, G., Rapallini, C., & Traverso, S. (2023). The Big Five personality traits and earnings: A meta-analysis. *Journal of Economic Psychology, 94,* 102570.

[126] Bishop, D. V. (2015). The interface between genetics and psychology: lessons from developmental dyslexia. *Proceedings: Biological Sciences, 282,* 20143139.

[127] Shaywitz, S. E., Escobar, M. D., Shaywitz, B. A., Fletcher, J. M., & Makuch, R. (1992). Evidence that dyslexia may represent the lower tail of a normal distribution of reading ability. *New England Journal of Medicine, 326,* 145-150.

[128] 安藤寿康. (2023). *能力はどのように遺伝するのか：「生まれつき」と「努力」のあいだ*. 講

談社.

[129] 安藤寿康. (2021). 読書行動と家庭環境. In 安藤寿康 (Ed.), *家庭環境と行動発達* (pp. 59-79). 創元社.

[130] Olson, R., & Byrne, B. (2005). Genetic and environmental influences on reading and language ability and disability. In *The connections between language and reading disabilities* (pp. 173-200).

[131] Harlaar, N., Dale, P. S., & Plomin, R. (2007). Reading exposure: A (largely) environmental risk factor with environmentally - mediated effects on reading performance in the primary school years. *Journal of Child Psychology and Psychiatry, 48,* 1192-1199.

[132] Harlaar, N., Trzaskowski, M., Dale, P. S., & Plomin, R. (2014). Word reading fluency: Role of genome - wide single - nucleotide polymorphisms in developmental stability and correlations with print exposure. *Child Development, 85,* 1190-1205.

[133] Martin, N. W., Hansell, N. K., Wainwright, M. A., Shekar, S. N., Medland, S. E., Bates, T. C., Burt, J. S., Martin, N. G., & Wright, M. J. (2009). Genetic covariation between the Author Recognition Test and reading and verbal abilities: What can we learn from the analysis of high performance? *Behavior Genetics, 39,* 417-426.

[134] van Bergen, E., Snowling, M. J., de Zeeuw, E. L., van Beijsterveldt, C. E., Dolan, C. V., & Boomsma, D. I. (2018). Why do children read more? The influence of reading ability on voluntary reading practices. *Journal of Child Psychology and Psychiatry, 59,* 1205-1214.

[135] van Bergen, E., van Zuijen, T., Bishop, D., & de Jong, P. F. (2017). Why are home literacy environment and children's reading skills associated? What parental skills reveal. *Reading Research Quarterly, 52,* 147-160.

[136] Plomin, R., DeFries, J. C., & Loehlin, J. C. (1977). Genotype-environment interaction and correlation in the analysis of human behavior. *Psychological Bulletin, 84,* 309.

[137] Nagy, W. E., Anderson, R. C., & Herman, P. A. (1987). Learning word meanings from context during normal reading. *American Educational Research Journal, 24,* 237-270.

[138] 立田慶裕. (2015). *読書教育の方法：学校図書館の活用に向けて*. 学文社.

[139] 國分功一郎. (2020). *はじめてのスピノザ：自由へのエチカ*. 講談社.

[140] Carver, R. P. (1994). Percentage of unknown vocabulary words in text as a function of the relative difficulty of the text: Implications for instruction. *Journal of Reading Behavior, 26,* 413-437.

索　引

【あ行】

【か行】

【さ行】

【た行】

【な行】

【は行】

【ま行】

【や行】

【ら行】

【A-Z】

猪原 敬介（いのはら けいすけ）
北里大学一般教育部専任講師。専門は教育心理学・認知科学。京都大学大学院教育学研究科修了。博士（教育学）。読書が語彙力・文章理解力にもたらす効果を中心に，調査・実験・計算モデルを組み合わせた多角的な研究を行っている。毎年，複数の小学校で読書と語彙・読解・作文の関係についての縦断的調査（追跡調査）を行い，学校へのフィードバックも行っている。著書に『読書と言語能力：言葉の「用法」がもたらす学習効果』（京都大学学術出版会）がある。

読書効果の科学
――読書の“穏やかな”力を活かす３原則

2024 年 10 月 15 日　初版第 1 刷発行
2025 年 5 月 15 日　〃 第 3 刷発行

著者　猪原敬介
発行人　黒澤隆文

京都大学学術出版会
京都市左京区吉田近衛町69番地
京都大学吉田南構内（〒606-8315）
電話（075）761-6182
FAX（075）761-6190
Home page http://www.kyoto-up.or.jp
振替 01000-8-64677

ISBN 978-4-8140-0560-4
Printed in Japan

印刷・製本　亜細亜印刷株式会社
装画　出口敦史
装幀　上野かおる
定価はカバーに表示してあります